Community Welfare & Practice

지역사회복지론 3판

엄태영 지음

신정

preface 머리말

최근 들어 지역사회와 지역사회복지적 접근에 대한 관심이 증가하고 있다. 고독사, 아동과 노인에 대한 방임 · 학대, 자살, 청년실업, 가정폭력, 주민들 간의 갈등, 인구소멸 등 수많은 일들이 지역사회의 일상이 되어버렸고, 이에 대한 해결 과정에서 지역사회복지적 접근이 강조되고 있기 때문이다. 즉, 기존의 사회복지제도나 단편적인 사회복지서비스 제공 이외에 지역사회를 기반으로 한 복지적 접근이 요구되는 것이다.

물론 이러한 지역사회복지적 접근이 그동안 없었던 것은 아니다. 역사적으로 자선조직협회나 인보관운동, 그리고 집단적인 사회행동과 주민조직 활동, 지역공동체적 접근, 다양한 공공과 민간 중심의 지역적 노력들을 통해 나름대로 대응해왔다. 하지만 기존과는 다른 새로운 형태의 지역사회 문제들이 계속적으로 출현하게 되었고, 우리의 생활양식 또한 많이 변했기 때문에 지역의 특성을 반영한 지역사회복지적 접근을 개발하고 이를 적용하는 과정이 필요해진 것이다.

따라서 이 책은 저자의 수년간 지역사회복지실천 경험과 함께 대학에서 지역사회복지론을 강의해 오면서 준비한 자료들을 바탕으로 사회복지교육협의회의 교과목 지침서 내용을 최대한 반영하여 전통적인 지역사회복지실천 지식과 기술, 그리고 최신의 내용들을 현재 상황에 맞게 재구성하였다. 아울러 지난 2016년 제1판과 2020년 제2판에 대한 독자들의 의견을 고려하여 내용을 대폭 보완하였다.

이 책은 독자들이 지역사회복지에 대해 보다 체계적이고 알기 쉽게 이해할 수 있도록 지역사회복지에 대한 전반적인 내용(1~4장)과 지역사회복지실천기술(5~8장),

그리고 지역사회복지실천의 다양한 수행 주체(9~13장) 등 총 세 가지 영역으로 구분하여 제시하였다.

먼저 지역사회복지에 대한 전반적인 내용으로 1장 지역사회와 지역사회복지실천에서는 지역사회복지론에서 규정하고 있는 지역사회의 개념과 유형, 그리고 지역사회가 지니고 있는 각종 기능, 지역사회 비교기준을 살펴보았고 지역사회복지실천의 개념과 지역사회복지실천 과정에서 고려해야 할 점들에 대해 언급하였다. 2장에서는 지역사회복지의 역사적 내용들을 영국과 미국, 한국으로 구분하여 기술하였으며 3장에서는 지역사회복지실천의 수행에 유용한 각종 지역사회복지실천 이론들을 살펴보았다. 마지막으로 4장에서는 지역사회복지실천의 기본적 틀이라 할 수 있는 지역사회복지실천모델을 제시하고 있다.

두 번째, 지역사회복지실천기술로서 5장은 지역사회복지실천 과정으로 지역사회복지욕구조사와 자원조사, 계획수립, 실행, 평가와 환류의 구체적 방법을 설명하였다. 6장은 주민조직화로 지역사회문제 대한 접근방법으로 지역사회주민조직화의 과정 및 실제기술, 주민참여단계 그리고 임파워먼트 및 옹호방법에 대해 기술하였다. 7장 네트워크에서는 지역사회의 다양한 조직들과의 네트워킹 방법을 제시하고 있다. 8장에서는 지역사회복지실천에 있어서 핵심적인 수단이라 할 수 있는 자원을 동원하는 방법과 이를 위한 미디어 활용방법을 언급하였다.

마지막으로 지역사회복지실천 수행 주체로는 9장에서 사회복지관과 장애인복지관 및 노인복지관을, 10장에서는 고용과 관련한 기관으로 지역자활센터와 시니어클럽, 여성새로일하기센터와 장애인직업재활시설에 대해 상세히 살펴보았다. 11장에서는 민간영역 지역사회복지조직으로 지역아동센터, 중증장애인 자립생활지원센터, 가족센터, 그리고 사회서비스제공기관에 대해 설명하였다. 12장에서는 공공영역 지역사회복지조직으로 희망복지지원단과 드림스타트, 그리고 지역사회보장협의체 및 지역사회보장계획에 대해 언급하였다. 마지막으로 13장에서는 최근 들어 지역사회복지실천의 영역으로 중요하게 부각되는 각종 사회적 경제조직과 관련하여 사회적 경제의 개념과 사회적 기업, 마을기업 등의 실천 주체에 대해 기술하였다. 특히 지역사회복지실천 수행 주체 관련 기술 내용에서는 최근의 동향과 정부의 최신 지침들을 적극 반영하였다.

이 책을 집필하면서 독자들에게 지역사회복지실천의 다양한 지식과 기술들을 전달하기 위해 노력하였고, 1판과 2판의 미흡한 부분들을 보완하려 하였으나 그럼에도 불구하고 많은 아쉬움이 남는다. 향후 4판에서 개선될 수 있도록 독자들의 관심 어린 충고를 기대한다. 그리고 사회복지학을 공부하고 있는 학생들과 지역사회의 사회복지사 선생님들, 그리고 활동가분들에게 이 책이 조금이나마 도움이 되길 기대한다.

이 책을 출간하면서 먼저 학문적으로, 인격적으로 지도해 주신 연세대학교 이혜경 명예교수님과 고(故) 이익섭 교수님, 그리고 영원한 멘토이신 목원대학교 권중돈 교수님께 다시금 감사드린다. 그리고 필자가 교육하고 연구하는 데 언제나 많은 지원을 아끼지 않으시는 정현태 경일대학교 총장님께도 깊이 감사를 드린다. 아울러 든든한 지지를 보내주시는 경일대학교 교수님들과 교직원 선생님들, 그리고 사랑하는 제자들, 출판 과정에서 노고가 크셨던 신정출판사 최용구 대표님과 편집부 직원들께도 고마움을 전한다.

마지막으로 필자가 교육과 연구, 그리고 대외활동에 집중할 수 있도록 응원해 주는 가족들에게도 고마움을 전한다.

2023년 11월

가마골 연구실에서

엄태영

contents

차례

Chapter 07 네트워크

Chapter 08 자원 동원과 미디어 활용

Chapter 09 복지관

Chapter 01

지역사회와 지역사회복지실천

Community Welfare & Practice

1. 지역사회에 대한 이해
2. 지역사회의 유형과 기능
3. 지역사회복지
4. 지역사회복지실천

Learning Objective

학습 목표

1. 지역사회복지론에서 다루는 지역사회는 무엇을 의미하는지 알 수 있다.
2. 지역사회관련 이론을 이해하고 이 이론을 통해 지역사회를 살펴볼 수 있다.
3. 지역사회를 구분하는 다양한 유형과 지역사회가 지니고 있는 기능에 대해 알 수 있다.
4. 지역사회를 비교할 수 있는 기준을 알 수 있다.
5. 지역사회복지실천의 개념이 무엇인지 알 수 있다.

Chapter 01

지역사회와 지역사회복지실천

지역사회복지론은 지역사회를 대상으로 하는 실천 학문이다. 따라서 지역사회에 대한 올바른 이해가 가장 먼저 이루어져야 한다. 예를 들어 아동복지론에서 아동을 이해하고, 노인복지론에서 노인을 이해하는 것처럼 지역사회복지론에서도 지역사회에 대한 이해가 필요한 것이다.

하지만 지역사회는 그동안 사회복지를 공부해왔던 사람에게 다소 생소할 수도 있다. 왜냐하면 지역사회는 머릿속에 떠오르는 아동과 노인, 장애인처럼 구체적인 형상을 가지고 있지 않기 때문이다. 또한 사람들마다 생각하는 지역사회의 범위도 제각각이어서 약간은 혼란스러울 수 있다.

이것뿐만 아니다. 지역사회는 도움을 받는 대상이 되기도 하지만 도움을 주는 대상이 될 수도 있고, 무(無)에서 유(有)를 창조하는 새로운 창조의 대상으로 여겨지기도 한다. 예를 들어 아동복지론에서 아동은 주로 도움을 받는 대상으로 여겨진다. 그러나 지역사회복지론에서는 문제를 보유한 지역사회의 경우에는 도움을 받는 대상으로, 다양한 자원을 보유한 지역사회의 경우에는 도움을 주는 대상이 될 수 있다. 그리고 최근 활발히 진행되고 있는 지역사회 대상 마을 만들기나 지역사회조직화 사업은 무(無)에서 유(有)를 창조하는 과정으로 여겨질 수 있기 때문이다.

따라서 1장에서는 과연 지역사회복지론에서 이야기하는 지역사회란 무엇인지 그 개념을 알아보고 지역사회의 유형과 지역사회가 지니고 있는 다양한 기능에 대해 알아보도록 하겠다.

1. 지역사회에 대한 이해

1) 지역사회의 개념

지역사회라는 용어는 커뮤니티(community)라는 영어단어를 번역한 것으로, 이로 인해 지역사회복지론에서 지역사회를 논할 때 다소의 혼란이 발생한다. 왜냐하면 커뮤니티를 그대로 번역하면 지역사회가 아닌 '공동사회'나 '공동체'가 되기 때문이다. 따라서 지역사회를 연구하는 학자들은 대체로 커뮤니티를 지역사회로 번역하여 사용하지 않고, 영어발음 그대로 커뮤니티로 표기하기도 한다.

이러한 지역사회의 속뜻에는 지역성(locality)과 함께 공통의 이해관계나 특성의 개념이 복합적으로 담겨져 있다. 로스(Murray G. Ross)는 지역사회를 지리적 지역사회(geographic community)와 기능적 지역사회(functional community)로 나누어 설명하고 있는데, 그 내용은 위에서 언급한 지역사회의 이중적 의미를 잘 구분하고 있다(Ross & Lappin, 1967). 우선 지리적 지역사회는 일정한 지리적 공간에서 함께 살고 있으며 밀접한 상호작용을 하는 사람들의 집단을 뜻한다. 구체적 예로는 아파트 단지, 행정구역상 마을, 지리산의 청학동 사람들 등이 있다. 그리고 기능적 지역사회는 지리적 지역사회처럼 특정 공간 안에서 함께 거주하는 것과는 상관없이 공통의 이해관계나 관심을 공유하는 집단을 의미한다. 기능적 지역사회의 예로써는 문화나 취미생활에서부터 정치, 종교, 직업에 이르기까지 다양하며 지리적 기반을 고려하지 않은 각종 종교모임이나 취미생활 동우회, 소수민족집단 등을 들 수 있다.

전통적인 지역사회는 분명 지리적 의미의 지역사회이다. 교통과 통신수단이 잘 발달되지 않았던 시기에는 공간을 함께 소유하는 이웃들과 다양한 상호작용을 통해 공통의 관심사를 유지해왔기 때문이다. 하지만 최근 들어 인터넷 혁명이 일어나고 교통망의 급속한 발전이 이루어짐에 따라 지리적 경계가 빠르게 무너지고 지리적 의미의 지역사회보다 기능적 의미의 지역사회에 대한 내용이 강조되고 있다. 특히 정주공간과 경제생활공간이 자연스럽게 분리되면서 이러한 기능적 지역사회는 더욱 많이 형성되고 있다.

여기에 더해 IT기술의 발전과 SNS(social network service)의 활발한 사용은 가상공동체(virtual community)라는 새로운 형태의 지역사회개념도 만들어냈다. 가상공동체 또한 지역사회복지를 고민하는 많은 사람들이 관심을 가져야 할 부분이다. 이미 사회복지현장에서도 이러한 지역사회의 형태를 받아들여 가상복지관이나 가상공간에서의 상담 등 다양한 관련 프로그램들을 개발해 나가고 있는 실정이다. 그리고 최근 들어 중요한 개념으로 등장하고 있는 플랫폼(platform)도 가상공동체의 일종으로 볼 수 있기 때문에 지역사회복지실천의 주요한 영역으로 고려해야만 한다.

2) 지역사회의 요소

지역사회를 보다 잘 이해하기 위해서는 지역사회가 어떠한 요소들로 구성되어 있는지를 살펴보는 것이 필요하다. 이와 관련하여 하트(Hart, 1999)는 지역사회자본의 삼각관계라는 그림을 통해 지역사회를 자연자본(nature capital), 인간자본(human capital), 그리고 만들어진 자본(built capital)을 포함한 세 가지 수준의 피라미드로 표현하고 있으며 이를 통해 다양한 지역사회 구성요소들을 설명하고 있다.

구체적으로 살펴보면 먼저 자연자본은 지역사회자본의 기초를 형성하면서 세 가지 체계로 구성되어 있다. 우선 자연자원체계는 음식과 물, 광물, 나무와 에너지이고 생태계 서비스 체계는 어장과 토양, 물 정수와 산소, 그리고 자연경관은 산과 해변, 햇빛, 무지개, 새소리 등을 의미한다. 두 번째 피라미드 단계에는 인간과 사회적 자본으로 두 가지의 범주로 규정하였는데, 사람은 기술과 건강, 능력, 교육으로 그리고 관계는 가족, 이웃, 지역사회, 회사, 정부를 포함하는 것으로 보았다. 가장 높은 단계의 피라미드는 만들어진 자본으로 인간들이 만들고 생산하는 각종 건물, 장비, 정보, 인프라, 예술, 음악, 의류, 도로 등으로 구성된다.

이와 같은 지역사회자본의 개념은 지역사회 구성원들이 가용할 수 있는 자원들과 함께 지역사회가 그러한 자원들을 강화하고 보존할 수 있는 방법 간의 관계를 이해할 수 있도록 돕는다. 특히 향후 설명하게 될 지역사회복지실천의 과정에서 과연 지역사회의 어떤 부분에 대한 개입을 수행해야 하고, 지역사회의 어떤 자원을 활용할 것인가에 대해 개괄적이나마 방향을 보여주는 기회를 제공하고 있다.

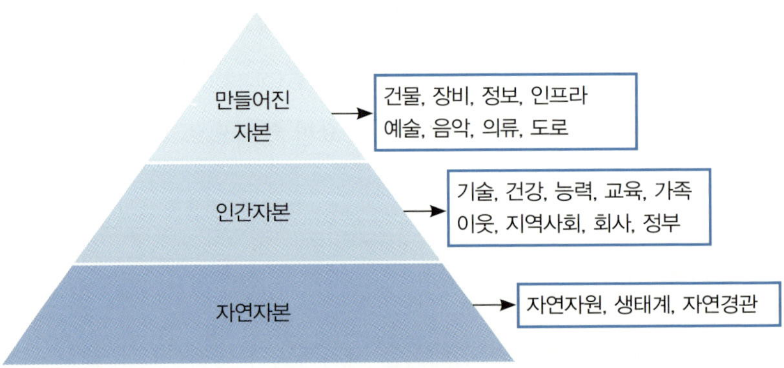

그림 1-1 • 지역사회자본

3) 지역사회에 대한 이론

일반적으로 이론은 관련 대상을 보다 잘 이해할 수 있는 기반을 제공하기 때문에, 여기서도 지역사회 이해를 위해 관련 이론들을 살펴볼 필요가 있다. 오정수와 류진석(2005)은 지역사회를 어떤 관점에서 보는지에 따라서 지역사회상실이론과 지역사회보존이론, 지역사회개방이론으로 구분하고 있다.

(1) 지역사회상실이론

지역사회상실이론에서는 전통적인 지역사회 공동체를 더 이상 추구될 수 없는 이상적(ideal)인 것으로 바라보고 있다. 따라서 지역사회는 공동체성의 쇠퇴, 비인간적 관계를 특성으로 하고 있으며 상실한 지역사회를 대신할 수 있는 새로운 제도가 필요하다고 본다.

지역사회상실이론은 최근의 지역사회에서 나타나는 다양한 문제들을 바탕으로 지역사회가 지니고 있던 기능들이 적절히 수행되지 못한 측면을 강조하고 있는 것이다. 따라서 이 이론에서는 전통적인 지역사회의 기능을 수행할 수 있는 복지와 같은 제도가 있어야 한다고 본다.

(2) 지역사회보존이론

지역사회상실이론에 대한 반론으로 시작된 지역사회보존이론은 현대의 지역사회도 농촌사회의 혈연이나 이웃, 친구와 같이 다양한 사회적 지지망을 보유하고 있다고 본다. 이 이론에서는 복지국가의 역할들을 축소하는 대신 가족과 지역사회가 지니고 있는 상호부조적 기능수행을 강조하고 있다.

따라서 지역사회보존이론 차원의 지역사회에 대한 접근은 지역사회가 지니고 있는 다양한 문제들을 지역사회의 전통적 강점인 상호부조나 공동체적 접근을 통해 해결할 수 있다고 보는 것이다. 이는 결국 최근의 마을 만들기나 지역사회 공동체 운동과 맥을 같이 하고 있다.

(3) 지역사회개방이론

지역사회개방이론은 지역사회상실이론과 지역사회보존이론에 대한 제3의 대안이라고 볼 수 있다. 즉 전통적인 지역사회의 의미인 지역성에서 벗어나서 다양한 사회적 지지망의 관점에서 비공식적인 연계를 중요하게 보고 있는 것이다. 따라서 이 이론에서는 지리적 의미의 지역사회와 공통된 이해에 기반을 두고 있는 기능적 의미의 지역사회를 포괄적으로 결합한 지역사회의 모습을 가지고 있다.

2. 지역사회의 유형과 기능

1) 지역사회의 유형

앞에서 다룬 지역사회의 개념을 염두에 두었을 때 지역사회는 대체로 지역성을 기반으로 하든지 그렇지 않든지 간에 지역사회 구성원 간의 공통적인 유대관계를 기본으로 하고 공동의 기능을 수행하게 된다. 이러한 내용을 바탕으로 던햄(Dunham, 1970)은 지역사회를 네 가지의 유형으로 구분하였고 이 내용은 일반적인 지역사회 유형 기준으로써 보편적으로 언급된다.

(1) 인구분포에 따른 유형

지역사회 안에 살고 있는 인구 수를 통해 유형화하였고 대도시와 중소도시, 소규모 부락 등으로 구분할 수 있다. 이러한 유형에 따라 현재의 우리 지역사회를 보게 되면 서울특별시나 각 광역시와 같이 인구가 밀집되어 있는 곳은 대도시로, 그 외 도농복합도시나 구 차원의 지역은 중소도시로, 농촌지역의 부락단위는 소규모 부락으로 나눌 수 있다.

(2) 경제적 기반에 따른 유형

지역사회 구성원들의 경제적 특성과 다양한 사회문화적 특성을 파악하는 연구에서 주로 사용하는 유형화 방식으로 산촌, 어촌, 농촌, 광산촌 등으로 구분할 수 있다.

(3) 행정구역에 따른 유형

정부의 행정구역에 따라 구분한 것으로 대체로 인구분포가 중요한 기준이 되기는 하지만 반드시 인구 크기에 비례해서 유형화되는 것은 아니다. 구체적인 사례로는 특별시, 광역시, 도, 시 · 군 · 구, 읍 · 면 · 동으로 구분할 수 있다.

(4) 사회적 특수성에 따른 유형

지역사회 구성원이 가진 사회적 특성을 중심으로 유형화하는 방식으로 저소득층 지역, 차이나타운, 외국인 노동자 밀집 거주지역, 미국의 할렘지역 등으로 구분할 수 있다.

2) 지역사회의 기능

지역사회의 기능에 대한 설명은 지역사회가 구성원들을 위한 중요한 기능을 수행하는 서로 연관된 체계라고 바라보는 관점에서 비롯되었다. 이러한 사회적 기능들은 지역사회와 지역사회 구성원들의 생존을 위해 필요하며 지역사회는 다양한 공식, 비공식적 조직과 집단, 그리고 네트워크를 통해 이러한 사회적 기능들을 수행하게 된다(Hardcastle, Powers & Wenocur, 2011). 길버트와 스펙트는 이와 관련하여 다섯 가지의 중요한 지역사회관련 사회적 기능들을 제안하였다(Gilbert & Specht, 1974).

그러나 지역사회의 기능이 지역사회 구성원들의 삶의 질을 개선하는 데 기여하는 것으로 평가되고 있지만, 다소 이상적인 것으로 여겨진다. 즉 실존하는 모든 지역사회에서 이러한 사회적 기능이 적절히 이루어지고 있다고는 볼 수 없기 때문이다(강철희 · 정무성, 2006). 그럼에도 불구하고 여기서 설명하는 지역사회의 다섯 가지 기능은 바람직한 지역사회가 수행해야 하는 순기능적인 측면을 제시할 수 있다는 점에서 매우 중요하며 구체적으로 살펴보면 다음과 같다.

(1) 생산 · 분배 · 소비의 기능

생산 · 분배 · 소비는 지역사회 구성원들이 일상생활을 영위하는 데 필요한 다양한 상품과 서비스들이 활용되는 일련의 과정과 관련된 부분이다. 생산 · 분배 · 소비의 기능이 지역사회 내에서 잘 이루어진다면 지역사회 구성원들은 경제적으로 자립할 수 있고, 궁극적으로 삶의 질 또한 일정 수준 이상이 될 것이다.

예를 들어 살펴보면 지역사회 내에 생산이 가능한 공장과 회사가 많이 존재하는 것은 지역사회 구성원들이 일할 수 있는 곳이 많아져 적절한 분배가 가능해지고, 분배 결과에 따라 획득한 재화를 자신들이 필요한 영역에 소비할 수 있음을 의미한다. 최근 들어 지역사회 내에서 고용의 중요성이 부각되는 측면도 바로 이러한 생산 · 분배 · 소비의 지역사회 기능 수행과 관련된 부분이다.

따라서 지역사회에서 지역사회주민들을 고용할 수 있는 생산체계를 보유하고 있는 것과 함께 분배받은 자원을 자신들이 희망하는 영역에서 소비할 수 있는 적절한 소비처를 갖추고 있는 것은 지역사회를 평가할 수 있는 중요한 기준이 된다.

(2) 사회화의 기능

사회화는 그 지역사회가 공유하는 지식과 사회적 가치, 행동양식 등을 지역사회 구성원들에게 적절히 전달하는 과정을 의미한다. 지역사회 구성원들은 이러한 사회화의 기능을 통해 다른 지역사회 구성원들과 구별되는 생활양식을 습득하게 된다. 또한 사회화 과정은 어린 시절부터 시작하여 더 큰 사회의 구성원이 되기까지 평생을 통해 이루어진다.

따라서 지역사회 내에는 생애주기별로 적절한 사회화 기능을 수행할 수 있는 주체가 마련되어야 하며 그러한 사회화 기능이 제대로 이루어지고 있는지 살펴보는 과정이 필요하다. 이러한 사회화의 과정은 결국 지역사회가 다른 지역사회와 구분되는 지역사회만의 문화적 측면을 형성할 수 있다는 점에서 중요하게 다루어져야 한다.

(3) 사회통제의 기능

사회통제는 지역사회의 다양한 사회적 규범을 지역사회 구성원들이 잘 따르도록 강조하는 것이다. 지역사회에는 구성원들이 지켜야 할 다양한 법과 규칙, 도덕 등이 있는데 이러한 사회적 규범들을 지키도록 하는 지역사회의 강제력이 사라지게 되면 결국 지역사회는 혼란에 빠져 해체되고 말 것이다.

사회통제의 기능은 대체로 정부가 경찰, 사법체계를 통해 공식적으로 수행해왔지만 그 외 가정과 학교, 다양한 사회기관에서도 사회통제의 기능 일부를 공식·비공식적으로 담당할 수 있다. 또한 사회통제의 기준이 되는 사회적 규범에 있어서도 법이나 규칙과 같은 강제적 측면과 도덕 등의 강제적이지 않은 측면이 혼합되어 있기 때문에 특히 이러한 도덕적 측면을 어떻게 지역사회주민들이 따르게 할 것인지가 고려되어야 한다.

(4) 사회통합의 기능

사회통합은 지역사회가 구성원들 간의 협력과 결속력을 강화하는 것이다. 지역사회가 정상적이기 위해서는 지역사회 구성원들 간의 연대적 관계가 필수적이라 할 수 있는데, 사회통합의 기능은 지역사회 구성원 스스로가 다양한 지역사회의 활동에 자발적으로 참여토록 유도하고 사회적 규범을 스스로 준수하도록 한다. 따라서 사회통합은 강제적인 성격을 지니고 있는 사회통제의 기능과는 자발성이라는 측면에서 차이를 보이며, 가장 대표적인 사회통합의 제도로는 종교를 들 수 있다. 최근 들어 다양한 사회적 분열의 모습이 만연한 상황에서 이러한 지역사회의 사회통합적 기능은 매우 중요한 측면이 있다. 특히 빈부격차가 심해지고 다양한 이익집단이 활발히 형성되며 다문화의 사회로 도래한 현재의 지역사회 모습 속에서 어떻게 사회통합을 추구해 나갈 것인지는 지역사회복지실천영역에서도 주요한 이슈가 되고 있다.

(5) 상부상조의 기능

상부상조는 지역사회 구성원들이 기존의 사회제도에 의해서는 자신들의 기본적인 욕구를 충족할 수 없을 때 강조되는 사회기능이다. 즉 지역사회 구성원들은 언제든지 질병이나 사고, 사망, 실업 등의 문제를 경험할 수 있는데 이런 일이 발생하면 외부의 지원을 받게 된다. 상부상조의 기능은 지역사회 구성원들 간에 도움을 주는 것과 관련되어 있다.

이러한 상부상조의 기능은 전통적으로 친척과 이웃 등과 같은 영역에서 이루어졌지만 지금은 그 외에도 정부나 민간사회단체, 종교단체 등에 의해 수행되고 있다.

3) 지역사회 비교기준

현재의 지역사회 모습을 정확하게 파악하는 좋은 방법 중의 하나는 정상적인 지역사회의 모습과 비교해 보는 것이다(김종일, 2005). 물론 어떠한 지역사회가 좋은, 정상적인, 그리고 바람직한 지역사회인지에 대해서는 다양한 의견이 있을 것이다. 선행 연구들에서는 이와 관련하여 몇 가지 기준들을 제시하고 있다.

지역사회를 비교할 수 있는 척도가 중요한 이유는 현재의 지역사회와 이상적인 지역사회의 격차를 좁히는 것이 결국 지역사회복지실천의 궁극적인 목적이기 때문이다. 다음에 제시하는 지역사회 비교 기준 또한 이상적인 기준일 수 있겠지만, 이러한 기준은 결국 지역사회복지실천가가 지향해야 하는 궁극적인 목표라는 점에서 중요한 의미가 있다.

(1) 워렌의 좋은 지역사회

워렌(Warren, 1983)은 좋은 지역사회는 아래의 기준을 충족해야 한다고 보았다.

- 지역사회 구성원 간에 인격적 관계가 이루어져야 함
- 지역사회 내에 권력이 폭넓게 분산되어야 함
- 다양한 소득과 인종, 종교, 이익집단이 포함되어야 함
- 지역사회 구성원들의 자율권이 충분히 보장되어야 함
- 정책 형성 과정에서 갈등은 최소화되고 협력은 최대화되어야 함

좀 더 구체적으로 설명하자면, 먼저 지역사회의 구성원 간에 인격적 관계가 이루어져야 한다는 것은 인간적인 교류가 필요하다는 의미이다. 최근 들어 무연(無緣)사회의 특성을 가짐에 따라 고독사의 문제가 나타나고 있는 지역사회문제를 꼬집는 기준이다. 이웃이 누구인지 모르고 이웃과의 교류가 전혀 없는 상황은 바로 지역사회 구성원 간에 인격적 관계가 없다는 의미이고 결국 좋은 지역사회의 모습이 될 수 없다.

둘째, 지역사회 권력이 분산되어야 한다는 것은 지역사회의 다양한 의사결정구조 속에 많은 사람들이 참여할 수 있는 구조가 마련되어야 한다는 의미이다. 이를 위해서는 지역사회주민들이 적극적으로 지역사회에 참여해야 하며, 참여할 수 있는 체계가 마련되어야 한다.

셋째, 다양한 소득과 인종, 종교, 이익집단이 포함되어야 함은 사회통합적 관점을 이야기하고 있다. 즉 저소득계층 밀집지역, 외국인근로자 집중거주지역 등의 특성보다는 다양한 계층과 인종의 사람들이 함께 어울려 살아가는 모습이 더 좋은 지역사회일 것이다.

넷째, 지역사회 구성원의 자율권이 보장되어야 한다는 것은 자신의 삶과 관련된 다양한 측면들이 타인에 의해 강압적이 아닌 스스로에 의해 결정될 수 있어야 한다는 의미이다.

마지막으로 지역사회와 관련된 정책 형성 과정에서 가능하면 갈등보다는 협력의 과정이 필요하다. 이러한 기준들이 충족될 때 우리는 좋은 지역사회라고 할 수 있다.

(2) 펠린의 역량 있는 지역사회

좋은 지역사회의 한 가지 조건으로써 지역사회 역량의 개념이 활용된다. 펠린(Fellin, 2001)은 역량 있는 지역사회란 다양한 지역사회 구성원들이 필요로 하는 것에 적절히 대응하고 지역사회문제와 일상생활에서의 도전을 해결할 수 있는 능력을 가져야 한다고 보았다. 특히 지역사회 구성원들은 다음과 같은 요소를 가져야 한다고 제시하였다.

- 지역사회에 대해 헌신적임
- 공유가치와 이익에 대한 자기인식
- 의사소통에 대한 개방적 태도
- 지역사회 의사결정 과정에 대한 광범위한 참여
- 지역사회의 효능감과 임파워먼트에 대한 감각

우선 지역사회에 대해 헌신적이라 함은 지역사회의 각종 문제해결 등의 과정에 지역사회 구성원으로 적극적으로 참여해야 한다는 의미이다. 그리고 공유가치로 대변되는 지역사회의 이익에 대해 중요성을 인식하고 다양한 지역사회주민들과 긍정적이고 개방적인 관계를 지녀야 한다. 또한 각종 지역사회활동에 적극적으로 참여하며 지역사회의 다양한 기능들이 적절히 수행될 수 있도록 하여 궁극적으로 지역사회 스스로 작동될 수 있도록 노력하는 것이 역량 있는 지역사회의 모습이다.

3. 지역사회복지

지역사회복지는 지역사회를 대상으로 하는 사회복지영역이자 실천방법으로 이해할 수 있지만, 그 개념을 학술적으로 정의하기는 쉽지 않다. 왜냐하면 사회복지영역에서뿐만 아니라 정치영역이나 행정영역, 그 외 다른 학문영역에서도 지역사회복지라는 용어를 활발하게 사용하고 있기 때문이다(강철희 · 정무성, 2006).

따라서 여기서는 우선 지역사회복지의 개념과 내용을 보다 명확히 하여 이후 사회복지의 고유한 전문영역이라 할 수 있는 지역사회복지실천과의 관계에 대한 기초적인 지식을 쌓아보도록 하겠다.

1) 지역사회복지의 개념

지역사회복지는 어원적으로 지역(community)과 사회복지(social welfare)가 혼합된 말이다. 좀 더 상세히 설명하면 사회복지가 인간이 지니고 있는 욕구를 사회적인 노력으로 충족하는 것이라고 볼 때 지역사회복지는 결국 지역을 대상으로 하는 사회복지인 것이다. 즉 지역사회복지는 사회복지영역의 고유한 부분이라기보다는 사회복지를 포함한 보건, 교육, 행정 등의 다양한 영역이 지역의 복지 수준을 향상시키려는 사회적인 노력으로 설명되고, 이는 넓은 의미의 지역사회복지 개념으로 규정할 수 있다.

따라서 이러한 개념적 접근은 사회복지영역의 전문적 활동이라고 보기는 어렵고 다양한 전문적, 비전문적 수준의 노력을 포괄하고 있다. 두레나 품앗이, 향약 등과 같은 전통적인 지역사회활동에서부터 최근의 지역사회 개발이나 민간영역의 자선활동, 그리고 사회복지영역의 전문적 접근까지 총망라된 것으로 이해할 필요가 있다.

이에 반해 좁은 의미로 지역사회복지 개념을 규정하면 지역사회가 지니고 있는 다양한 문제를 해결하기 위해 사회복지전문가들을 중심으로 수행되는 모든 활동으로 볼 수 있다. 여기에는 사회복지전문가와 함께 활동하는 자원봉사자나 지역주민 등이 지역사회복지 제공자로 포함될 수 있으며 특히 사람을 대상으로 하는 다양한 서비스 제공 과정에서 좁은 의미의 지역사회복지 개념 적용이 이루어지는 경향이 크다.

결국 좁은 의미와 넓은 의미의 지역사회복지 개념은 사회복지영역에 있어서 지역사회복지를 대인서비스 제공 과정에 집중해서 이해하는지, 아니면 전반적인 지역사회복지수준을 향상시키는 모든 영역의 활동을 포함하는지에 따라 규정될 수 있다.

2) 지역사회복지의 이념

지역사회복지가 추구하는 이념은 무엇일까? 지역사회복지 이념을 살펴보기 위해서는 위에서 언급한 지역사회복지 고유의 특징이 고민되어야 한다. 즉 지역사회복지는 지역사회 구성원들이 주체적으로 지역사회의 다양한 문제를 해결하고 새로운 영역을 창조하는 복지라고 생각할 수 있기 때문에 궁극적으로 나아가야 할 방향으로 다음과 같은 이념이 고려되어야 한다.

(1) 정상화

정상화(normalization)는 1950년대와 1960년대 북유럽에서 지적장애인의 생활이 정상적 수준에 가까워져야 한다는 인식에서 시작하여 1981년 세계 장애인의 해를 거쳐 전 세계로 파급되었으며, 지적장애인을 비롯한 모든 복지 대상자로 확대되기에 이르렀다(박태영, 2008). 정상화의 주된 내용은 장애나 특별한 복지 욕구를 가지고 있는 사람은 지역사회와 분리된 채 시설이나 병원 등에서 살아가게 되면 진정한 존엄성을 추구할 수 없게 된다. 따라서 지역사회주민들과 함께 지역사회에서 살 때만이 정상적인 삶을 보장받을 수 있다.

EBS에서 방영된 "산 좋고 물 좋은 곳"이라는 짧은 다큐멘터리(EBS, 2009.8)를 통해 우리는 정상화의 개념을 접할 수 있다. 여기서의 산 좋고 물 좋은 곳이라는 이미지는 지역사회와 동떨어진 곳으로 우리가 평소에 인식하고 있는 긍정적 측면과는 반대되는 개념이다. 왜 장애인 시설이 산 좋고 물 좋은 곳에만 위치해야만 하는지, 우리의 일상적인 삶 속에는 위치할 수 없는지에 대해 꼬집은 내용이다. 자신의 삶 주변에 장애인 시설이 설치되는 것을 적극적으로 반대하는 지역주민의 사례들이 지속된다면 결국 정상화의 이념은 추구될 수 없다.

이러한 정상화의 개념은 탈시설화와 개념적 유사성을 가지고 있으나 이념 추구의 접근방법에서는 많은 차이가 있다. 먼저 탈시설화는 복지대상자가 시설보다는 지역사회에 거주할 때 비용 측면에서 효율적이라는 것이 강조된다. 즉 시설에 거주함에 따라 소요되는 다양한 비용들이 지역사회에 거주하면서 절감된다는 것이다. 하지만 정상화의 개념에서는 복지대상자들의 정상적인 삶을 위해 효율을 강조하기보다는 많은 자원이 투입되어야 함을 강조한다. 복지대상자들에게 필요한 다양한 물리적, 비물리적 요소들에 대한 투자가 궁극적으로 복지대상자들의 삶의 질을 향상시킬 수 있다는 것이다. 결국 지역사회복지 대상의 정상적인 삶이 실현되기 위해서는 지역사회에서 지역사회주민들과 함께 살 때 가능해지며, 이의 추구를 위해서 많은 사회적인 노력이 필요하다.

(2) 주민참여

지방자치제도가 정착되면서 지역사회 구성원들의 지역사회관련 활동에 대한 적극적인 참여가 더욱 필요해졌다. 이러한 주민참여는 지역사회복지와 관련된 정책결정과정에 참여하는 것뿐만이 아니라 지역사회복지의 다양한 실천 활동에 대한 부분으로까지 그 영역의 확대가 이루어져야 한다.

여러 번 강조하지만 지역사회 구성원은 지역사회복지의 이용자인 동시에 제공자라는 점에서 주민참여의 이념이 매우 중요하게 부각되어야 함을 뒷받침하고 있다. 즉 지역사회복지와 관련한 이용자로서 지역사회 구성원들은 자신의 욕구와 문제를 적극적으로 외부에 알려야 하고, 이렇게 파악된 욕구와 문제는 많은 지역사회 구성원들의 적극적인 참여를 통해 해결될 수 있다.

따라서 지역사회복지실천의 추진과정에서 가능한 한 많은 지역사회 구성원들이 지역사회복지에 대한 이용자 또는 제공자로서 역할을 수행할 수 있도록 다양한 장이 마련되어야 한다.

(3) 사회통합

사회통합은 보는 시각에 따라 개념에 있어서 차이가 있으나, 보편적으로 지역사회의 보호가 필요한 장애인, 노인, 아동 등이 지역사회주민들과 함께 생활할 수 있는 다양한 삶의 조건을 마련해 나가는 것을 의미한다. 하지만 사회통합의 과정은 단순히 물리적 여건만이 강조되기보다는 심리, 사회적으로 하나가 되는 과정까지 포함되면서 지역사회복지에 있어서는 궁극적으로 단일한 지역조직체로 통합되는 것을 의미하게 된다.

우리는 최근 들어 지역사회의 모습 속에서 계층 간의 갈등이나 세대 간의 갈등, 사회 속의 불평등 문제 등을 쉽게 뉴스에서 접하게 된다. 그리고 사회통합의 이슈는 이제 한 나라 안에서만의 문제가 아니라 다문화, 난민 등 국제적 상황으로까지 확대되고 있다. 이러한 지역사회의 갈등상황을 완화하고 궁극적으로 지역사회주민들 모두가 일정 수준 이상의 삶의 질을 확보할 수 있는 여건을 갖추는 것을 사회통합으로 볼 수 있다. 특히 사회통합은 지역사회복지의 추구 과정에서 궁극적 지향점으로 설정해야 할 만큼 중요한 이념으로 고려되어야 한다.

4. 지역사회복지실천

위에서 기술한 지역사회복지는 다양한 영역에서 수행되기 때문에, 사회복지영역의 고유한 실천 과정이라고 말하기에는 무리가 따른다. 그렇다면 지역사회를 대상으로 한 사회복지영역의 고유하고 전문적인 접근방법은 없는 것인가? 우리는 이것을 지역사회복지실천이라고 부른다. 따라서 이 절에서는 지역사회복지실천의 기본적인 개념에 대해 알아보고, 지역사회복지실천의 목적과 가치, 실천원칙을 통해 지역사회복지실천의 실현가능성을 높여보도록 하겠다.

1) 지역사회복지실천의 개념

지역사회복지실천은 지역사회 구성원들이 보유한 다양한 문제해결을 위해 지역사회 변화에 필요한 사회복지적 기술을 적용하는 것이다(Hardcastle 외, 2011). 그렇다면 지역사회를 대상으로 사회복지적 기술을 사용한다는 것은 무슨 의미일까? 지역사회복지실천에 있어서 사회복지적 기술 사용은 결국 지역사회를 대상으로 하여 사회복지적인 전문 실천접근을 수행하는 것을 의미한다. 일반적으로 전문적 실천접근은 비전문적 접근과는 달리 사회과학이론 및 전문적 실천을 수행하기 위한 전문가의 가치와 윤리를 활용하게 된다(Hardcastle 외, 2011). 따라서 지역사회복지실천이란 지역사회복지실천 수행과정에서 다양한 관련 이론들을 적용하고, 사회복지실천가로서의 가치와 윤리를 준수하며 보다 전문적인 사회복지영역 고유의 개입방법을 활용하는 것으로 개념화할 수 있다.

2) 지역사회복지실천의 관점

지역사회복지실천의 개념은 지역사회복지실천이 추구하는 관점을 살펴봄으로써 보다 명확해질 수 있다. 이와 관련하여 1920년대의 미국 저술들을 살펴보면 지역사회복지실천의 개념화 과정에서 두 가지 독특한 영역이 발견되는데 그것은 바로 사회적 공급 및 서비스의 향상과 사회적 관계에서의 변화이다. 사회적 공급 및 서비스 향상과 관련해서는 충족이 필요한 욕구가 무엇인지를 우선 결정하고 이를 효과적으로 충족할 수 있는 서비스의 개발을 강조하였다. 사회적 관계와 관련해서는 변화하는 사회 속에서 커뮤니티의 가치를 보존하려는 희망으로써 이를 위한 지역사회 역량 개발과 관련된 것이었다.

이러한 두 가지의 흐름을 바탕으로 하여 펄만과 구린(Perlman & Gurin)은 포괄적인 실천적 접근에 고려되어야 할 차원들을 명확히 하는 네 가지의 지역사회복지실천의 관점을 정리하였다(Perlman & Gurin, 1972).

첫째, 지역사회에 대한 참여와 통합을 강화한다. 이는 지역사회의 구성원들이 지역사회 참여 과정을 통해 자신들의 의사를 적절히 표시할 수 있도록 하고, 지역사회 구성원들과의 효과적 상호작용을 통해 본인들의 사회환경 개선에 대한 다양한 방안에 대해 합의를 이끌어낸다. 결국 지역사회주민들을 어떻게 지역사회 현안에 참여토록 할 것인가, 그리고 참여 과정 속에서 원만한 의사소통이 이루어지도록 하여 지역사회가 분열되지 않고 통합되게 함으로써 필요한 환경개선을 이루어낼 것인가가 관건이다.

둘째, 문제대처능력의 향상이다. 지역사회복지실천 과정은 결국 지역주민 스스로가 지역사회의 문제를 해결할 수 있게 한다는 점에서 다양한 지역사회관련 문제에 대해 적절한 대처능력을 보유토록 지원하는 것은 지역사회복지실천의 중요한 목적이 된다. 여기서의 문제는 개인적인 문제라기보다는 지역사회를 대상으로, 지역사회 내에서 발생하는 모든 영역의 문제로 볼 수 있다. 특히 최근 들어 복지의 영역이 기존의 영역 외에 문화, 교육, 주거 등 삶의 모든 영역으로 확대된 상황이므로 이러한 영역 속에서 발생되는 문제를 해결할 수 있는 역량개발이 좀 더 폭넓게 요구된다.

셋째, 사회조건과 서비스의 향상이다. 이는 개인적인 조건 및 개인대상 서비스의 향상을 꾀하기보다는 지역사회 수준에서의 문제나 욕구를 발견하고 이의 개선, 문제 예방을 위해 효과적인 서비스 방법을 개발하는 것이다. 특히 지역사회복지실천 과정에서는 다양한 사회조건 및 서비스 향상을 위한 제도의 개발 및 기존 제도에 대한 보완 과정이 필요하며 지역사회복지실천가가 지금보다 많은 관심을 가져야 하는 측면이다. 이 부분은 최근 들어 지역사회복지실천가에게 더욱 요구되는 부분이라 할 수 있는데, 주어진 제도 내에서의 활동뿐만 아니라 적절한 활동을 하기 위한 제도마련에 대한 적극성이 요구된다.

마지막으로 불이익집단의 이익증대이다. 이는 빈곤계층이나 소수집단, 슬럼지역 거주계층을 대상으로 하는 물질적 재화나 서비스의 양을 증대시키고, 이들이 지역사회의 다양한 의사결정과정에 참여할 수 있도록 함으로써 본인들 스스로와 관련한 이익을 증가시킬 수 있도록 돕는 것이다. 결국 불이익집단에게 배분되는 지역사회의 자원 총량을 확대하고, 이러한 결과가 지역사회복지실천가와 같은 타인과 몇몇 관심 있는 지역사회주민들에 의해서 이루어지는 것이 아니라 불이익을 당하는 집단 스스로가 자신의 이익을 요구하고 획득할 수 있도록 돕는 것이라 할 수 있다.

3) 지역사회복지실천의 접근

다소 추상적인 지역사회복지실천의 개념을 보다 구체적인 수준으로 설명하기 위해서는 지역사회복지실천이 어떠한 접근방법을 활용하는지 살펴본다면 이해하기가 쉬워진다. 여기서는 지역사회복지실천의 접근방법과 관련하여 겜블과 웨일(Gamble & Weil, 2010)이 설명한 내용을 소개하고자 한다. 겜블과 웨일은 지역사회실천의 주된 네 가지 접근법으로 조직화(organizing)와 기획(planning), 지속가능한 개발

(development)과 점진적 변화(progressive chnage)를 들고 있다. 보편적으로 이 네 가지의 과정들은 지역사회문제를 완화시키고 다양한 지역사회 조건을 개선시키는 노력들에서 쉽게 보여진다.

먼저 조직화는 지역주민들로 하여금 당면한 지역사회의 문제를 이해하게 하고 지역문제에 대한 집단적인 행동을 할 수 있도록 지역사회주민들 간에 굳건한 관계를 형성하는 과정이다. 이를 위해 지역사회문제해결에 필요한 각종 인적 · 물적 자원을 동원하고 조직화된 집단구성원들의 역량을 강화한다. 지역사회복지실천가로서 조직화에 노력을 기울이는 것은 결국 지역사회주민들이 자신의 지역사회에 대해 보다 많은 관심을 가지도록 하고, 다양한 지역사회 활동에 참여토록 이끌어 내며 궁극적으로 이들이 스스로 지역사회문제에 대처하고 해결할 수 있도록 관련 지식과 기술을 가지도록 돕는 활동이다. 또한 지역사회주민들에 대한 개별적 접근뿐만 아니라 지역사회에 이미 형성된 다양한 조직들이 지역사회 변화를 추구할 수 있도록 연합세력을 형성하는 것도 포함될 수 있다.

둘째, 기획은 지역사회복지실천영역에서 상당히 넓게 사용되는 과정이다. 대체로 지역사회 변화를 위해 지역사회주민들이 공유할 비전이 무엇인지, 그리고 기대하는 변화를 달성하기 위해 필요한 단계를 설정하는 것을 포함한다. 따라서 기획 과정은 지역사회주민들로 하여금 지역사회 조건 중에 변화시켜야 할 것들과 자신들이 의도한 성과를 구체화하고 그 성과를 달성하기 위해 해야 할 활동을 세부적으로 규정하는 것에 대한 관여이다. 좀 더 구체적으로 살펴보면 지역사회복지실천에서의 기획이란 지역사회의 다양한 문제들과 변화가 필요한 지역사회의 조건들에 대해 지역사회주민들이 추구해야 할 비전을 수립하고, 이를 위한 활동내용을 구체화하면서 궁극적으로 변화 노력에 대한 성과를 도출하도록 돕는 일을 의미한다.

셋째, 지속가능한 개발(sustainable community development)은 기존의 시장중심적인 경제개발 방식이 빈곤을 해결하고 기회를 제공하는 중요한 방법이긴 하지만, 한정된 자원을 고갈시키고 환경을 파괴하며 빈부격차를 심화시키는 등의 부작용이 발생하자 나타나게 된 움직임이다. 특히 지속가능한 개발을 촉진하는 움직임은 인간개발영역에서 발전되었는데, 사람과 자원, 그리고 환경을 보전하면서 광범위한 방법을 통해 사회적, 경제적 측면으로 인간을 개발시키는 것이다. 그리고 많은 국가와 지역사회에서도 환경을 보호하면서 지역사회주민들에게 사회적, 경제적 기회를 공평하게 부여하려는 지속적 개발목표에 많은 관심을 가지고 있는 것으로 나타났다. 이의 연장선으로 최근 유엔(United Nations)은 세계적 수준에서 2015년까지 지속가능한 개발을 위한 아젠다로써 "유엔의 새천년 개발목표(the United Nations'Millennium Development Goals)"를 제시한 바 있다. 여기서는 절대빈곤을 반으로 줄이고 성차별을 없애며 AIDS와 같은 치명적 질병을 예방, 치료하고 환경을 보전하는 것에 초점을 두고 있다. 특히 국가의 지속가능한 개발노력을 네 가지 영역으로 평가하였는데, 인간개발과 환경보존, 경제적 평등, 그리고 사회정의이다.

마지막으로, 점진적 변화(progressive change)는 지역사회의 부정적인 조건을 개선하려는 것에 그 뿌리를 둔다. 즉, 불리한 위치에 놓여 있는 지역사회주민들을 위해 더 나은 사회적, 경제적, 환경적 결과물을 추구하려는 계획된 변화를 시도하는 것이다. 또한 점진적 변화는 지속적으로 지역사회의 기획 과정과 의사결정 과정에서 인종, 성별, 능력, 연령, 종교나 성적 선호도 등의 이유로 배제된 사람들의 삶을 개선하는 데 관심을 가지고 있다.

생각해봅시다

01 현재 여러분이 속한 다양한 지역사회(community)에 로스(Ross)의 지역사회 개념을 연결하여 생각해 본다면 어떠한 지역사회 개념에 속할까요?

02 현재 여러분이 거주하는 지역사회를 워렌(Warren)이 말한 지역사회의 기능과 다양한 지역사회 비교기준 등을 고려해 본다면 어떻게 평가할 수 있는지 생각해 보세요.

03 여러분이 지역사회복지실천가라고 가정했을 때, 지역사회복지의 이념과 지역사회복지실천의 관점 등을 고려하여 지역사회에 대해 어떠한 실천적 접근을 해야 할지를 생각해 보세요.

참 / 고 / 문 / 헌

강철희 · 정무성 (2006). **지역사회복지론**. 파주: 나남출판.

김종일 (2005). **지역사회복지론**. 파주: 학현사.

박태영 (2008). **지역사회복지론**. 파주: 학현사.

오정수 · 류진석 (2005). **지역사회복지론**. 서울: 학지사.

EBS (2009. 8). 지식채널: 산 좋고 물 좋은 곳.

Dunham, A. (1970). *The new community organization*. New York: Crowell.

Fellin, P. (2001). *The community and the social worker*. Brooks/Cole Publishing Company.

Gamble, D. N., & Weil, M. (2010). *Community Practice Skills: Local to global perspectives*. New York: Columbia University Press.

Gilbert, N., & Specht, H. (1974). *Dimensions of Social Welfare Policy*. Englewood Cliff, New Jersey: Prentice Hall.

Hardcastle, D. A., Powers, P. R., & Wenocur, S. (2011). *Community practice: Theories and skills for social workers*. Oxford University Press, USA.

Hart, M. (1999). *Guide to Sustainable Community Indicators*, 2nd ed. North Andover, MA: Hart Environment Data.

Perlman, R., & Gurin, Arnold. (1972). *Community Organization and Social Planning*. Canada: John Wiley & Sons, Inc.

Ross, M. G., & Lappin, B. W. (1967). *Community Organization: Theory, Principles, and Practice*. New York: Harper & Row.

Warren, R. L. (1983). The Good Community–What Would It Be? In R. Warren & L. Lyon, Eds., *New perspectives on the American Community*. Honewood: Dorsey Press.

Chapter 02

지역사회복지의 역사

1. 영국의 지역사회복지 역사
2. 미국의 지역사회복지 역사
3. 한국의 지역사회복지 역사

Learning Objective

학습 목표

1. 영국과 미국, 한국의 지역사회복지의 역사 및 전개 과정을 알 수 있다.
2. 지역사회복지의 역사와 현재의 지역사회복지 내용을 연결지어 생각할 수 있다.

Chapter 02

지역사회복지의 역사

보편적으로 역사를 학습하는 이유는 과거의 사실을 통해 현재를 이해하고, 미래를 예측하기 위해서이다. 지역사회복지의 역사를 학습하는 것도 이러한 맥락에서 그 필요성을 찾을 수 있다. 즉 현재 지역사회복지와 관련한 모습들은 과거로부터 시작점을 살펴볼 수 있으며, 앞으로 지역사회복지가 어떻게 전개될지 예상해볼 수 있다.

특히 우리나라 지역사회복지의 현재 모습들은 지역사회복지와 관련한 선진국으로부터 받아들인 내용들과 우리의 전통적인 내용들이 혼재해 있다고 볼 수 있다. 따라서 지역사회복지의 선진국이라 할 수 있는 영국과 미국의 역사와 우리나라 지역사회복지의 역사를 함께 살펴보도록 하겠다.

1. 영국의 지역사회복지 역사

영국의 지역사회복지 역사는 1800년을 시작으로 1800년대 중반까지, 1800년대 말부터 1900년대 초반까지, 1900년대 중반부터 1980년대 후반까지, 마지막으로

1980년대 후반부터 현재까지 총 네 단계로 나누어 살펴볼 수 있다.

1) 제1기(1800년대 초부터 1800년대 중반)

1800년대 초반에는 1799년과 1800년의 결사금지법으로 인해 발생한 노동자들의 차별 개선을 위하여 다양한 정치적, 경제적 상황을 개선하려는 집단적 노력들이 이루어졌다. 특히 최근 들어 활발한 우리나라 협동조합의 움직임처럼 노동자가 소유한 협동조합모형이 1800년대 중반 뉴 라나크(New Lanark) 지역에서 박애주의자인 오웬(Robert Owen)에 의해 처음으로 시작되었다.

오웬은 방직공장을 소유한 성공한 제조업자였는데, 공장 내에 노동자를 위하여 정원과 위생시설, 운동장을 만들고 주거비가 매우 저렴한 주택들을 노동자에게 공급하였다. 또한 저렴한 물건을 판매하는 협동조합 상점을 설치하였으며, 도서관과 여가시설을 갖추고 있는 공동체 모형을 개발하였다. 이후 1825년 영국을 떠나 미국 인디애나주로 건너가서 뉴하모니 평등촌(New Harmony Community of Equality)을 설립하여 사회주의 운동을 전개하였다.

이러한 움직임은 산업혁명으로 인해 상당한 부를 가지게 되었음에도 불구하고 자신들만의 이익을 추구하는 많은 자본가들에게 커다란 사회적 영향을 미쳤다. 또한 공동체 모형을 제시한 것 외에도 노동자들을 대상으로 하는 위생교육, 아동에 대한 노동조건 개선, 노동자를 대상으로 한 도덕적 접근 등도 함께 강조함으로써 영국 사회를 개량하려는 다양한 활동으로 이어지게 된다.

19세기 초부터 확대된 도시 중심의 산업화 과정은 농촌지역의 노동인력과 그 가족들을 도시로 집중시키는 결과를 자아냈고, 그로 인한 주택 부족과 열악한 주거환경, 위생, 의료, 교육 등의 다양한 사회문제가 발생하게 되었다. 몇몇 박애주의자들에 의해 주택문제의 심각성이 사회에 알려지기도 하였지만, 건축주들은 최대한의 이익실현을 위해 좁은 토지에 가능하면 많은 주택을 지음으로써 위생이나 화재의 위험이 항상 도사리고 있었다. 이러한 상황에서 힐(Octavia Hill)은 러스킨(John Ruskin)과 함께 1864년 런던을 중심으로 빈민지역 임대주택 재개발을 시작하였다. 노동자들을 대상으로 위생적이면서 편안한 집을 저렴한 가격에 임대해 주는 사업을 전개하였는데, 그 과정에서 많은 자원봉사자들을 활용하여 일일이 노동자 가정을 방문하여 경제생활, 여가 관련 조언과 자녀교육, 자기관리 등을 통해 노동자들을 긍정적으로 변화시키기 위해 노력하였다. 이러한 노력은 물리적인 주택개량사업에서 그치지 않고, 노동자들을 대상으로 한 생활적인 개량사업으로까지 이어진 점에서 의의가 있다.

2) 제2기(1800년대 말부터 1900년대 초반)

이 시기의 주된 지역사회복지적 내용으로는 대표적인 지역사회복지 역사 과정이라 할 수 있는 자선조직협회와 인보관 사업이 이루어졌다는 점이다. 우선 자선조직협회는 1834년 신빈민법으로도 노동자들의 빈곤문제가 해결되지 못하고, 경제상황이 좋아지지 않음에 따라 많은 자선조직들이 난립하였다. 1860년대 런던 지역에만 100여 개 이상의 자선조직들이 활동하였고, 상호 경쟁적인 자선은 결국 많은 사람들을 지속적으로 자선에 의존하게 만드는 주된 요인으로 비판받았다. 이에 1869년 런던에 처음으로 찰스 로크(Charles Stewart Lock), 에드워드 데니슨(Edward Denison) 등의 당시 영국 내 자유주의자들에 의해 자선조직협회(The Charity Organization Society)가 주도되었다.

자선조직협회의 기본적인 생각은 빈곤의 책임은 개인에게 있고 국가의 빈곤문제 해결을 위한 각종 정책수행에 대해 반대하는 입장을 가지고 있었다. 반면 사적인 자선과 자원봉사활동 그리고 빈민들의 자조적인 활동은 적극 지지하였다.

보다 구체적인 자선조직협회의 활동을 살펴보면 자선남용에 따라 중복적인 구빈활동을 줄이기 위해 여러 자선조직들을 조정하고, 구제받을 가치가 있는 빈민을 구별하기 위한 환경조사 및 이들에 대한 적절한 원조제공으로 구성된다. 그리고 중복

구빈을 줄이기 위해 여러 자선조직 간의 연락기구를 설치하게 되는데, 이것이 현재 사회복지영역에서 정보교환 등을 중심으로 하는 지역사회조직사업(Community Organization)의 시작이다. 또한 빈민에 대한 환경조사를 위해 자선조직협회 내에 조사부를 설치하고 빈민들에 대한 중산층들의 개별(우애)방문(Friendly Visiting)을 통해 빈곤을 탈피할 수 있도록 인격적인 접근을 하게 된다. 개별(우애)방문원의 경우 초기에는 자원봉사 수준에서 이루어지다가 이후 현재의 사회복지사와 같은 유급직원으로 대체되었으며, 이러한 노력들은 현재의 개별 또는 가족상담으로 이어지게 되었다.

그런데 여기서 중요한 것은 구제받을 가치가 무엇인가에 대한 점이다. 구제받을 가치가 있는 빈민은 예의바르고 청결하고 구제에 대해 감사할 줄 아는 사람을 의미하고, 구제가치가 없는 빈민은 청결하지 못하고 항상 술에 취해 있으며 구제에 대해 감사할 줄 모르는 사람을 뜻하였다. 이렇듯 구제가치가 있는 빈민의 경우에만 민간의 자선활동 대상이 될 수 있으며 그렇지 않은 빈민들, 즉 구제가치가 없는 빈민은 강제노동을 전제로 하는 작업장으로 보내야 한다는 것이 전반적인 사회의 분위기였다.

이러한 자선조직협회의 활동들은 빈곤의 책임을 개인에게만 물으며 사회구조적 원인을 무시함으로써 보수주의적 측면이 강했으며, 빈민에 대한 환경조사 과정에서 낙인을 발생시켰다는 한계가 있다. 그럼에도 불구하고 개별(우애)방문을 실시하게 된 것은 이전과는 달리 전문적인 사회복지적 접근이 시작되었다는 점과 함께 환경조사 과정에서의 과학적인 접근은 사회조사를 발전시켰다는 점에서 매우 큰 의의를 지닌다.

다른 한편, 자선조직협회와 함께 지역사회복지의 역사상 매우 큰 의미를 지니고 있는 인보관(settlement) 사업이 시작되었다. 인보관 운동은 1854년 데니슨(Edward Denison) 목사가 주축이 되어 옥스퍼드와 케임브리지 대학의 학생들을 중심으로 시작되었으며 영국 최초의 인보관인 토인비 홀(Toynbee Hall)이 1884년 바네트(Samuel

Barnett) 목사에 의해 런던 동부 빈민 지역에 설립되게 된다. 토인비라는 명칭은 옥스퍼드대 경제학부 조교수였던 토인비(Arnold Toynbee)가 인보관 운동을 펼치는 과정에서 1883년 결핵으로 사망하자 그의 활동을 기념하여 세계 최초의 지역사회복지관을 토인비 홀로 명명하게 되었다.

인보관 운동은 대학생들이 빈민들을 자신의 이웃으로 생각하고 이들과 함께 생활하면서 이들을 대상으로 빈곤을 극복할 수 있는 다양한 교육사업을 전개해 나간 활동이다. 궁극적으로 빈민들의 인간적인 성장을 이루어냄으로써 스스로 가난에서 벗어날 수 있다는 확신을 가지게 만드는 것을 중요한 목표로 삼고 있다.

토인비 홀의 3대 목적을 살펴보면 인보관 사업의 기본적인 내용을 좀 더 알 수 있다. 첫째 빈민들의 교육과 문화를 발전시키는 것, 둘째 빈민들의 생활환경에 대한 정보와 이들이 지니고 있는 욕구를 파악하는 것, 셋째는 사회문제와 건강문제 등에 대해 제도적인 지원이 가능하도록 사회입법을 위해 일반 대중들의 보다 많은 관심을 유도하는 것이다(함세남 외, 2001).

그 외 지역사회복지적 의미가 있는 인보관 운동의 실천 내용으로는 임대료 상승에 대한 저항과 실업극복 운동 등 사회행동적 전통을 들 수 있다(Popple, 1995). 우선 1900년대 초반 인보관이 위치하고 있었던 슬럼가를 중심으로 지속적으로 임대료가 상승하자 이에 대해 저항하면서 사회적 관심을 불러일으키려는 대대적인 움직임이 글래스고를 비롯한 영국 도심지에서 이루어졌다. 또한 1929년 경제대공황 이후 대규모로 발생한 실업문제 및 사회 재적응을 위해 지역센터(Community Center)가 설립되었으며, 이 활동은 영국의 인보관 사업과 함께 지역사회복지의 기반이 되었다. 단, 지역센터는 민간차원의 활동이었던 인보관과는 달리 제2차 세계대전 발발 전까지 정부 차원에서 지원된 것이 가장 큰 차이점이다.

3) 제3기(1900년대 중반부터 1980년대 후반)

제2차 세계대전 이후 영국에서는 공공부조의 경우 중앙정부 차원의 사업으로, 그 외의 사회복지서비스는 시설 중심의 지방정부가 책임을 지도록 역할이 명확해졌다. 하지만 요보호 대상자에 대한 시설 수용적 보호는 한계에 다다르게 되었다. 즉 지방정부의 재정 부담이 계속 늘어났고, 시설수용에 따라 발생된 인권 문제로 부각된 것이다. 따라서 기존의 시설 중심의 보호에서부터 벗어나 지역사회 중심의 보호가 중요하게 대두되었으며 영국 지역사회복지의 내용에서도 새로운 실천이 시도되었다.

주로 만성질환자에 대한 시설수용 문제의 대안적 접근으로써 지역사회를 중심으로 이들을 보호하는 형태로 변화되게 되었다. 이것이 바로 영국 지역사회복지 내용을 대표하는 지역사회보호(Community Care)이다. 이때부터 노인 만성질환인과 정신장애인을 대상으로 한 지역사회보호적 접근들이 활발해졌다고 볼 수 있다.

지역사회보호로의 구체적인 변화는 1968년의 시봄 보고서(Seebohm Report)로부터 시작되었다. 시봄 보고서는 크게 세 가지를 제시하고 있는데, 먼저 1948년 국민부조법에 의한 사회복지위원회, 아동법(1948)에 따른 아동위원회, 그리고 국민보건서비스법(1946)에 따른 보건위원회로 구분되어 있는 복지업무를 하나로 통합하고, 지방정부에 사회복지과를, 지방의회에는 사회서비스 위원회를 설치하게 하였다.

두 번째는 제2차 세계대전 이후 지역사회에 발생한 다양한 사회문제에 대한 적극적인 해결이 필요하였으나, 기존의 지역사회 공동체 의식이나 상호부조 기능이 상실되어 적절한 해결책이 제시되지 못하였다. 따라서 공공기관의 공식적인 서비스뿐만 아니라 민간의 비공식적 서비스, 그리고 지역사회에 대한 적극적인 참여를 통해 지역사회보호적 구현을 강조하였다.

마지막으로 일정 수준의 인구를 행정 단위로 하여 복지관련 상담과 지원을 종합적으로 수행할 수 있는 지역사무소 설치를 제안하였으며, 사회복지사들이 지역주민들의 복지 욕구에 적절히 대응하도록 이들의 전문성을 향상시킬 수 있는 전반적인 훈련 과정을 재검토하도록 요구하였다.

이러한 흐름은 1970년대 말까지 지방행정당국을 중심으로 하여 공공, 민간차원의 지역사회보호 서비스가 제공되어 왔으나, 지역사회보호의 개념이 다소 포괄적이면서 모호한 점이 있었기 때문에 정권이 변화됨에 따라 지역사회보호를 위한 정책 또한 새롭게 수정되기에 이른다. 즉, 1979년 보수당의 대처(Margaret Hilda Thatcher)가 집권하자 전반적인 사회복지에 대한 재정지출의 축소가 이루어져 왔고 지역사회보호 정책 또한 개혁의 칼날을 비켜가지는 못했다. 이 당시 지역사회보호와 관련한 보고서로서는 허버트 보고서(Harbert Report)와 버클레이 보고서(Barclay Report)가 있다. 이 두 가지 보고서의 주된 내용을 살펴보면 다음과 같다(오정수 · 류진석, 2006).

먼저 허버트 보고서(1971)는 '지역사회를 기반으로 한 사회적 보호(Community-Based Social Care)'라는 제목으로 출판되었다. 한 지방정부의 사회서비스국 행정책임자이기도 하였던 허버트(Harbert)는 지역사회를 기반으로 한 서비스 발전을 위해 노력하였지만, 공공서비스가 지역사회주민들의 욕구를 충분히 해결해줄 수는 없고 이를 보완해왔던 민간서비스에도 한계가 있어 추가적인 재정지원이 필요하다는 점을 인식하고 있었다. 특히 공공과 민간서비스 이외에 비공식적 서비스로서의 가족과 이웃의 중요성 또한 강조하였다. 즉 공공과 민간서비스는 친구와 이웃에 의해 제공되는 비공식적인 보호를 보완함으로써 지역사회주민들의 긴급한 욕구를 충족시켜주는 것으로 보았다. 따라서 공공과 민간, 비공식적 서비스는 서로 보완적인 존재이며 각각의 내용은 적절한 재정지원이 필요하다고 강조하였다. 또한 자원봉사서비스는 단순히 공공서비스의 대체를 위한 것이 아니며, 특히 공공예산 절감의 수단이 되어서는 안 된다고 하였다.

이와 함께 버클레이 보고서(1982)는 도움이 필요한 사람에 대해 지역사회 속의 인간관계망을 통한 비공식적 보호망을 갖추는 것이 필요하다고 보았다. 또한 공식적인 서비스가 비공식적 서비스로부터 동떨어진 것이 아니라 상호 긴밀한 관계 속에서 제공되어야 하며 이러한 역할을 담당하는 사회복지사는 단순히 카운슬링을 지향할 것이 아니라 사회적 보호계획을 수립하는 전략으로 바뀌어야 한다고 하였다(이애련 외, 2009).

4) 제4기(1980년대 후반부터 현재)

1980년대부터 보수당 정부는 국가 위주의 서비스를 시장의 민간 중심 서비스로 전환하는 커다란 변화를 시도하였으며, 이는 다른 선진국들의 복지시스템에도 지대한 영향을 주었다(Bode, 2007). 보다 구체적으로 살펴보면 지속적으로 증가하는 노인인구와 요양시설 비용은 정부에 대한 재정적인 압박을 가하였고, 서비스 이용자들의 욕구에 적절히 대처하지 못하는 문제가 발생하였다.

이에 대해 보수당 정부는 통합과 감축 등을 위해 복지예산을 대폭 삭감하였으며 정치적 철학이념인 시장중심 메커니즘을 활용하여 당면한 문제를 해결하고자 했다. 이 당시 그리피스(Griffiths) 경을 중심으로 지역사회보호의 효과성 향상을 위해 공 공재정의 활용방안을 마련하게 되었고, 그 결과 1988년 그리피스 보고서(Griffiths Report)가 발표되었다.

그리피스 보고서의 주된 내용은 지역사회보호의 일차적 책임 주체는 지방정부이고, 대인사회서비스 제공방식에 있어서 그동안의 직접서비스제공자의 역할에서 벗어나 서비스 계획, 조정, 구매자의 역할을 주로 담당해야 한다는 것이다. 또한 시설보호가 아닌 주거보호에 대한 욕구는 지방정부에 의해 사정(assessment)된다고 보았다. 이러한 움직임은 1989년 보수당 정부의 백서를 통해 정부정책으로 반영되었고, 1990년대의 영국 보건서비스 및 지역사회보호법의 기반이 되었다(전용호 · 정영순, 2010).

지역사회보호에 대한 접근 외에 영국에서는 실업문제에 대한 지역사회 수준의 개입 속에서 지역사회복지와 관련한 내용을 살펴볼 수 있다. 즉, 1980년대 이후부터 실업문제가 장기화되자 이에 대한 해결방법을 지역사회 수준에서 찾으려는 시도가 나타났다. 특히 복지수급자들의 복지급여를 중단하면서 일반 노동시장으로 재진입 시키려는 의도가 강하였는데 이러한 생각은 복지국가의 재편과 밀접한 관련성을 가지고 있다.

그리고 1982년 영국 최초의 근로연계복지프로그램인 지역사회 프로그램(Community Program)이 시작되었고, 복지급여와 프로그램 참여가 서로 연동되었으며 실질적인 프로그램 운영을 지역사회 자원봉사조직 또는 지방정부가 맡았다. 그 외 블레어(Tony blair) 노동당 정부가 들어서서 시행된 뉴딜(New Deal) 사업도 청소년 실업자를 대상으로 한 근로연계복지정책이었으며 복지급여를 받는 조건으로 일반 노동시장에 대한 취업, 환경분야에서의 근로, 자원봉사, 교육 및 훈련 등에 참여하였다. 이러한 지역사회를 기반으로 한 근로연계복지사업들은 지역사회의 환경과 시설을 개선시켰다는 장점과 함께 참여 실업자들에게 근로 경험을 부여하였다는 점에서 지역사회복지의 실천적 의의로 꼽힌다(김종일, 2005).

2. 미국의 지역사회복지 역사

미국 지역사회복지의 역사는 1800년대 중반부터 1910년대까지, 1910년대부터 1920년대 말까지, 1920년대 말부터 1950년대까지, 그리고 1960년대부터 현재까지 총 네 단계로 나누어 살펴볼 수 있다.

1) 제1기(1800년대 중반부터 1910년대)

지역사회복지 관련 역사를 이야기하기 전에 먼저 이 시기의 미국 상황을 정리하면, 남북전쟁 이후 급속한 경제적 성장을 이루고, 지속적으로 산업이 발달하였으며 이에 따라 노동력 수요 증가에 따라 농촌인구의 도시화가 나타나고, 영국과 독일, 스칸디나비아반도 등지로부터 많은 이민자가 유입되었다. 전반적으로 사회가 풍요로워졌음에도 불구하고 급속도로 진행된 도시화로 인해 빈곤, 주택 부족, 질병 등의 사회문제가 확대되었으며 이의 해결을 위한 다양한 사회적 노력이 필요해졌다. 또한 이 당시 사회적으로 불이익을 당하는 사람들의 이익을 우선시하는 급진주의 사상과 스펜서(Herbert Spencer)의 사회적 진화론, 국가의 역할을 매우 축소시켜 생각한 자유방임주의사상 등이 미국 사회 전반에 영향을 미쳤다.

이러한 사회적 변동과 함께 영향을 준 사상들을 배경으로 지역사회 수준에서도 다양한 사회적 문제해결을 위한 노력이 펼쳐졌다. 특히 영국의 영향을 받아 자선조직협회와 인보관 운동이 미국에서도 활발하게 나타나기 시작했다. 먼저 정부기관의 통제와 자선기관 간 경쟁 및 중복을 방지하기 위해 1877년 뉴욕주 버펄로시에 영국 성공회의 거틴(Stephen Gurteen) 목사에 의해서 미국 내 최초의 자선조직협회가 결성되었다. 미국 자선조직협회도 영국과 마찬가지로 자선조직들의 협력과 과학적 자선 접근에 바탕을 둔 자선 가치가 있는 가정에 대해서만 서비스를 제공하는 것을 주요 활동 내용으로 하였다.

하지만 영국의 접근방식과는 달리 우애방문원들의 활동을 통해 빈곤의 원인이 개인적 결함에만 있는 것은 아님을 발견하게 된다. 특히 빈민들의 상황을 변화시킬 수 있는 구체적인 접근방식을 고민하게 되었으며, 다양한 사회활동에 참여하게 되었다. 슬럼 지역의 거주환경을 개선하고 결핵치료 및 예방을 포함한 의료활동, 주택과 관련한 법령 개정, 집과 교도소를 개량하는 작업 등을 펼쳤다. 또한 장애인과 여성을 위한 직업훈련원을 설립하고 아동의 노동조건 개선을 요구하였다(함세남 외, 2001).

영국과 마찬가지로 인보관 운동은 단순한 구제에서 벗어나 빈곤의 근본적 원인을 해소하고 도시빈민들의 노동조건과 생활환경을 개선시키기 위해 노력하였다. 런던의 토인비 홀을 경험하고 돌아온 코이트(Stanton Coit) 등을 중심으로 1887년 미국 최초의 인보관인 뉴욕시 근린길드(Neighborhood Guild of New York)가 만들어졌다. 이어서 1889년 제인 아담스(Jane Adams) 여사가 시카고에 헐 하우스(Hull House)를 건립하였다.

이러한 미국의 인보관 사업은 빈곤지역에서 함께 살면서 빈곤계층들을 이웃으로 생각하고 동등한 관계형성을 강조하였다. 또한 산업화와 도시화로 초래된 다양한 사회문제 대처를 위해 각종 교육프로그램, 여가프로그램 등을 직접 제공하기에 이르렀다.

2) 제2기(1910년대부터 1920년대 말)

이 시기에는 두 번에 걸친 세계대전과 경제대공황을 거치면서 지역공동모금제도와 사회복지기관 간 협의구조가 만들어지게 되었고, 인보관 운동에 바탕을 두고 지역사회문제를 해결하는 데 지역주민을 조직화하려는 움직임, 그리고 연방정부의 복지역할 강화에 따른 공공복지영역의 확대로 지역사회복지가 성장하게 되었다.

우선 미국의 지역공동모금제도는 제1차 세계대전이 한창이었던 시기에 지역사회 내의 전시모금(war chests)에서 기원을 찾을 수 있다. 전쟁으로 인해 생활이 어려워진 주민을 돕기 위해 전국적으로 400여 개의 전시모금회가 나타났다. 그 이후 도시화에 따른 빈곤계층을 지원하는 사회복지기관들이 지속적으로 늘어나자 재정적 어려움이 발생하게 되었고, 그 문제를 해결하는 과정에서 지역공동모금제가 실시되었다.

대체로 기업가와 같은 고액기부자들이 지역공동모금기관 형성에 커다란 역할을 담당하였지만 형성 초기에는 다소의 갈등이 있기도 하였다. 왜냐하면 이들 기업가들은 기부를 요청한 기관이 과연 지원을 받을 만큼 적절한 기관인지를 판단하기 위해 지역 상공회의소 내에 자선승인기관을 두도록 했기 때문이다. 따라서 자선승인기관의 평가를 통해 적합 판정을 받은 곳만 모금된 돈을 지원해 주도록 하였기 때문에 사회복지기관에 대한 독립성을 침해한다는 비판이 지속되었다. 결국 그 대안으로 나타난 것이 지역공동모금기관이다.

하지만 지역공동모금기관은 지역사회의 변화를 주도한 다양한 지역사회조직에 대한 지원보다는 서비스 제공을 위주로 한 지원을 선호하였기 때문에 다소 보수적이라는 비판을 받았다(김종일, 2005).

그리고 1900년대 초반 사회복지실천가들 사이에서는 사회복지 전문성(professionalism)에 대한 강조와 함께 정부로부터 사회복지기관의 독립성을 인정받기 위해 사회복지기관협의회가 지역별로 설립되기에 이른다. 1909년 밀워키와 피츠버그에 최초의 사회복지기관협의회가 설립되었고 지역사회의 문제해결을 위한 다양한 복지사업을 조정하고 계획을 수립하였다. 이러한 변화는 자선조직협회에서의 개별방문원이 전문성을 전제로 한 유급방문원으로 교체되고, 사회사업을 학문으로 가르치는 대학교가 늘어나는 사회적인 분위기를 반영한 것으로 볼 수 있다.

하지만 이 당시 사회복지기관협의회는 공동모금기관의 지원을 받는 사회복지기관들의 모임이 주축을 이룸으로써 공동모금기관에 의존하는 성격이 강했다. 그러나 사회복지기관협의회 내부에 전문성을 강화해야 한다는 목소리가 높아졌고 복지에 관심을 가지고 있는 시민들도 동참하면서 지역복지협의회로 확대되게 되었다(강철희 · 정무성, 2006).

3) 제3기(1920년대 말부터 1950년대)

이 시기는 경제대공황과 제2차 세계대전을 거치면서 정부의 역할이 확대되었고, 그러한 변화가 지역사회복지영역에도 많은 영향을 주었다. 먼저 경제대공황의 발생으로 빈곤과 실업이 크게 증가하였고 아담 스미스(Adam Smith)의 '보이지 않는 손'으로 설명되는 시장 의존적 방식으로는 더 이상 이러한 문제를 해결할 수 없었다. 따라서 사회복지 욕구를 충족하기 위해 기존의 민간 사회복지관련 단체 중심에서 국가

중심으로 그 역할이 전환되게 되었다.

존 메이너드 케인즈(John M. Keynes)의 경제론에 영향을 받아 뉴딜정책 등이 시행되었으며 특히 1935년 사회보장과 관련한 전 세계 최초의 법인 사회보장법이 만들어지면서 복지영역에서의 국가의 역할이 극대화된다. 케인즈의 경제학은 완전고용 실현을 위해 그동안의 자유방임적 접근이 아니라 유효수요 확대를 위하여 정부의 다양한 투자와 지출이 필요하다고 보았다. 사회보장법이 제정된 것도 이러한 맥락에서 이루어졌던 것이다.

그 외에 제2차 세계대전으로 비롯된 다양한 복지수요를 충족시키기 위해서 지역사회에 전쟁구호사무소가 설립되었다. 결국 이 당시 미국의 지역사회복지는 민간 중심적 역할에서 벗어나 민간과 공공 간의 협력이 중요하게 부각되었으며 지역사회의 다양한 사업들이 연방정부 단위로 확대되는 커다란 변화를 경험하게 된다. 이러한 공공부문의 접근 외에 지역사회를 중심으로는 대결과 갈등을 기반으로 지역 주민조직을 형성하고 직접행동을 통해 지역의 이슈들을 다루는 앨린스키 모델(Rubin & Rubin, 2008)도 나타나게 되었다. 앨린스키(Saul Alinsky)는 1930년대 말부터 미국 시카고 노동자 거주밀집지역을 중심으로 BYNC(Back of the Yards Neighborhood Council)라는 주민조직을 기반으로 지역의 다양한 문제를 해결하기 위해 노력하였다.

특히 앨린스키는 기존에 주민들을 개별적으로 접근하는 방식에서 벗어나 지역의 각종 조직들을 엮어서 지역사회 문제와 직접 싸우도록 조언하는 역할에 집중하였다. 이러한 접근은 현재까지도 앨린스키의 갈등전술로 불리어지며 지역사회조직 접근에서 중요한 모델로 다루어지고 있다.

4) 제4기(1960년대부터 현재)

이 시기는 미국 지역사회복지가 완전히 정착하여 현재의 모습을 갖추게 된 기간으로 설명할 수 있다. 우선 지역사회복지에 영향을 준 변화들이 있었는데 먼저 케네디(John F. Kennedy) 대통령의 뒤를 이은 존슨(Lyndon B. Johnson) 대통령은 '빈곤과의 전쟁'(War on poverty)을 선포했다. 1964년 연두회견에서 국민의 20%가 빈곤층이고 특히 흑인의 50% 정도가 빈곤에 시달리고 있다는 점을 강조하며 빈곤관련 사회복지프로그램 재원을 마련하도록 하였다.

구체적인 사업으로는 현재에도 진행되고 있는 연방정부 중심의 조기교육 프로그램인 Head Start와 빈곤학생의 학업지원 프로그램인 Work-Study, 직업훈련 프로그램인 Job Corps, 빈곤지역에 자원봉사자들을 파견하여 지역주민대상 프로그램을 실시하는 VISTA(Volunteers in Services to America) 등이 있다. 이와 같은 프로그램은 많은 지역사회조직가들에 의해 지역사회를 중심으로 수행되었다는 데 의의가 있다.

또한 1960년대에는 흑인을 중심으로 한 빈곤계층들이 복지제공 과정에서 나타난 다양한 인권침해사례들에 대항하여 전국적으로 복지권 운동 조직을 결성하였으며 복지수급을 당당한 권리로 인식할 수 있는 분위기를 조성하였다.

두 번째로 1970년대 신보수주의의 등장에 따라 복지국가 재편이 이루어졌고 이러한 변화는 지역사회복지실천영역에도 적지 않은 영향을 끼치게 되었다. 먼저 1960년대까지 진행된 국가중심의 다양한 지역사회중심 프로그램들이 예산 부족을 이유로 대폭 축소되고 그 대신 자조(自助)를 강조하는 분위기로 전환되었다. 따라서 자연스럽게 지역사회를 기반으로 한 조직과 자원봉사조직의 수가 대폭 증가하였고, 정부예산 이외에 기부금과 기업체지원, 모금운동 등 다양한 지원통로를 마련하게 되었다.

하지만 보수주의 고유의 특성에 따라 그동안 지역사회복지실천에서 이루어졌던 사회운동적 요소들은 위축되게 되었다. 그리고 부시(Bush) 정권으로 이어진 이러한 사회적 분위기는 1960년대 빈곤과의 전쟁 당시의 프로그램들을 비난하게 되었고, 주민참여와 훈련, 교육 등을 통해 사회구조를 변화시키려는 그간의 노력들 또한 단절시키고야 말았다. 그 대신 사회복지기관의 운영과 관련한 행정접근, 조직운용, 수행결과물에 대한 평가 등을 중심으로 책임성 및 효율성을 강조하게 되었다. 또한 민영화의 물결 속에 지역사회 내 민간 비영리조직의 양적 확대와 이들 조직 간의 네트워크의 중요성이 부각되기에 이르렀다.

3. 한국의 지역사회복지 역사

한국의 지역사회복지 역사는 일제강점기 이전과 일제강점기, 그리고 해방 이후, 최근의 상황 등으로 크게 나누어 살펴볼 수 있다.

1) 제1기(일제강점기 이전)

근대화되기 이전까지는 생산 활동과 주거가 동일한 지역에서 이루어졌기 때문에 지역사회복지의 전통적 방법이라 할 수 있는 협동 활동이 정주공동체를 중심으로 적극적으로 나타났고, 국가차원의 복지사업도 빈곤문제 해결 차원에서 이루어졌다. 두레, 계, 품앗이, 향약, 공굴, 고지 등의 민속적 협동 활동과 함께 오가통과 의창, 상평창 등의 국가단위 복지기구가 바로 그것이다. 이 중 최근의 협동조합운동이 활발해지면서 보다 많은 관심을 받게 된 두레에 대해 좀 더 살펴보도록 하겠다.

먼저 두레의 기원은 불교 신도들의 결사체인 향도가 지역기반의 마을공동노동과 상호부조 조직으로 변화되면서 시작되었다고 볼 수 있다. 두레는 크게 세 가지의 어원으로 이해될 수 있는데 바로 두르다와 둘레, 두루에서 나왔으며 이 세 가지의 의미 속에서 두레의 성격을 충분히 이해할 수 있다.

먼저 두르다는 원이나 성곽을 두르고 그 안과 밖을 구분함으로써 안에 놓인 사람들과의 친밀함 및 결속력을 다지게 된다. 물론 밖을 구분한 이유는 안의 사람들을 지키기 위한 것이다. 따라서 공동노동 및 상호부조뿐만 아니라 외부 침략이 있을 경우 방위의 역할도 담당할 수 있었던 이유가 여기에 있다.

두 번째 어원은 둘레로 돌아간다의 의미를 지닌다. 즉 이 집, 저 집을 돌아가면서 농사일을 도와준다는 것이다. 마을 성인이면 두레에 의무적으로 가입해야 했으며, 언젠가는 나의 논밭도 두레가 도와줄 것으로 믿고 공동노동에 참여할 수 있었다. 보통 두레가 노동교환시스템이라고 알고 있는 것은 바로 이러한 측면을 반영한 것이다.

마지막 어원은 두루인데 두루는 두루두루의 의미를 지니면서 상호교환방식으로 이루어질 수 없는 노인, 아동, 한모가정의 논밭일을 두레가 도와준 경우를 말한다. 즉 노동 능력이 없는 가정도 두레의 도움 대상이 되었으며, 특히 노동력 교환에 있어서 모든 노동은 노동으로 보았지 노동력 정도에 따라 차별하지 않은 부분을 눈여겨볼 필요가 있다. 아이의 노동이나 성인의 노동을 모두 동일한 가치를 지닌 것으로 본 것인데, 이러한 두루의 의미는 결국 마을단위의 재분배 성격을 지니고 있다고 볼 수 있다(김기섭, 2012).

결국 최근의 많은 협동조합 출현과 관련해서 두레는 우리 조상들이 발전시켜 온 일종의 협동시스템이며, 두레가 추구하는 구성원 간의 이익추구를 통해 구성원 전체의 부가 향상되고 한쪽으로 부가 쏠리지 않으며 궁극적으로 재분배의 의미를 제시해 주고 있다.

2) 제2기(일제강점기)

일제강점기의 다양한 지역사회복지차원의 움직임은 우리 국민들의 일본에 대한 충성도를 높이기 위한 일방적 시혜나 자선적 의미가 컸다. 또한 근대적인 제도들을 도입했다는 점에서는 다소 의의가 있으나, 그 뒷면에는 우리나라의 지역기반 움직임을 뿌리째 해체시키려는 음모가 있었으므로 지역복지차원의 효과는 부정적으로 보는 것이 적절하다.

대표적인 사례가 일본 지주들이 주도적으로 시도한 협동조합인데, 이로 인해 우리나라의 전통적인 지역기반 협동단체들은 대부분 붕괴되어 버리고 만다. 또한 읍면제도와 같은 새로운 근대 행정제도가 시행되었지만, 우리나라의 전통적인 부락단위 움직임도 해체의 수순을 거치게 되었다. 그 이외에 현대적인 금융기관이 도입됨에 따라 전통적인 계와 같은 금융관련 협동단체들도 도태되기에 이르렀다. 이러한 일제강점기의 급격한 변화들은 우리나라 고유의 협동적인 지역기반 움직임들을 해체시켜 버림으로써 현대의 도시화 현상과 접목하여 더욱 더 지역사회적 접근을 어렵게 만든 계기가 되었다.

그 외 정부차원의 빈곤문제에 대한 접근으로 1944년 조선구호령이 시작되어 근대적인 공공부조제도가 마련되었지만 이 또한 복지이념보다는 식민정책의 일부로써 우리 국민들의 충성을 유도하기 위한 시혜적 측면이었다(최일섭 · 류진석, 2003). 특히 징병제 실시를 위한 반발을 막으려는 의도가 컸으며 1929년 제정되어 공포된 일본의 구호법을 바탕으로 모자보호법과 의료보호법을 부분적으로 추가하여 제정하기에 이른다(함세남 외, 2001). 또한 최일선의 사회복지 전달체계로서 현재의 사회복지직 공무원과 유사한 방면위원제도가 1927년부터 시작되었으며 주로 빈민들의 실태를 조사하고 이들의 생활 개선을 위해 노력하였다.

민간차원의 접근으로는 1921년 우리나라 최초의 사회복지관인 태화여자관이 미국 감리교회 여성들의 지원으로 설립되었으며 마이어스(Mayers) 선교사가 초대관장이 되었다. 사회문제해결을 위해 여성에 대한 접근이 필요하여 각종 교육과 리더십 개발 등이 주로 다루어졌다.

3) 제3기(해방 이후)

해방 이후 빈민을 위한 구호활동 확대가 필요했지만 국가의 좋지 못한 재정형편을 보완하기 위해 민간자원동원차원에서 만들어진 것이 바로 모금회 활동이다. 1951년 기부금품모집금지법을 시작으로 공동모금의 법적 근거를 마련하였고, 사회복지법인 한국사회복지공동모금회가 설치되었지만 적극적인 활동은 이루어지지 못했다(강철희 · 정무성, 2006). 그럼에도 불구하고 공동모금은 지역사회차원의 자원동원을 통해 지역주민들을 대상으로 지역복지활동에 대한 참여의 기회를 부여했다는 의의를 지닌다.

외국원조기관의 활동도 이 시대에 적극적으로 이루어졌다. 6 · 25전쟁으로 인해 발생한 많은 전쟁난민과 고아를 지원하기 위해 외국민간구호단체들의 구호사업을 시작으로 보건, 교육, 지역사회개발 등의 활동을 펼쳐나갔다. 특히 1952년 7개의 외국민간원조기관이 연합회(Korean Association of Voluntary Agencies: KAVA)를 구성하고 사업영역을 확대하였다. 이러한 외국원조기관은 우리나라의 사회복지 전문화 과정에 많은 긍정적 영향을 미쳤으며 특히 원조 중복을 피하기 위한 정보교환, 지역사회조직화 등 지역복지차원에서도 공헌을 하였다(강철희 · 정무성, 2006). 그리고 외국원조기관의 활동은 1970년대까지 이어지다가 베트남전쟁의 발발로 상당수가 우리나라로부터 철수하기 시작하였다.

그 외 지역사회개발사업으로서 전통적인 농촌사회의 개발을 위해 1958년 지역사회개발위원회가 정식적으로 발족되고 1970년대 새마을운동으로 전환되어 본격적인 사업이 진행되었다. 생활환경개선과 소득증대사업 등을 중심으로 이루어졌으며 다양한 성과가 있었음에도 불구하고 지역주민의 주도가 아닌 관주도의 강제적 운동이었다는 측면에서 비판적 시각이 강하다. 특히 전통적인 지역사회개발사업이 지역주민들의 역량강화나 적극적 참여 등을 전제로 한 과정중심적 목표가 중시되는 것에 반해 새마을운동은 과업을 강조하였으며 전체적인 주민참여보다는 새마을 지도자를 중심으로 한 소수의 리더에 의해 주도되었다는 한계를 가지고 있다.

4) 제4기(1990년대 이후 최근까지의 상황)

지역사회복지와 관련한 민간 최일선 기관은 무엇보다 지역사회복지관의 활동을 들 수 있다. 1980년대 초반부터 설치되기 시작한 지역사회복지관은 주로 저소득계층 밀집지역에 위치하여 장애인, 노인, 아동, 빈곤계층 등 취약계층의 다양한 복지문제를 포괄적으로 지원하고 있다. 1989년에는 주택건설촉진법을 통해 영구임대아파트 내 일정 규모의 사회복지관 건립을 의무화하였으며 2012년에는 사회복지사업법이 개정됨에 따라 사회복지관의 설치 등에 관한 규정이 신설된 바 있다. 최근에는 전체 지역주민으로 서비스 대상을 확대하고 직접 복지서비스 제공 이외에도 지역사회조직, 사례관리적 접근을 수행하는 등 지역사회복지 수행의 대표적인 민간 전달체계의 역할을 하고 있다.

2000년에는 국민기초생활보장제도가 시행됨에 따라 지역사회를 기반으로 한 자활지원사업이 본격적으로 시행된다. 특히 1996년 자활지원센터 시범사업에서 시작하여 현재에는 250여 개의 지역자활센터를 중심으로 지역성을 반영한 다양한 일자리 창출이 시도되고 있다. 자활사업은 지역사회주민들의 특성을 고려하여 지역중심의 일자리를 만들어낸다는 점과 이러한 노력의 과정에서 다양한 지역사회의 적극적 참여 및 지원이 전제된다는 점에서 지역복지적 차원의 의의가 크다. 또한 자활사업에서 창출되는 일자리는 다양한 사회서비스를 제공하는 경우가 많아 지역사회의 복지수준을 향상시킬 수 있다는 점도 중요하게 바라봐야 할 것이다.

이와 함께 2003년 사회복지사업법이 개정됨에 따라 시 · 군 · 구에 지역사회복지협의체가 설치되었고, 2015년에는 지역사회보장협의체로 확대개편되어 민관 주체들의 적극적인 참여를 통한 지역사회보장계획이 수립될 수 있게 되었다. 특히 2014년 수립되어 2015년부터 시행된 지역사회보장계획은 지역사회문제해결을 위한 전략적 계획차원으로 진행됨에 따라 보다 지역성이 반영되고 지역주민의 적극적인 참여가 가능하게 되었다.

그 외에 2004년도에는 아동복지법이 개정되어 지역아동센터가 법제화되었고, 2006년에는 자원봉사활동기본법이 시행되어 지역사회복지 차원의 다양한 인적자원 발굴의 시초가 마련되었다. 2007년도에는 전자바우처 사회서비스사업이 시행되고 지역사회서비스투자사업이 실시됨으로써 현재까지 지속적으로 사회서비스 영역에서 양적 증가를 하고 있다.

2010년도에는 사회복지통합관리망인 행복e음이 개통되었으며 2012년에는 시 · 군 · 구에 희망복지지원단이 운영됨으로써 공공영역 중심의 통합사례관리가 시행되기에 이른다. 그리고 2015년도에는 사회보장급여 이용 · 제공 및 수급권자의 발굴에 관한 법률이 시행되어 그동안 사회복지사업법상의 지역사회복지계획이 이 법률로 이관되면서 지역사회보장계획으로 변경되었다. 특히 그동안 지역사회복지계획이 사회복지영역을 중심으로 했다면 지역사회보장계획으로 변화되면서 복지 외에도 교육, 문화, 고용, 주거 등의 영역으로 확대되는 결과가 나타났다. 마지막으로 2016년도에는 읍 · 면 · 동의 복지기능을 강화하면서 동 주민센터를 권역별로 묶어 중심이 되는 곳을 행정복지센터로 지정하여 허브역할을 부여하는 읍 · 면 · 동 복지허브화 사업이 실시되었다. 그리고 동단위로 지역사회보장협의체도 발족하여 동 중심의 각종 지역사회보장과 관련한 노력을 기울이게 된다.

2018년에는 찾아가는 보건복지서비스를 전국 읍면동에 시행하여 찾아가는 보건복지팀 내에 방문간호사(간호직 공무원)를 단계적으로 배치하고자 하였으며, 민관의 공동 사례관리 노력을 위해 사회복지관, 장애인복지관, 노인복지관과 행복e음 시스템을 공유하기 시작했다. 또한 지속적으로 치매환자가 증가하자 시 · 군 · 구 관할 보건소에 치매예방과 치매환자 및 그 가족에 대한 종합적 지원을 목적으로 한 치매안심센터를 설치하기에 이른다.

생각해봅시다

01 영국과 미국, 한국의 지역사회복지의 역사 전개 과정 중 현재까지 이어져 오고 있는 것에는 어떠한 내용이 있는지 살펴봅시다.

02 영국과 미국, 한국의 지역사회복지 역사 내용 중 어떠한 것들이 서로 연관성이 있는지 살펴봅시다.

03 한국의 현재 지역사회복지 내용 중 쟁점사항은 어떠한 것이 있는지 살펴보고 자신의 생각을 정리해 봅시다.

참 / 고 / 문 / 헌

강철희 · 정무성 (2006). **지역사회복지실천론**. 파주: 나남출판.

김기섭 (2012). **깨어나라 협동조합**. 경기: 들녘.

김종일 (2005). **지역사회복지론**. 파주: 학현사.

오정수 · 류진석 (2006). **지역사회복지론**. 서울: 학지사.

이애련 · 이권일 · 전남련 · 김미자 · 이은화 · 정현숙 · 김덕일 (2009). **지역사회복지론**. 파주: 학현사.

전용호 · 정영순 (2010). 영국 사회서비스 분야의 유사시장 형성과 발전과정에 관한 연구: 한국 노인장기요양보험에 주는 시사점. **한국사회정책**, 17(3), 257~287.

최일섭 · 류진석 (2003). **지역사회복지론**. 서울: 서울대학교출판부.

함세남 · 이만식 · 김근홍 · 심창학 · 서화자 · 홍금자 (2001). **사회복지역사와 철학**. 서울: 학지사.

Bode, I. (2007). New moral economies of welfare: The case of domiciliary elder care in Germany, France and Britain. *European Societies*, 9(2), 201–227.

Popple, K. (1995). *Analysing Community Work: Its Theory and Practice*. Open University Press.

Chapter 03

지역사회복지 실천이론

Community Welfare & Practice

1. 사회체계이론
2. 인간생태이론
3. 자원동원이론
4. 갈등이론
5. 교환이론
6. 권력의존이론
7. 사회구성론
8. 사회적 기본이론

Learning Objective

학습 목표

1. 지역사회복지실천의 과정에서 적용할 수 있는 다양한 관련 이론들의 기본적인 개념에 대해 알 수 있다.
2. 지역사회복지실천이론을 실제 지역사회복지실천 과정에 적용해볼 수 있다.

Chapter 03

지역사회복지 실천이론

지역사회를 보다 잘 이해하기 위해서는 지역사회복지실천과 관련한 이론 학습이 무엇보다 중요하다. 왜냐하면 지역사회복지실천이론은 지역사회를 제대로 바라보기 위한 하나의 안경과도 같은 존재이기 때문이다.

우리는 생활을 할 때 상황에 맞는 안경을 쓰게 된다. 즉 눈이 부신 경우에는 선글라스를, 근시인 경우 오목렌즈안경을, 원시인 경우 볼록렌즈안경을 쓰게 되는데 지역사회복지실천이론은 여기서의 안경과 같은 존재로 이해할 수 있을 것이다. 또한 지역사회복지실천이론은 보다 전문적이고 체계적인 지역사회복지실천적 접근을 가능케 하는 과학적인 이론의 틀을 제시해 준다.

따라서 지역사회복지실천이론을 학습하는 과정에서는 각각의 이론마다 지니고 있는 지역사회 이해와 관련한 유용성을 살펴보는 것이 필요하다. 결국 지역사회의 다양한 문제나 현상을 적절한 이론에 적용해 보는 것은 지역사회복지실천가 자신이기 때문이다.

이 장에서는 지역사회 이해 및 지역사회복지실천에 도움이 되는 몇 가지 이론들을 제시하고, 이를 통한 지역사회 이해의 유용성 및 지역사회복지실천 과정에서 고려해야 할 점들에 대해 간략히 설명해 보고자 한다.

1. 사회체계이론

사회체계이론은 각종 사회문제를 이해하는 데 유용한 구조기능주의 이론과 일반체계이론이 결합된 것으로 독일의 사회학자였던 니클라스 루만(Niklas Luhmann)에 의해 정립되었다. 루만은 구조기능주의의 창시자였던 탈콧 파슨즈(Talcott Parsons)의 제자로, 구조기능주의가 지니고 있었던 문제점들을 보완하고 일반체계이론이 지니고 있는 틀을 도입하여 궁극적으로 사회체계이론을 창시하였다. 따라서 사회체계이론의 다양한 특징들은 구조기능주의의 내용들과 유사한 점을 보이고 있다.

이러한 사회체계이론은 지역사회가 어떻게 구성되어 있는지, 이들 구성체들은 어떻게 관계를 가지는지, 그리고 지역사회와 바깥 세계인 환경과는 어떠한 관계를 가지는지의 측면에서 매우 유용한 분석틀이 될 수 있다. 구체적인 사회체계이론의 주요 개념을 살펴보기 위해서는 체계와 경계, 그리고 환경을 이해해야 한다.

먼저 체계는 상호 의존적이면서 끊임없이 상호작용을 하는 구성체들의 집합체로 정의할 수 있다. 따라서 체계의 구성요소들은 지속적으로 상호 영향을 주고받으므로 체계의 한 부분이 변화하면 다른 체계의 부분도 이에 따른 영향을 받게 된다.

가족을 예로 들어 살펴보게 되면, 만약 부모가 잦은 부부싸움을 할 때 남편과 부인이라는 두 구성요소의 관계가 다른 구성요소인 자녀에게까지 부정적인 영향을 미치게 된다. 또한 자녀의 학업이나 학교생활 등에서 부정적인 문제가 발생할 것이며, 이러한 문제는 또다시 부모에게 자녀문제로 인한 고민을 안겨주게 될 것이다.

여기서 가족은 하나의 체계이며 부모와 자녀는 가족을 구성하는 하위 구성요소가 된다. 그리고 사회체계이론에서는 하위 구성요소들의 단순 합으로서 체계를 보는 것이 아니라, 하위구성요소들의 상호작용 결과도 체계를 구성하는 주요한 부분으로 인식하고 있다. 즉 부모와 자녀 및 이들의 상호작용의 내용이 체계를 이루고 있는 것이다. 그리고 사회체계이론에서는 다양한 사회체계들로 사회가 이루어져 있다고 보고, 각각의 사회체계들은 자신만의 독특한 운영방식을 지니고 있다고 전제하였다.

경계는 체계들을 구분함으로써 체계가 독자적 영역을 유지할 수 있도록 한다. 이러한 체계가 유연하여 외부 환경으로부터 끊임없이 교류하는 경우를 열린 체계(open system)라고 하고 그렇지 못한 체계를 닫힌 체계(closed system)라고 부른다. 대부분의 사회체계는 열린 체계이지만 가끔 닫힌 체계도 볼 수 있는데, 종교집단이 지역사회와 단절한 채 살아가는 경우 닫힌 체계에 속하게 된다. 하지만 닫힌 체계는 생존을 위해 외부 환경과 관계를 맺어야 하기 때문에 지속되기 힘들다. 사이비 종교집단이 외부 체계와 관계를 맺지 않고 살아가다가 결국 비극적인 최후를 맞게 되는 것이 이와 관련된 내용이라 볼 수 있다.

이러한 사회체계이론을 지역사회에 적용시키는 과정에서는 무엇보다도 다양한 지역사회 구성요소들 간의 밀접한 연관성을 살펴보아야 할 것이다. 특히 지역사회 구성요소 간 상호작용의 성격이 어떠한지, 그러한 내용이 지역사회에 어떻게 영향을 미치게 될 것인지에 대해 관심을 가져야 한다.

예를 들어 지역사회에 고독사나 독거노인 자살의 문제가 심각하다면 지역사회복지실천가는 독거노인 개인에 대한 접근은 물론이거니와 이들의 가족과 이웃, 지역사회 내 공공기관 등의 하위체계가 그동안 어떻게 독거노인과 연관되어 상호작용을 해왔는지에 대한 파악이 필요하다. 이러한 접근을 통해 지역사회를 바라볼 때 향후 고독사, 독거노인 자살 등의 지역사회문제에 대해 효과적 대안을 마련할 수 있다.

그 외에 사회체계이론에서는 다양한 하위체계들 간의 상호작용을 중요한 개념으로 삼고 있고, 지역사회의 궁극적 목적달성을 위한 수많은 방법을 전제로 하고 있다. 따라서 지역사회문제해결을 위해 특정 대안에 집중하지 말고 우리가 생각하지 못하는 다양한 대안들이 있음을 강조한다. 결국 지역사회복지실천가들은 지역사회 내에 존재하고 있는 많은 하위체계들과 다양한 상호작용의 관계를 바탕으로 수많은 지역사회문제해결의 방법을 고민해볼 필요가 있다.

2. 인간생태이론

인간생태이론은 생태계 연구를 중심으로 하는 생태학에서 기본적인 개념을 가져온 것으로 인간이 환경과 지속적인 상호작용을 하면서 환경에 적응하거나 환경을 변화시키는 존재라는 가정에서 시작한다. 이러한 인간생태이론은 지역사회복지실천영역 안에서는 도시화 과정을 생태계의 변화 과정으로 설명하고 있으며, 지역사회가 하나의 생태계와도 같다고 보고 인간은 끊임없이 환경과의 상호작용을 통해 살아간다고 여긴다. 특히 상호작용 결과 나타나는 다양한 서비스의 공간적 분포 및 사회조직과 인간의 관계에 초점을 두고 있다.

예를 들어, 사회복지와 관련한 각종 인프라가 발달하지 못한 지역사회에서는 지역사회주민들 간 각종 비공식적 지원망을 발달시키게 되는데, 이는 공식적 인프라의 미흡이라는 사회환경이 지역 조직의 비공식적 원조가 활발하도록 영향을 준 사례로 볼 수 있다. 물론 반대의 경우도 생각할 수 있는데, 비공식적 원조가 활발하면 공식적 인프라에 대한 욕구가 낮아질 수 있다(김종일, 2005). 이는 인간이 환경에 자연스럽게 적응해 나가는 과정으로 볼 수 있다.

또한 공간을 두고 인간 간의 상호작용 결과 나타나는 상황을 펠린(Fellin, 1995)은 분리와 경쟁, 그리고 통합으로 설명하고 있다. 먼저 분리는 어떠한 집단이 사회의 압력이나 개인 선택의 결과 공간적으로 고립된 현상을 의미한다. 미국 사회의 인종 간, 소득 계층 간 거주지가 분리되어 있는 경우가 대표적 사례이며, 우리나라는 영구임대아파트가 비영구임대아파트와 함께 설립되지 못한 경우 저소득계층이 밀집하게 되는데 이를 공간적 측면에서의 분리 상황으로 설명할 수 있다.

경쟁은 공간을 두고 지역사회의 다양한 구성원들 간에 이익을 두고 싸우게 되는 현상을 말한다. 공간은 언제나 제한이 있기 때문에 이러한 경쟁이 발생될 수밖에 없고, 싸움에서 승리하게 되면 특정 공간을 획득하게 된다. 대체로 자산가치가 높고 편리한 공간은 기득권 세력이나 고소득계층들이 확보하게 되고 그렇지 못한 세력은 상대적으로 가치가 적은 공간을 차지할 수밖에 없게 되는 현상을 경쟁이라는 개념이 설명해 주는 것이다. 최근의 재개발과 관련하여 자본이 저소득계층의 주거공간을 잠식함에 따라 저소득계층은 보다 싼 지대, 불편한 공간으로 밀려나는 상황도 경쟁으로 설명될 수 있다.

마지막으로 통합은 다양한 집단이 하나로 혼합되는 것을 의미한다. 위에서 언급한 영구임대아파트와 비영구임대아파트 지역주민들 간에 공간적 분리와 정서적 반목을 극복하는 다양한 시도 결과 주민들이 하나가 되는 것은 통합의 대표적인 사례이며 지역사회복지실천가의 중요한 역할이기도 하다. 특히 최근 들어 주민통합을 목적으로 진행하는 사회복지관의 주민조직화사업이 이러한 맥락에서 이해될 수 있다. 이러한 통합이 원만하게 이루어지기 위해서는 그동안 가지고 있었던 다른 집단에 대한 선입견을 해소하고 서로를 지역사회의 동일한 구성원으로 받아들일 수 있는 접근이 필요하며, 이러한 과정에서 지역사회복지실천가의 노력과 지역주민의 적극적 참여가 요구된다.

3. 자원동원이론

자원동원이론은 그동안 집단행동의 주된 발생 원인으로써 사회적 불만을 지목하고 있는 전통적인 접근과는 다른 시각을 지니고 있다. 즉 집단행동을 발생시킬 수 있는 사회적 불만은 항상 존재하지만 그것만으로 다양한 집단행동이 일어나지는 않는다. 집단행동을 위해서는 집단 내 이익의 공유 정도는 어떠한지, 집단행동을 가능케 하는 조직의 응집력은 어느 정도인지, 그리고 인적 · 물적자원을 동원할 수 있는 정도는 어떠한지가 서로 밀접히 연계되어 있다(Tilly, 1978).

자원동원이론에서는 집단행동의 성패에 자원이 미치는 영향을 강조한다. 비록 집단행동이 사회적 불만 등과 같은 어떠한 계기에서 비롯되었다 하더라도 그러한 계기를 촉발하는 것이 바로 사회운동가들이고, 이러한 사회운동가들은 특정 조직에 속해 활동을 하게 되며 조직은 자원을 지속적으로 공급받아야만 존재할 수 있기 때문이다(김종일, 2005). 따라서 상대적으로 집단행동에 대한 자원의 영향력이 강력하다.

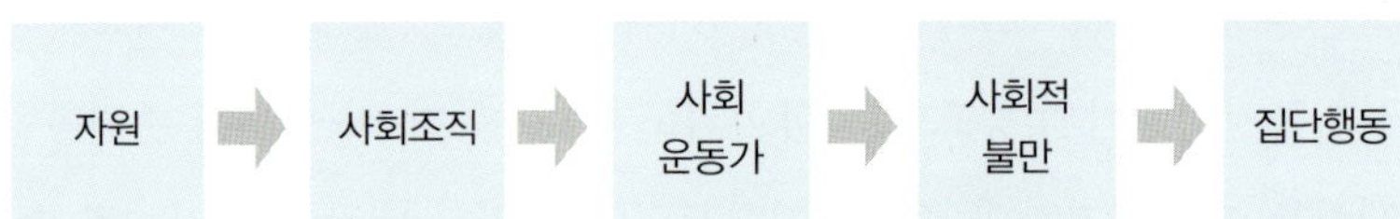

그림 3-1 ● 자원동원이론의 메커니즘

자원동원이론 적용의 구체적 사례로 한국의 민주화운동 발생 과정을 들 수 있다(성경륭, 1993). 우선 민주화운동은 이익 또는 불이익을 바탕으로 집단 정체의식이 형성되고 이러한 집단 정체의식을 기반으로 하여 다양한 공식적, 비공식적인 조직이 형성된다. 그리고 조직을 운영하기 위한 각종 인적, 물적 자원과 충성심이 동원되며, 궁극적으로 공동 이익실현 또는 불이익개선을 위한 집단행동 전개의 결과로 나타나게 되었다고 볼 수 있다. 결국 집단행동이 발생되기 위해서는 자원동원이론에서 설명하는 것처럼 자원의 동원이 중요한 전제가 되어야 함을 알 수 있다.

지역사회복지실천 과정에서도 자원동원이론의 적용 사례는 쉽게 찾아볼 수 있다. 우선 주민조직화를 통해 지역사회문제해결을 추진하는 과정에서도 집단행동이 이루어질 필요가 있는데, 이의 성패에 있어서 집단적 정체성 형성과 공식, 비공식적 조직 마련, 그리고 무엇보다도 적절한 인적 · 물적자원 동원이 중요한 부분이다.

결국 이러한 자원동원이론에서는 지역사회복지실천 주체들의 다양한 활동, 특히 집단행동이 전제되는 활동에서는 기본적으로 자원 확보가 필수적으로 이루어져야 하고 실천 목적의 구현을 위한 중요한 수단임을 강조한다.

4. 갈등이론

지역사회 내 집단들 간에 발생하는 다양한 갈등을 당연한 현상으로 보는 갈등이론은 마르크스(Karl Heinrich Marx)와 다렌도르프(Ralf Dahrendorf)의 이론을 기초로 하고 있다. 특히 이러한 갈등은 지역사회 안에서 지역사회 구성원을 대상으로 배분할 자원의 부족으로 인해 나타나는 불가피한 상황이며, 앞서 언급한 사회체계이론이 안정적인 사회를 가정하는 것과 다르게 근본적으로 이 사회는 분열되어 있고 언제나 갈등이 존재한다고 전제한다.

보다 구체적인 갈등이론에 대한 기본적인 생각들을 정리하면 다음과 같다. 먼저 사회에 있어서 갈등은 보편적인 현상이며 이는 한정된 자원과 권력을 두고 지배집단과 피지배집단 간에 발생된다. 또한 갈등은 변증법적 성격을 지니고 있어 하나의 갈등이 해결되더라도 새로운 갈등이 만들어지며, 그러한 갈등의 결과로 사회는 계속적으로 변화하게 된다고 본다(Hardcastle, Powers & Wenocur, 2011).

이러한 갈등이론을 지역사회실천 과정에서 적극 활용한 대표적인 인물이 바로 앨린스키(Saul Alinsky)이다. 그는 소수의 기득권 집단이 미국 사회 전반을 지배한다고 보고, 이에 대항하기 위하여 저항조직을 만들어 대응하였다. 특히 모든 개인은 각종 재화나 서비스를 평등하게 이용할 수 있어야 함을 강조하였으며 저소득계층이나 노동자계급이 자본주의 사회에서 생존하기 위해서는 이런 집단을 중심으로 한 조직을 구성해야 한다고 주장하였다.

지역사회복지실천 과정에 있어서 갈등이론을 적용하면, 우선 갈등을 반드시 부정적인 것으로 바라볼 것이 아니라 지역사회를 바람직한 방향으로 변화시킬 수 있는 원동력으로 생각할 수 있다. 비록 지역사회가 안정적인 것처럼 인식되어도 그 안에는 불평등과 부조리가 존재할 수 있고, 그러한 점을 바꾸기 위해 다양한 방법을 동원하여 갈등을 유발하는 것이 필요하다는 것이다.

그리고 외부와의 갈등을 유발하는 것은 조직 내부에서 탄탄한 결속을 이끌어내는 방법이 될 수 있다고 본다. 또한 갈등을 유발시킨 궁극적인 목적을 달성할 수 없다고 하더라도 이러한 갈등을 유발시키는 것은 조직적 측면에서 도움이 된다.

지역사회복지실천 과정에서는 지역사회의 각종 자원을 배분받지 못하고 권력으로부터 소외받은 집단을 위해 다양한 갈등을 발생시킴으로써 자원과 권력에 있어서 재배분이 일어날 수 있도록 할 필요가 있다. 하지만 지역사회복지실천가가 갈등이론을 적절히 적용하기 위해서는 자원이 어디에 있는지를 파악하고 권력의 관계를 이해하는 노력을 기울여야 한다. 즉 누가 자원을 보유하고 있고, 현재의 불합리한 상황을 누가 조장하고 있는지, 보다 긍정적인 상황으로 전환시키기 위한 권력을 누가 보유하고 있는지를 파악하고 이를 갈등조장의 대상으로 설정할 수 있어야 한다는 것이다.

또한 갈등을 발생시키는 근본적인 구조와 집단 간 이해관계 대립이 지역사회에 어떠한 영향을 미치고 있는지를 이해하고, 갈등이론을 적용하게 되면 사회적 원인을 해결하는 과정에서 사회정의를 강조하는 기회를 가질 수 있다는 데 의의가 있다(강철희 · 정무성, 2006).

마지막으로 갈등이 지역사회복지실천의 한 과정으로 적절하게 인정받을 수 있으려면 반드시 합법적인 방법을 활용하여 갈등을 유발시켜야 한다. 갈등이론에서는 항상 충돌과 긴장이 발생할 수 있기 때문에 지역사회복지실천 과정에서 불법적인 갈등유발요인은 절대 활용되어서는 안 된다. 다양한 사회행동전술에서 불법적 측면이 배제되고 합법적인 상황들만 고려하는 것이 바로 이러한 이유에서이다.

5. 교환이론

자원의 균형 있는 교환을 강조하는 교환이론은 조지 호만스(George Homans)의 《사회행동: 그 기본적 형태》라는 책에서 처음 언급되면서 이론으로 주목받기 시작하였다(최성재, 1985). 교환이론은 행동주의 심리학과 합리주의 고전경제학 등 다양한 이론적 배경을 바탕으로 출발하였다.

교환이론에서는 적어도 두 사람 사이에 다양한 형태의 자원을 주고받는 행위가 반복적으로 이루어지고 있다고 본다. 여기서 자원은 물질적 측면의 자원뿐만 아니라 칭찬과 같은 정서적 측면의 내용도 포함된다. 특히 블라우(Peter M. Blau)는 다른 사람들에게 자신이 보유한 자원을 제공한 결과 획득할 수 있는 자원을 금전과 사회적 승인, 존경, 그리고 복종으로 설명하고 있다(Blau, 1964).

그리고 자원교환의 과정은 비용과 보상의 개념으로 설명된다. 즉 상대방으로부터 자원을 얻게 되면 보상이 되고 상대방에게 자원을 제공하게 되면 비용이 되는 것인데, 교환이론에서는 인간은 가능한 한 자신이 지불한 비용에 비해 보상이 커지도록 행동하려 한다고 본다.

하지만 교환할 자원이 부족해지거나 자원의 가치가 낮아지면 결국 교환관계는 단절되거나 균형관계가 깨어지게 되는데 이때 교환이론에서는 문제가 발생한 것으로 본다(유종열, 2010). 따라서 교환 과정에서 보상과 비용 간의 차이에 의한 불평등한 관계가 발생하게 되면 이를 수정하기 위해 다양한 전략을 활용하여 다시금 균형 상태로 회복시킬 수 있다(Hardcastle et al, 2011). 구체적인 전략을 살펴보면 다음과 같다.

첫째로 경쟁(competition)전략이다. 이 전략은 기존의 교환대상이 아닌 다른 대상을 찾는 것이다. 만약 A라는 조직이 B라는 기존 대상이 아닌 다른 새로운 대상 C에게서 필요한 자원을 획득할 수 있다면 기존의 대상 B가 보유한 교환관계에서의 권력은 줄어들게 되고 A가 B에 대한 의존 정도 또한 줄어들게 됨으로써 궁극적으로 A와

B 간의 교환 과정은 균형 상태로 돌아간다.

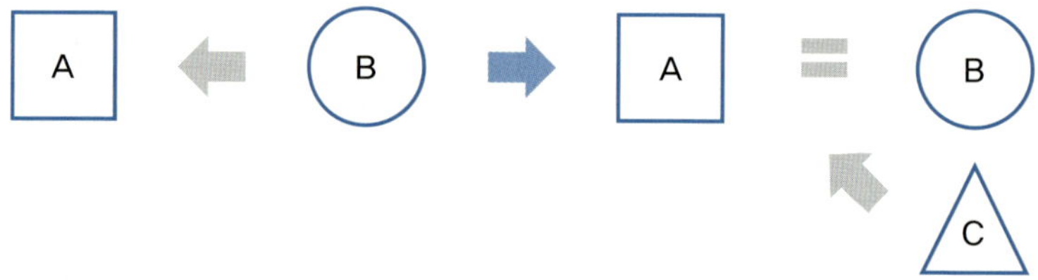

그림 3-2 • 경쟁전략

둘째는 재평가(re-evaluation)전략이다. 이 전략은 자원에 대한 재평가를 통해 새로운 해석을 하는 것이며, 교환대상이 보유한 자원이 정말 필요한 것인지에 대해 다시금 고려해 보는 것이다. 만약 A조직에게 있어 B조직이 보유한 자원이 더 이상 필요치 않다고 판단된다면 B조직이 보유한 교환대상의 권력 또한 줄어들게 된다. 결국 B조직의 자원에 대한 재평가 과정을 거침으로써 불평등한 관계를 균형 상태로 전환하게 되는 것이다.

그림 3-3 • 재평가전략

셋째는 상호호혜(reciprocity)전략으로 두 조직 간의 교환이 서로 혜택을 가지도록 하는 것이다. 만약 한 조직 A가 필요한 자원을 다른 조직 B가 보유하고 있고, 다른 조직 B에 있어서도 지금 당장은 아니겠으나 잠재적인 교환대상으로 A조직이 이점을 지니고 있다면 두 조직 간의 관계는 독립적인 관계로 발전될 수 있으며, 교환 과정에서도 권력상의 균형을 유지할 수 있게 된다.

그림 3-4 • 상호호혜전략

넷째는 연합(coalition)전략으로 특정한 조직 B가 보유하고 있는 자원을 획득하기 위해 A가 제3의 조직 C나 D와 협력하는 것이다. 즉 A는 B의 자원을 얻기 위해 제공할 보상이 없으므로 이를 C나 D를 통해 얻어 B에게 제공하고 그 대신 A는 B의 자원을 얻게 되는 과정을 설명하고 있다.

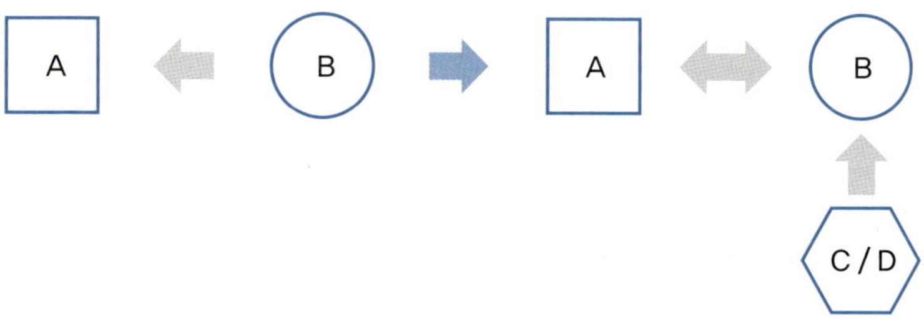

그림 3-5 • 연합전략

마지막으로 강제(coercion)전략으로써 물리적인 힘을 동원하여 상대방으로 하여금 자신들이 원하는 행동을 하도록 강제하는 것을 말한다. 그러나 이 전략은 지역사회복지실천영역에서 활용하기에는 무리가 따른다.

이러한 교환이론을 지역사회복지실천현장에 적용하면 무엇보다 지역사회복지조직이나 기관에 자원을 제공하고 있는 후원자나 관련기관 등과의 관계설정을 어떻게 해야 하는지에 대한 방향을 제시해 주는 것이 중요하다. 즉 지역사회에서는 각종 물적자원과 정보 등 다양한 형태의 자원이 교환되고 있는데, 교환 당사자들은 자신들이 제공하는 자원에 비해 이익을 극대화하는 교환을 하려 할 것이다. 그 결과 교환관계가 단절되거나 균형이 깨어지게 되면 결국 지역사회의 문제로 부각될 것이므로,

최대한 교환 주체들이 만족할 수 있는 교환 과정을 유지하도록 노력할 필요가 있다.

특별히 지역사회복지실천기관의 후원자나 자원봉사자와 같은 경우는 자신의 물적 자원과 시간을 제공하는 대가로 돌아오는 보상이 기대에 못 미친다고 생각할 경우 더 이상 자원제공을 하지 않게 됨으로써 자원 부족의 상황이 발생될 수 있다. 따라서 후원자나 자원봉사자와의 밀접한 관계형성을 기반으로 이들이 희망하는 보상의 형태가 어떠한 것인지를 적절히 파악하고 부응할 수 있도록 해야 하겠다. 또한 여기서의 보상은 단순히 물적인 측면만을 고려해서는 안 될 것이며, 자원제공자들이 실질적인 보상이라고 생각할 수 있는 다양한 부분이 무엇이 될 것인지에 대한 폭넓은 파악이 이루어질 필요가 있다.

6. 권력의존이론

권력의존이론(Power Dependence Theory)은 위에서 언급한 자원동원이론 및 교환이론과 매우 밀접한 관련을 가지고 있는데, 지역사회의 다양한 집단들이 가진 권력의 여부에 따라 지역사회가 발전할 수 있다고 주장한다. 이러한 권력은 각종 자원을 가진 집단과 그렇지 못한 집단 간의 관계에서 나타나는데, 중앙정부와 지방정부 간의 관계가 대표적인 권력의존이론의 사례이다. 즉 중앙정부는 지방정부에 비해 많은 자원을 보유하고 있기 때문에 지방정부는 자원획득을 위해 중앙정부의 권력에 의존할 수밖에 없다. 만약 어떠한 조직이 자원을 보유하고 있는 조직의 권력에 의존하지 않으려면 스스로 자원을 보유함으로써 권력을 가지면 되지만 그렇지 못한 경우 결국 외부권력에 의존함으로써 조직을 운영하게 된다.

보다 구체적인 의존관계를 설명하자면 권력은 A가 원하는 행동에 대해 B가 저항

할 수 있는 경우 B는 권력을 가지고 있는 것이며, 만약 B가 A에 대해 적절한 저항을 할 수 없다면 권력을 가지고 있지 않은 것이 된다. 따라서 B에 대해서 A가 권력을 가지고 있다는 것은 A에 대해서 B가 의존하고 있다는 것과 같은 개념이다(Emerson, 1972).

이러한 권력의존이론을 지역사회복지실천 과정에 적용하자면 우선 지역사회복지실천기관들이 필요한 자원을 외부에 의존하는 비중이 클수록 자원제공자의 요구에 따를 수밖에 없게 됨으로써 조직이 지니고 있는 고유의 목적을 달성하기 어려울 수 있다. 시민사회단체가 운영을 위해 정부보조금에 의존하는 순간부터 시민사회단체로서 해야 할 정부에 대한 감시활동과 사회구조 변화를 위한 노력에 소극적일 수밖에 없는 것이다. 따라서 자원동원 과정에서 힘의 균형이 일어날 수 있도록 다양한 자원출처 개발을 위해 노력해야 한다. 결국 민간사회복지기관이 공공부분에 대해 종속적 대행자로서의 역할이 아닌 동등한 파트너십 형성이 가능하려면 권력의존이론에서 강조하고 있는 점을 인식해야 한다.

7. 사회구성론

사회구성론(Social Constructionism)은 기존의 지역사회관련 이론들이 지배집단의 이익을 대변하고 있다는 비판에서 시작한다. 특히 이 이론은 한 사회의 주류 이데올로기가 어떻게 만들어지고 있는지, 그리고 이것이 현재의 사회를 어떻게 정당화하는지에 관심을 가진다(Reed, 2005).

상징적 상호작용주의와 포스트모더니즘의 영향을 받은 사회구성론은 지식이 객관적인 것은 없으며 문화나 정치, 경제 등의 영향을 받아 사회적 상호작용을 통해 구성된다고 보았다. 따라서 현재 사회와 관련한 대부분의 지식들이 철저히 지배집단의 이익을 대변하고 있고, 사회문제로 여겨지는 것들도 이를 문제로 보는 지배집단의 견해이지 객관적으로 볼 때 문제는 아니라는 것이다. 결국 사회구성론의 관점에서는 주류에서 떨어져 있는 집단의 문화나 행동은 정상이 아닌 것으로 해석될 가능성이 높다.

하지만 사회구성론에서는 개인들 간의 교류를 통해 문화나 사회가 재창조될 수 있으며 이러한 맥락에서 사회복지사와 클라이언트 간의 관계는 기존의 전문가주의적 접근과 편견으로부터 탈피해야 함을 강조한다. 특히 클라이언트의 주체성을 인정하고 사회복지사와의 지속적인 관계 속에서 새로운 현실을 만들어갈 수 있도록 해야 한다(고미영, 2004).

이러한 사회구성론을 지역사회복지실천에 적용하면 기존의 지역사회관련 지식에 영향을 미친 다양한 사회적 맥락을 이해하는 데 노력할 필요가 있으며, 지역사회 구성원들로 하여금 지배집단의 억압에 대해 이해할 수 있도록 하며 이를 완화, 해소할 수 있는 방법 마련에도 적극적이어야 할 것이다.

8. 사회적 자본이론

사회적 자본(Social Capital)의 개념은 콜맨(Coleman, 1988)과 퍼트남(Putnam, 1993) 이래로 다양한 연구가 폭발적으로 증가해 왔고 많은 분야에서 폭넓은 관심을 받고 있다. 비록 사회적 자본에 대한 정의와 측정의 방식은 다양하지만 사회적 자본이 사람들 사이에서 발생하는 사회적 상호관계를 기반으로 획득되고 교환되며 대체로 사회연결망(social network)을 기초로 하고 있다는 점은 공통적으로 언급되고 있다.

이러한 인식은 집단이나 조직, 사회에서의 개인 간의 관계가 그 집단이나 조직, 사회의 발전과 관계가 있을 것이라는 가설을 설정할 수 있다. 제2차 세계대전 이후에 최악의 빈곤 상태에 머물러 있었던 아시아와 아프리카 중에 아시아는 경제발전을 이루어 냈지만 아프리카는 여전히 빈곤한 상황을 세계은행(World Bank)은 사회자본 존재 여부로 설명하고 있는 측면이 그러한 점이다(Narayan, 1999). 즉, 아시아에서는 사람들 사이에 협동을 중심으로 한 관계가 형성되어 있고 이것이 국가발전에 있어 커다란 긍정적 영향을 미쳤다고 보고 있다.

이러한 사회적 자본은 기존의 물리적 자본이나 인적자본과는 달리 행위자에게 존재하는 것이 아니라 사회구조의 관계 속에서 존재하며 사회의 생산성을 증대시키고 특정 목표를 성취할 수 있도록 한다(Coleman, 1988). 따라서 사회적 자본은 사회구조 내에서 특정 행위자의 특정 행동을 촉진시키는 요소를 가지고, 사회구성원의 상호 이익을 위해서 조정과 협력을 가능하게 한다(Putnam, 1993).

지역사회복지에 있어서 사회적 자본이론을 적용해 보면, 우선 사회적 자본이 잘 축적되어 있는 지역사회일수록 지역사회 구성원들 간의 활발한 관계를 중심으로 주민 조직화나 네트워크형성, 주민참여, 지역사회문제 발견 및 해결을 용이하게 할 수 있다. 또한 지역사회복지실천 접근에 있어서 이러한 사회적 자본 형성을 주요한 목표로 설정할 수 있고 지역사회복지실천에 대한 평가의 주된 지표로도 활용이 가능하겠다. 특히 사회적 자본은 개인에 대한 관점이 아닌 집단이나 조직적 관점에 관심을 가진다는 점에서 중범위 접근인 지역사회복지실천 과정에 적용가능한 이론이라고 할 수 있다.

생각해봅시다

01 본인이 생각하기에 가장 시급하게 해결이 필요한 지역사회문제 한 가지를 선정하고 이의 해결을 위한 대안마련 과정에 지역사회복지실천이론 한 가지를 선택하여 적용해 보세요.

02 사회체계이론과 갈등이론을 상호비교하여 설명해 보세요.

03 권력의존이론을 적용하여 민간사회복지조직의 독립적 운영을 위한 대안을 생각해 보세요.

참 / 고 / 문 / 헌

강철희 · 정무성 (2006). **지역사회복지실천론**. 서울: 나남출판.

고미영 (2004). 구성주의적 사회복지 실천방법에 관한 탐구. **교수논총**, 16, 7-26.

김종일 (2005). **지역사회복지론**. 서울: 현학사.

성경륭 (1993). 한국 정치민주화의 정치적 기원: 사회운동적 접근, 경남대학교 극동문제연구소편, 한국정치사회의 새흐름. 서울: 나남출판.

유종열 (2010). 저출산 문제에 대한 사회이론적 접근: 교환이론적 관점을 중심으로. **사회과교육**, 49(4), 33-47.

최성재 (1985). 교환이론적 관점에서 본 노인문제. **사회복지학회지**, 7, 147-165.

Blau, P. (1964). *Exchange and Power in Social Life*. New York: Wiley.

Coleman, J. S. (1988). Social Capital in the Creation of Human Capita. *American Journal of Sociology*, *94*, 95-121.

Emerson (1972). Exchange Theory, Part I: A Psychological Basis for Social Exchange. In J. Berger, M. Zelditch, Jr., & B. Anderson (Eds.). Sociological Theories in Progress. Boston: Houghton_Mifflin.

Fellin, P. (1995). Understanding American Communities. In J. Rothman, J, Erlich & J. Tropman, Eds., *Strategy of Community Intervention*, 5th ed. Itasca, Il: F. E. Peacock.

Hardcastle, D. A., Powers, P. R., & Wenocur, S. (2011). *Community Practice: Theories and Skills for social workers*, New York: Oxford University Press.

Narayan, D. (1999). Bonds and Bridges: Social Capital and Poverty. World Bank.

Putnam, R. D. (1993). *Making Democracy Work: Civic Traditions in Modern Italy*. Princeton N.J.: Princeton University Press.

Reed, B. G. (2005). Theorizing in Community Practice. In M. Weil(Eds). *The Handbook of Community Practice*. Thousand Oaks: Sage Publications.

Tilly, Charles. (1978). *From revolution to revolution*. Massachusetts: Addison-Wesley Publishing Company, Inc.

Chapter 04

지역사회복지 실천모델

Community Welfare & Practice

1. 로스만 모델
2. 웨일과 갬블의 모델
3. 테일러와 로버츠의 모델
4. 비즈니스 모델

Learning Objective

학습 목표

1. 지역사회복지실천모델로써 로스만 모델과 웨일과 겜블 모델, 테일러와 로버츠 모델, 그리고 비즈니스 모델에 대한 기본적인 개념을 알 수 있다.
2. 다양한 지역사회복지실천모델이 지역사회복지실천 과정에 어떻게 적용될 수 있는지 알 수 있다.

Chapter 04

지역사회복지 실천모델

지역사회복지실천모델은 옷을 만들 때 옷감을 자르기 위해 필요한 패턴(pattern)과도 같다. 패턴의 개념은 옷감을 위한 기본적인 모양을 제시해 주는 것이지만 결국 멋진 옷이 되기 위해서는 좋은 옷감과 의상 디자이너의 다양한 디자인, 옷을 만드는 기술, 단추나 장식품 같은 각종 부속품이 추가되어야 한다.

이처럼 지역사회복지실천모델도 지역사회복지실천을 위한 기본적인 방향과 지침을 제시해 주긴 하지만 궁극적으로 지역사회복지실천가가 지역사회복지실천모델을 바탕으로 하여 자신의 지식과 기술을 적용함으로써 현실적인 실천을 수행하게 된다. 즉 지역사회복지실천모델은 지역사회복지실천을 위해 무엇을 할 것인지를 가르쳐 주는 것이다. 또한 지역사회복지실천모델은 지역사회복지실천가의 실천 과정을 보다 전문적으로 이루어지도록 한다. 따라서 지역사회복지실천모델에 대한 학습과 훈련은 전문가로서 지녀야 할 실천지식과 기술을 몸에 익히게 한다는 점에서 큰 의미가 있다.

이러한 지역사회복지실천모델은 지역사회의 특성에 따라서, 해결해야 하는 문제에 따라서, 실제 개입이 이루어지는 과정 속에서 개발된 것으로 지속적 활용 속에서 그 효과가 확인된 것만이 이론적 근거로써의 역할을 하게 된다. 이 장에서는 다양한 지역사회복지실천모델들을 살펴봄으로써 지역사회복지실천가가 현실에서 어떻게 적용해야 할 것인가를 제시해 보겠다. 단, 상당수의 지역사회복지실천모델들이 미국에서 시작된 것이 많기 때문에 이를 바탕으로 한국적 상황에 토착화시키려는 노력이나 새로운 형태의 한국 모델 개발에 대한 시도가 이루어질 필요가 있다.

1. 로스만 모델

로스만(Jack Rothman)은 1960년대 빈곤문제에 대한 사회의 전반적인 접근과 시민권리보장을 위한 시민운동의 확대, 사회 변화 모색을 위한 주민참여가 강조된 미국 상황을 반영하여 지역사회복지실천모델로써 지역사회개발과 지역사회계획, 사회행동을 제시하고 있다(Rothman, 1996). 이 세 가지 세부 모델은 각각 고유의 특성을 지니고 있으며 지역사회의 상황과 실천가의 가치관에 따라 다양한 방식으로 활용되어 왔다. 물론 모델로써 개발된 지 오래된 전통적 모델이지만 현재까지 지역사회복지실천 과정에 매우 큰 영향을 미치고 있으며 이후 제시할 파생 모델의 기본이 되고 있다는 점에서 그 중요성이 크다.

1) 지역사회개발모델

지역사회개발모델(Locality Development Model)은 다양한 지역사회문제해결을 위해 지역주민을 지역사회복지실천 과정에 적극적으로 참여시키고, 이를 위해 지역주민의 역량을 강화하는 것을 중요한 목표로 삼고 있다. 즉 지역사회주민들이 지역사회문제에 대한 이해의 폭을 넓히고 실질적인 지역사회문제해결을 위해 필요한 역량을 개발함으로써 지역사회 전체의 통합적 능력을 향상시키고자 한다.

보다 구체적인 지역사회개발모델에서의 과업을 살펴보면 무엇보다 중요한 것이 지역사회문제해결을 위한 주민들의 적극적 참여이다. 이러한 참여 과정을 통해 주민들은 민주주의와 협동의 가치를 이해하고 궁극적으로는 지역사회주민으로서 살아가는 데 필요한 시민의식을 가질 수 있다고 보기 때문이다. 또한 이 모델에서는 역량 있는 토착적 지역 지도자의 역할이 필요하므로 지도자 개발 및 역량강화의 과정이 이루어져야 한다. 왜냐하면 지역주민을 참여시키고 역량을 강화함으로써 지역사회문제를 해결하는 것이 결국 지역사회주민들의 몫이므로, 이것이 가능하기 위해서는 주민들의 중심이 될 수 있는 토착적인 주민지도자가 요구되기 때문이다.

이러한 지역사회개발모델에서 지역사회복지실천가는 다양한 역할을 수행할 수 있는데, 주민들이 스스로 문제해결을 할 수 있도록 지원하는 촉매자, 교육자, 조력자 그리고 조정자가 되어야 한다. 우선 지역사회문제에 대해 지역주민들이 인식하고 참여하기 위해 지역사회복지실천가는 불을 지피는 촉매의 역할을 해야 한다. 그러한 지역사회복지실천가의 촉매 역할이 없다면 주민들은 지역사회문제가 해결되어야 한다는 것 자체를 인식하지 못할 수도 있기 때문이다.

그리고 지역사회문제에 대한 인식 이후에는 실제로 문제를 해결할 수 있는 다양한 지식과 기술을 가르치는 교육자로서의 역할도 수행해야 한다. 특히 교육자는 지역주민들의 역량강화와 관련된 중요한 역할이므로 지역사회복지실천가의 교육기술 및 능력이 고려되어야 한다.

또한 지역사회개발모델에서는 지역사회주민 스스로가 지역사회문제를 해결토록 하는 것이 중요하므로 문제해결 과정에서 직면하게 되는 다양한 어려움을 돕는 조력자의 역할 또한 필요하다. 직접적으로 지역사회의 문제를 해결해 주는 것이 아니라 주민 스스로 문제를 해결할 수 있도록 돕고, 지역사회주민들로 하여금 지역사회문제 해결과 관련한 성공의 경험을 가지게 함으로써 이후 유사한 지역사회문제 발생에 능동적이고 적극적으로 대처하도록 할 수 있다.

마지막으로 다양한 지역사회주민들이 참여하게 됨으로써 발생할 수 있는 각종 갈등 및 관계설정에서의 조정이 필요하며 소집단을 이끌 수 있는 기술도 필요하다.

그리고 지역사회개발모델은 지역사회의 빠른 변화보다는 지역사회주민들의 역량강화를 바탕으로 점진적인 지역사회 변화를 추구하고 있기 때문에 실제로는 문제해결이 되지 않더라도 문제해결 과정에서 시도한 다양한 노력들에 보다 중요성을 두고 있으므로 과정중심적 모델로도 불린다.

이러한 지역사회개발모델은 개발도상국가 또는 지역사회 내에서 다양한 개발이 요구되는 영역에서 활발히 활용되고 있으며, 우리나라의 많은 국제개발 및 원조단체에서 적용하는 모델이기도 하다. 즉 현지 지역주민들의 지역사회문제에 대한 인식유도에서부터 시작하여 이들의 역량강화, 토착적 지도자 개발, 많은 주민들의 참여유도 등이 지역사회개발모델이 추구하려는 목적과 상통하기 때문이다.

2) 사회계획모델

사회계획모델(Social Planning Model)은 합리성을 바탕으로 한 전문적 방안을 통해 지역사회문제를 해결하고자 한다. 여기서 합리성이란 문제해결을 위해 목적을 명확히 하면서 실증적 자료를 바탕으로 이를 위한 대안을 규명하는 것을 의미한다.

이러한 사회계획모델의 시작은 미국 자선조직협회의 노력에서부터이다. 지역사회복지의 역사 편에서 살펴본 것처럼 자선조직협회는 다양한 자선조직들의 업무를 조정하는 과정에서 가장 효율적인 방법을 기획 · 수행함으로써 지역사회문제해결을 위해 노력하였다.

특히 사회계획모델에서는 지역사회문제해결을 위한 대안마련 과정에 있어 실증자료를 바탕으로 이의 분석, 그리고 목적구현이 가능한 대안들을 마련하고 이들 대안의 결과들을 예상하면서 가장 합리적인 대안을 선택해야 한다고 하였다. 따라서 전문성과 관련 지식이 필요하기 때문에 지역사회개발모델과 같이 지역주민의 참여가 요구되기보다는 철저히 전문가가 보유하고 있는 전문성에 의존하는 경향이 크다. 그리고 지역사회개발과 같이 문제해결에서 거치게 되는 과정을 중요시하기보다는 실질적인 문제해결 자체를 더욱 중요한 성과로 본다.

이러한 사회계획모델 적용을 위해 지역사회복지실천가는 분석가와 전문가, 관리자, 네트워커의 역할이 중요하다. 우선 분석가 역할은 현재 지역사회의 문제가 무엇이고 문제의 근원은 어디에서부터 오는 것인지에 대한 판단을 내리기 위해 다양한 실증자료를 수집하여 분석하는 능력이 요구된다. 전문가의 역할은 지역사회문제의 근원해소를 위한 가능한 대안들을 마련하고 가장 합리적인 것을 선택하는 과업에서 전문성이 필요하다. 그 외 합리적 대안을 실제로 수행해 나가는 데 있어서 관리자 및 네트워커로서의 역할이 중요하다.

사회계획모델의 대표적 사례로 현재 사회복지공동모금회의 노력을 들 수 있다. 지역사회에서 발생되고 있는 문제해결을 위해 대안을 제시하고 이의 실현을 위한 자원을 동원, 지역사회의 각종 사업수행 주체에 배분하는 일련의 과정이 바로 사회계획모델적 접근을 적용한 것이다.

3) 사회행동모델

사회행동모델(Social Action Model)은 지역사회 내에서 불이익을 당하고 있는 소외, 배제계층들을 위해 이들이 경험하고 있는 각종 불이익을 해소함으로써 처우를 개선하고 다양한 자원을 배분받을 수 있도록 지역사회문제를 근본적으로 변화시켜 사회정의가 구현될 수 있도록 하는 적극적인 접근이다. 특히 사회행동모델 실천 과정에서 소외계층에 대한 의식화와 조직화 과정, 직접행동 등 개혁적 방법을 활용한 변화지향적 접근을 지향하고 있다. 그리고 사회행동모델은 전통적인 사회복지영역보다는 여성운동이나 노동운동영역, 소수인종 권리향상 노력, 인권운동 등에서 많이 찾아볼 수 있다.

이와 같은 사회행동모델에서는 지역사회주민을 불이익을 받는 소외집단이라고 인식하고 있기 때문에 이들의 권리를 향상시킬 수 있는 제도나 사회의 전반적인 구조 변화에 중점을 두고 있다. 또한 현재 동일한 문제를 경험하고 있거나 앞으로 문제해결에 동참할 수 있는 지역사회주민들을 상대로 문제인식을 바탕으로 한 조직화를 시도하며 이를 기반으로 자발적 문제대처가 가능할 수 있기를 기대한다.

하지만 사회행동모델이 추구하는 방향은 결국 소수의 집단이 가지고 있는 권력을 균등화하는 것이므로 사회행동모델 추구 과정에서 현재 권력을 보유한 집단과 소외집단 간의 갈등 및 대결양상이 필수불가결하다. 단, 사회정의를 구현하는 차원이기 때문에 이러한 의도적 갈등은 정당화될 수 있고, 표적집단에 대한 시위, 피케팅 등과 같은 갈등전술의 방법이 활용될 수 있다.

사회행동모델에서 지역사회복지실천가는 선동가, 조직가, 대변가, 교육가 등의 역할을 수행한다. 우선 소외계층들이 사회구조적인 문제로 인해 피해를 당하고 있다고 인식하게끔 선동하는 역할과 이들을 중심으로 소수의 기득권계층에 대해 대결이 가능한 조직형성을 위한 조직가, 그리고 소외계층의 입장에 서서 이들을 옹호하는 대변가의 역할 및 구체적인 대결이 가능한 다양하고 직접적인 사회행동의 방법들을 가르치는 교육가의 역할 등이 있다.

이러한 사회행동모델의 성공가능성을 높이기 위해서는 지역사회 통합에 방해가 됨에도 불구하고 갈등을 불러일으켜야만 하는 명분을 찾아내어 사회행동에 대한 정당성을 높임으로써 지지기반을 확대하는 것이 무엇보다 필요하다. 또한 갈등관련 접근은 물리적 충동이 발생할 가능성이 있으므로 언제나 합법적 범위 내에서만 이루어질 수 있도록 한다. 불법적인 방법을 활용한 행동들은 사회행동의 범주 내에 포함될 수 없다.

4) 혼합모델

로스만 모델은 각각의 모델만을 지역사회복지실천영역에서 활용하기에는 한계가 있다고 보고 있다. 즉 각 모델이 지니고 있는 기본적인 가정과 궁극적 방향이 복잡한 지역사회복지실천 현장과 딱 맞아떨어지지 않는다고 보는 것이다.

따라서 이 장의 초반에 언급한 바와 같이 로스만의 기본 모델들은 옷을 만들 때 활용하는 패턴처럼 기본 골격으로서의 의의를 가지지만 항상 창의적인 접근은 열려 있다. 또한 서로 다른 모델을 적절히 혼합하거나 실천 과정 단계마다 다양한 모델을 각각 적용할 수도 있음을 이해해야 한다.

여기에서는 지역사회개발과 사회계획, 사회행동 각각의 로스만 모델이 지니고 있는 제한점을 고려하여 다양한 혼합모델에 대해 살펴본다.

(1) 기본 모델의 한계

지역사회개발모델의 경우 지역사회주민들의 자발적 참여를 가장 중요한 전제로 삼고 있으나 상당수의 지역사회복지실천이 외부의 다양한 지원을 통해 이루어진다는 점에서 자발적 특성이 강조되기 어려운 상황이 발생되기도 한다. 아울러 지역주민들의 역량강화나 토착적 지도자 개발, 그리고 많은 주민들의 참여유도 과정에 오랜 시간이 소요될 수 있으므로 시급히 해결되어야 하는 지역사회문제의 경우 이상적인 모델임에도 불구하고 적용하기 힘들 수 있다.

사회계획모델은 합리적 결정에 따른 전문적 계획을 기반으로 하지만 지역사회복지실천 과정에서 지역주민들의 참여를 그다지 강조하지 않는다. 그러나 아무리 합리적 계획이 수립되고 전문가가 이를 수행한다고 하지만 지역사회복지실천 환경에서는 지역사회주민들의 참여가 필요한 경우가 많다.

마지막으로 사회행동모델은 지역사회 내의 사회정의 실현적 차원에서 소외계층들의 사회행동 참여가 강조되었으나 지금은 소외 당사자가 아닌 지역사회주민들의 참여도 보편화되고 있는 실정이다. 그리고 이전의 직접적 사회행동방식이라 할 수 있는 시위 등을 벗어나 선거나 언론활동, 조사사업 등 기존의 사회체제를 활용하는 전술로의 전환 경향도 나타나고 있다.

따라서 로스만은 세 가지 기본 모델이 지역사회복지실천 과정에서 각각 독립적으로 나타나는 것으로 보일 수도 있으나, 실제 지역사회복지실천현장에서 서로 혼합되는 경향을 강조하면서 지역사회개발 · 사회계획, 사회계획 · 사회행동, 그리고 지역사회개발 · 사회행동모델을 제시하였다(Rothman, 1996). 물론 세 가지 기본 모델이 모두 혼합된 경우도 가정할 수 있으나 여기에서는 이해의 폭을 높이기 위해 두 가지 기본 모델이 혼합된 사례들만 설명한다.

(2) 개발 · 행동모델

개발 · 행동모델(Development & Action Model)의 대표적 사례로는 여성주의 운동 과정에서 여성대상 조직화 활동을 들 수 있다. 기본적으로 여성주의 운동은 지역사회로부터 억압, 소외받는 여성들을 참여시켜 이러한 억압적 구조를 극복함으로써 궁극적으로 사회정의를 실현한다는 측면에서 전형적인 사회행동모델이다. 하지만 여성주의 운동이 성공하기 위해서는 많은 여성들의 적극적인 참여와 이들의 역량강화, 민주적 합의 과정 등이 필요하며, 이러한 과정은 지역사회개발모델의 내용이다.

따라서 개발 · 행동모델은 지역사회개발모델이 지니고 있는 기본적인 조직화 과정과 적극적인 주민참여의 과정 속에서 사회행동모델의 구체적인 실천적 측면이 혼합되어 있는 것으로 볼 수 있다.

(3) 행동 · 계획모델

행동 · 계획모델(Action & Planning Model)의 대표적 사례로는 시민사회단체의 사회변화 활동을 들 수 있다. 구체적으로 살펴보면 표적집단에 대한 감시, 저항활동과 소외집단을 위한 대변, 옹호활동 등은 전형적인 사회행동모델을 적용한 경우이다.

여기에 과학적 조사와 분석 과정, 합리적 대안개발 과정이 더해지면서 사회계획적 요소가 반영된 것으로 볼 수 있다.

최근의 환경운동이 여기에 해당되는데 기본적으로 환경운동은 환경을 훼손하는 기업이나 환경정책을 적절히 집행 · 수행하지 않는 정부를 대상으로 다양한 감시, 저항하는 사회행동모델로 볼 수 있다.

하지만 여기에 더해 환경과 관련한 전문성을 바탕으로 실증적인 자료수집 및 분석, 대안제시와 같은 사회계획적 요소를 덧붙이면서 사회행동과 사회계획요소를 혼합하여 전개하게 되는 것이다.

(4) 계획 · 개발모델

계획 · 개발모델(Planning & Development Model)의 사례로는 미국의 지역공동모금회 활동을 들 수 있다. 보편적으로 공동모금회의 다양한 실천 활동은 사회계획적 요소가 강하다. 즉 실증조사 및 분석 과정을 통해 지역사회문제해결이나 발전을 위한 전문적인 계획수립이 기초가 되기 때문이다. 하지만 이의 실제적 수행을 위해서는 다양한 지역사회주민들의 참여가 필요하고 이들의 역량강화를 통한 문제해결 과정이 요구되므로 사회계획의 모델 내에 지역사회개발적 요소가 보완될 필요가 있다.

이러한 계획 · 개발모델은 합리적 전문성에 바탕을 둔 광범위한 계획을 실제적으로 진행할 때 다양한 지역사회주민들의 적극적 참여와 이들의 문제해결 역량강화의 과정이 요구되는 영역에 적절한 모델이다.

2. 웨일과 갬블의 모델

웨일과 갬블(Weil & Gamble, 1995)은 지역사회복지실천모델과 관련한 기존의 연구와 함께 실제 다양화된 실천현장의 상황을 바탕으로 총 여덟 가지 모델을 제시하였다. 이 모델은 특히 새롭게 부각된 대상에 적절한 실천방법을 제시하고 있다는 점에서 긍정적 평가를 받고 있는데, 여성주의 시각을 바탕으로 한 실천모델과 소수민족을 포함한 집단에 활용될 수 있는 실천모델이 바로 그것이다. 보다 상세한 여덟 가지 실천모델을 살펴보면 다음과 같다.

1) 근린지역사회 조직화 모델

근린지역사회 조직화 모델은 지리적 지역사회 개념을 바탕으로 지역사회주민들의 역량강화와 조직화를 통해 지역사회의 정치, 경제, 사회, 물리적 환경이 개선되도록 하는 것을 주요한 목적으로 한다. 이를 위해 지역사회복지실천가는 지역사회주민들을 문제해결 과정에 적극적으로 참여시키는 조직가의 역할과 함께 참여 과정에서 지역사회주민들로 하여금 민주적 의사결정과 다양한 협동의 경험을 할 수 있도록 교육하며 지역사회주민들이 원하는 대로 지역사회를 변화시킬 수 있도록 지도, 촉진하는 역할을 담당한다.

2) 기능적 지역사회 조직화 모델

기능적 지역사회 조직화 모델은 지리적 지역사회가 아닌 이해관계를 바탕으로 한 기능적 지역사회에서 나타나는 문제를 해결하는 데 중점을 두고 있다. 특히 기능적 지역사회 구성원들이 경험하는 어려움을 대변, 옹호하며 이들을 위한 정책도 제안할 수 있다.

그리고 기능적 지역사회 구성원들 자신이 겪고 있는 문제에 대해 스스로 대처할 수 있는 역량을 가르치는 교육과 이들을 옹호하는 활동이 중요하다. 또한 근린지역사회 구성원과는 다르게 기능적 지역사회 구성원들은 물리적으로 떨어져서 사는 경우가 많으므로 이들을 위한 각종 정보를 지속적으로 제공한다.

3) 지역사회 사회 · 경제개발모델

지역사회 사회 · 경제개발모델은 지역사회에 거주하고 있는 소외계층들에 대한 사회 · 경제적 기회증진을 통해 이들의 삶의 질을 향상시키는 것을 목적으로 한다. 특히 소외계층들의 역량 이외에 사회적 조건과 경제적 자원을 향상시키기 위한 자발적 능력을 개발하는 데 초점을 두고 있다.

또한 내부역량 강화 외에도 외부지원을 통한 변화를 위해 은행이나 지원재단 등을 표적으로 삼고 이들로 하여금 각종 지역사회 변화 과정에 적극적인 참여를 유도하는 것도 중요하다. 이를 위해 지역사회복지실천가들에게는 협상, 기획, 교육, 그리고 실제 사업수행 등의 역할이 요구된다.

4) 사회계획모델

사회계획모델은 로스만의 사회계획모델과 유사하다. 즉 전문가의 전문적 지식과 기술을 바탕으로 다양한 실증조사를 통해 합리적 대안을 마련하는 과정을 거친다.

이러한 사회계획모델에서 지역사회복지실천가는 연구자, 기획가 역할을 수행하게 된다. 특히 연구자의 중요한 역할은 지역사회 현존 문제에 대해 객관적으로 조사하고 이를 해결하기 위하여 실현가능한 대응방안을 마련하는 것이다.

또한 연구를 통해 밝혀진 실증결과를 활용하여 다양한 지역사회서비스나 자원을 조정하는 기획가 역할도 요구된다. 이러한 역할수행을 위해 조사, 분석능력과 조정, 기획역량을 향상시킬 필요가 있다.

5) 프로그램 개발 및 지역사회연계모델

프로그램 개발 및 지역사회연계모델은 지역사회서비스 효과를 높이기 위해 프로그램의 방향을 수정하거나 지역사회의 욕구를 고려하여 새로운 프로그램을 개발하는 것을 목적으로 한다. 이를 위해 지역사회주민들과의 상호작용을 통해 다양한 욕구를 파악하고 프로그램 수행 이후 지역사회의 피드백을 반영할 수 있는 구조를 마련하는 것이 중요하다. 특히 이 모델에서는 지역사회복지실천기관만의 프로그램 개발이 아닌 지역사회주민들과 다양한 지역사회 관련기관들이 함께 프로그램을 개발해야 한다.

이 모델을 위해서 지역사회복지실천가는 프로그램 계획서를 작성하고 프로그램 수행 과정에서 적절히 관리, 감독을 해야 하며 궁극적으로는 평가자로서의 역할을 담당한다. 따라서 계획과 프로그램 관리, 평가와 관련한 역량개발이 필요하다.

6) 정치 · 사회행동모델

정치 · 사회행동모델은 로스만의 사회행동모델과 동일한 내용이다. 즉 이 모델에서는 소외계층이 경험하고 있는 각종 불이익을 해소하기 위한 사회구조 변화를 목적으로 하고 있다.

이를 위해 소외계층들을 조직화하고 사회를 변화시킬 수 있는 역량을 강화하며 각종 저항 과정에 참여토록 함으로써 사회의 정의를 구현하는 것이 중요하다. 그리고 이 모델에서 지역사회복지실천가는 소외계층을 옹호하고 조직화하며 이들의 역량을 강화시키기 위한 교육자의 역할을 수행하게 된다.

7) 연대모델

연대모델은 지역사회의 각종 기관들이 지역사회문제해결을 위해 함께 노력하는 모델이라 할 수 있다. 특히 연대 조직체를 만들고 실질적으로 지역사회문제가 해결될 수 있도록 영향력을 행사하며 다양한 자원을 공동으로 개발하는 것을 주요한 내용으로 한다.

이러한 연대조직체는 지역사회문제와 관련된 공공기관 등을 변화시키기 위해 표적체계로 설정하며 그동안 개별적 접근으로는 해결하기 힘든 지역사회문제를 해결한다. 이를 위해 지역사회복지실천가는 다양한 기관들의 상황을 중재하고 협상하며 조직화하는 역할을 담당하게 된다.

8) 사회운동모델

사회운동모델은 로스만의 사회행동모델과 유사하다. 단 차이점은 지역사회의 현안에 대해 지역사회 구성원들에게 새로운 시각을 제시하여 사회정의를 구현하고자 하는 것이다.

특히 일반 대중과 정치체계의 변화를 추구하며 지역사회복지실천가는 특정 인구집단에 대한 옹호의 역할과 새로운 시각을 바탕으로 한 사회운동에 동참토록 유도하는 촉진자의 역할을 수행하게 된다.

3. 테일러와 로버츠의 모델

테일러와 로버츠(Taylor & Roberts, 1985)는 로스만의 세 가지 모델을 기반으로 다섯 가지 모델을 추가적으로 제시하였다. 특히 후원자와 대상자의 결정권한 정도에 따라 구분하고 있다는 차별성이 있다.

1) 프로그램 개발 및 조정모델

프로그램 개발 및 조정모델은 전통적인 방식이라 할 수 있는 인보관과 자선조직협회를 바탕으로 한 모델이다. 이 모델은 지역사회를 효과적이고 효율적으로 유도하기 위하여 공공기관이 프로그램을 개발하고 조정해 나가는 것을 중요한 내용으로 한다. 따라서 지역사회가 당면한 각종 문제를 발견하고 욕구를 파악하며, 문제해결 방법 및 문제해결에 필요한 자원을 개발하는 활동을 중심으로 이루어진다. 특히 이 모델은 지역복지기관이나 자원제공자, 정책결정자 등의 후원자가 100% 권한을 가지는 후원자 중심모델이며 대상자는 후원자 중심으로 기획된 각종 서비스를 제공받는 위치에 있으며 클라이언트의 프로그램 기획과정 참여는 매우 제한적이다.

2) 계획모델

테일러와 로버츠는 로스만의 사회계획모델이 합리성과 과학성을 지나치게 강조하고 있음을 비판하고 인간지향적인 부분을 바탕으로 계획모델을 제시하였다. 특히 지역사회문제해결의 과정에서 로스만의 조사연구나 객관적 분석 등과 같은 점도 중요하지만, 의사결정 및 조정 과정에서 사람 간의 상호 교류적 측면을 강화함으로써 과정지향적 접근도 추구한다. 따라서 실천가들의 설계 및 실행기술과 같은 과업지향적 기술뿐만 아니라 과정지향적 기술이라 할 수 있는 조직과정의 관리나 대인관계 등의 내용도 중요시한다. 이 모델에서는 과정적 측면을 강조하고 있기는 하지만 여전히 대상자의 영향력은 약하고 후원자의 영향력이 강한 모델로써 후원자가 87.5%(7/8)의 결정권한을 가지고 있다.

3) 지역사회연계모델

지역사회연계모델은 대상자가 지니고 있는 문제를 지역사회와 연계하여 지역사회 문제해결을 추진한다. 즉 대상자의 문제해결을 위해 지역사회와 관계를 형성하거나 조정을 하면서 지역사회를 대상으로 접근하는 것이 특징이다. 특히 사회복지기관의 행정가나 사회복지사, 자원봉사자, 이사회의 이사 등과 같은 다양한 조직구성원들이 대상자의 문제해결을 위해 요구되는 조직 간 관계형성이나 지역사회지지, 자원 확보 등의 연계활동을 수행하는 방식이다. 이 모델에서는 후원자와 대상자의 영향력이 동등하여 각각 1/2의 결정권한을 가지게 된다.

4) 지역사회개발모델

지역사회개발모델은 로스만의 지역사회개발모델처럼 지역주민의 적극적 참여와 역량강화를 통해 지역사회의 각종 문제를 스스로 해결할 수 있도록 지원한다. 지역주민 참여를 기반으로 한 자조적 활동과 주민역량강화 과정, 상부상조 그리고 자체적 리더십 개발이 중요하며 여기서 지역사회복지실천가는 조력가의 역할을 하게 된다. 이 모델에서는 대상자에게 87.5%(7/8)의 결정권한이 있는 모델이라 할 수 있다.

5) 정치적 역량강화모델

정치적 역량강화모델은 로스만의 사회행동모델과 유사한 특징을 가지고 있다. 즉 사회적으로 배제된 집단의 역량을 강화하고 사회참여를 지원함으로써 스스로의 권리를 찾고 지역사회의 변화를 추구할 수 있도록 한다. 여기서 지역사회복지실천가는 교육자나 선동가, 그리고 필요한 자원과 관련한 자원개발자의 역할을 수행하게 된다. 이 모델은 결국 대상자에게 100%의 결정권한이 있는 대상자 중심모델이라 할 수 있다.

4. 비즈니스 모델

1) 비즈니스 모델의 의의

최근 들어 지역사회복지실천영역 속으로 영리를 강조하는 새로운 형태의 사업들이 지속적으로 나타나고 있다. 물론 사회복지 목적 실현이 궁극적인 종착점이긴 하나 그 과정에서 이윤추구가 필요한 경우인데, 국민기초생활보장법상의 자활사업이나 새로운 일자리 창출을 통한 사회서비스 제공 관련 지역사회서비스 투자사업, 그리고 사회적 경제영역의 사회적 기업이나 마을기업 등이 대표적 사례이다.

여기서 소개할 비즈니스 모델(Business Model)은 어떤 상품이나 서비스를 어떤 사람들에게 어떠한 방법으로 판매할 것인지를 제시해 주는 설계도와 같은 것으로 주로 경영학에서 다루어진다(이동현, 2007). 그럼에도 불구하고 비즈니스 모델이 지역사회복지실천모델로서 의의를 지니는 것은 자활사업이나 지역사회서비스 제공 사업, 그리고 사회적 경제 관련 사업에 대한 모델 적용을 통해 관련 사업이 어떻게 가치나 이익을 창출할 수 있는지에 대해 많은 대안을 제시해줄 수 있기 때문이다.

2) 비즈니스 모델의 세부 구성요소

비즈니스 모델은 일반적으로 네 가지 구성요소를 가진다(Teece, 2010). 먼저 해당 사업이 표적으로 삼고 있는 고객은 누구인지, 그리고 사업의 수익창출을 가능케 하는 고객은 누구인지와 관련한 표적시장(target market)이다. 보다 많은 수익창출을 위해서는 지금까지의 표적시장이 아닌 새로운 표적시장 개발을 창의적으로 할 필요가 있다.

두 번째는 핵심가치(value proposition)이다. 핵심가치는 산출되는 제품이나 서비스의 값어치를 재고하는 과정으로써 경쟁상대에 비해 어떠한 제품과 서비스를 차별적으로 제공할 것인지에 대한 부분이다. 즉 값어치를 이전보다 향상시키는 노력에 대한 것이다.

세 번째 구성요소는 핵심역량(core competence)으로 가치제안이 가능토록 하기 위해 필요한 자원 및 능력을 의미하는데, 보다 나은 제품이나 서비스를 창출하기 위해 필요한 역량은 무엇인지 고려하는 부분이다.

네 번째는 가치네트워크(value network)로 사업 주체의 자원 및 능력 외에 다양한 관련 주체들과의 파트너십이 어느 정도 형성되어 있는지와 관련된 부분이다. 특히 사업 주체가 보유하고 있지 못한 능력과 자원을 외부 주체들로부터 어떻게 동원하는지, 어떠한 방식으로 협력하는지에 대한 검토가 요구된다.

이렇듯 네 가지 비즈니스 모델의 구성요소를 그림으로 표현하면 [그림 4-1]과 같다(이동현 · 성재열, 2012).

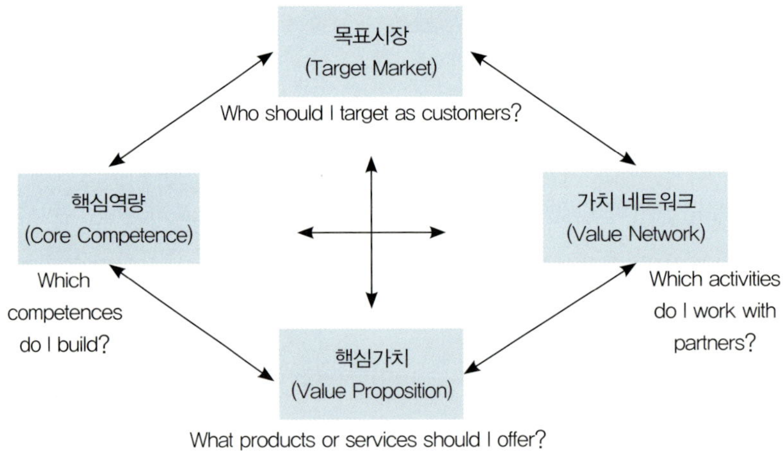

그림 4-1 ● **비즈니스 모델의 구성요소**

출처: 이동현 · 성재열 (2012).

3) 지역사회복지실천에 대한 적용

비즈니스 모델은 기본적으로 혁신(innovation)을 추구하고 있다(이동현 · 성재열, 2012). 자활사업이나 지역사회서비스 투자사업 그리고 사회적 경제영역과 같이 소외계층을 대상으로 한 안정적인 고용창출을 위해서는 영세한 규모를 극복하고 보다 높은 부가가치를 창출하기 위한 역량을 보유해야 하는데, 이러한 측면에서 비즈니스 모델은 지역사회복지실천영역에서 적용가능성이 높다.

또한 비즈니스 모델의 세부 구성요소는 결국 사업이 안정화되기 위해서 재고되어야 하는 부분이며 개선되어야 할 방향을 제시해 주고 있다는 측면에서 자활사업과 사회서비스영역, 사회경제적 영역에 고려할 부분으로 의의가 있다. 단, 일반적인 기업 경영에 적용되는 부분이 크므로 이 모델의 지역사회복지실천 적용을 위해서는 사회복지의 기본적인 가치들이 훼손되지 않도록 항상 유의해야 할 것이다.

생각해봅시다

01 현재 지역사회복지실천현장에서 이루어지고 있는 다양한 지역사회복지실천 내용들을 로스만 및 웨일과 갬블, 테일러와 로버츠 모델과 연결지어 생각해 봅시다.

02 지역사회에서 수행되고 있는 다양한 자활사업, 사회적 경제관련 사업들의 지속가능성을 높이기 위해 비즈니스 모델 차원에서 무엇이 고려되어야 할지 생각해 봅시다.

참 / 고 / 문 / 헌

이동현 (2007). 비즈니스모델의 개념에 관한 연구. **한국항공경영학회지**, 5(1), 175–194.

이동현 · 성재열 (2012). 비즈니스 모델 분석을 통한 식자재 유통 선도기업 사례연구. **연세경영연구**, 49(1), 21–53.

Rothman, J. (1996). The Interweaving of Community Intervention Approaches, Simultaneously published as *Community Practice : Conceptual Models and Journal of Community Practice*, 3(3/4). The Haworth Press, Inc.

Taylor, S. H., & Roberts, R. W. (1985). *Theory and Practice of Community Social Work*. New York : Columbia University Press.

Teece, D. J. (2010). Business Models, Business Strategy and Innovation. *Long Range Planning*, 43(2/3), 172–194.

Weil, M., & Gamble, D. N. (1995). Community Practice Model. In Edwards, R. L.(Eds.), *Encyclopedia of Social Work*. Washington, DC: NASW.

Chapter 05

지역사회복지 실천 과정

Community Welfare & Practice

1. 지역사회의 복지욕구조사 및 분석
2. 지역사회복지실천 계획수립
3. 지역사회복지실천 실행

Learning Objective

학습 목표

1. 지역사회복지실천 과정은 어떻게 구성되는지 알 수 있다.
2. 지역사회복지 욕구조사의 구체적인 방법에 대해 알 수 있다.
3. 지역사회복지실천 계획수립 과정에서 고려해야 할 점을 알 수 있다.
4. 지역사회복지실천 실행단계에서 고려해야 할 점을 알 수 있다.
5. 지역사회복지실천에 대한 평가방법을 알 수 있다.

Chapter 05

지역사회복지 실천 과정

지역사회복지실천 과정은 지역사회문제를 발견한 후 전문적인 지역사회복지실천 지식과 기술을 활용하여 적절한 대응방안을 마련하고 이를 실행하는 일련의 단계로 볼 수 있다. 이 장에서는 다양한 학자들의 견해를 바탕으로 공통적인 지역사회복지 실천 과정 단계를 중심으로 논의하고자 한다. 즉 지역사회의 복지욕구 조사 및 분석 단계, 지역사회복지실천을 위한 계획수립단계, 지역사회복지실천 실행단계, 그리고 평가 및 환류단계로 설명하고자 한다.

복지욕구 조사 및 분석 → 계획수립 → 실행 → 평가 및 환류

그림 5-1 ● **지역사회복지실천 과정**

1. 지역사회의 복지욕구조사 및 분석

1) 지역사회의 복지욕구조사

(1) 조사 과정에서 고려해야 할 사항

지역사회의 문제나 지역사회주민들의 충족되지 않은 욕구를 찾아내는 것이 지역사회 복지욕구조사의 중요한 목적이다. 지역사회 복지욕구조사는 지역사회와 관련한 문제를 포괄해야 하고 다양한 조사방법을 적용하기 때문에 조사 과정에서 몇 가지 고려해야 할 사항이 있다(오정수 외, 2008).

먼저 조사 과정에서 활용가능한 자료의 상황에 대해 파악해야 한다. 기존의 자료 중 복지욕구조사를 위해 활용할 수 있는 자료가 있는지, 해당 자료가 정확한지, 만약 활용가능한 자료가 없다면 어떠한 방법을 통해 자료를 수집할 것인지, 자료수집에 시간과 비용은 어느 정도 소요될 것인지 살펴봐야 한다.

두 번째로 현재 지역사회 내의 다양한 제도 및 서비스들이 지역사회의 문제나 욕구를 어느 정도 포괄하고 있는지를 확인해야 한다. 아울러 복지욕구조사와 관련하여 지역사회의 허용 정도도 고려할 필요가 있다.

세 번째로 복지욕구조사는 공식적이고 체계적인 자료수집 과정이 요구되고 조사 분석 과정에서는 다양한 관점을 견지할 필요가 있다.

네 번째로 실제 욕구조사 과정에서는 조사기간과 조사 과정에서 필요한 자원, 그리고 실제 조사에 활용할 질문들을 적절히 고려해야 한다. 특히 질문의 내용으로 지역사회 관점과 서비스 욕구 관점, 서비스 제공자의 관점, 그리고 지역사회자원에 대한 관점 등을 활용할 수 있다. 이러한 관점을 활용한 구체적인 조사 질문내용을 살펴보면 〈표 5-1〉과 같다(Hardina, 2002; 오정수 외, 2008).

표 5-1 ● 복지욕구조사 질문내용

관점	질문내용
지역사회	• 개인과 집단이 현재 어떠한 사회적 문제를 경험하고 있는가? • 그 문제가 현재 어떻게 처리되고 있는가? • 문제해결을 위해 지역사회주민과 공공기관, 정부가 어떠한 행동을 취하고 있는가? • 문제해결을 위해 지역사회 기관은 어떤 행동을 취하고 있는가?
서비스 욕구	• 사회문제해결을 위해 지역사회에서 어떠한 서비스가 제공되고 있는가? • 문제해결을 위하여 어떠한 서비스가 필요하다고 느끼는가? • 문제해결을 위해 지역주민이 이용할 수 있는 서비스가 존재하고 있는가? • 서비스를 받지 못하는 지역주민이 있는가? • 어떠한 서비스가 추가적으로 제공되어야 하는가?
서비스 제공자	• 지역주민에게 필요한 서비스의 형태는? • 현재 지역사회조직을 통해 제공되는 서비스는 무엇인가? • 서비스가 지역주민 욕구를 충족할 만큼 적절한가? • 서비스에 대한 지역주민들의 접근성은? • 서비스를 받지 못하는 지역주민들이 있는가? • 어떻게 서비스가 조직 간에 조정되는가?
지역사회자원	• 지역주민들에게 필요한 자원은 무엇인가? • 지역 내 주요 조직, 시설은 어떠한 것이 있는가? 이 조직과 시설이 지역사회자원으로 활용가능한가? • 지역조직 간에 연계되고 있는 것은 무엇이고, 이것들이 주민조직화 과정에 어떻게 활용되고 있는가? • 지역의 건축물 등이 지역조직을 위해서 활용될 수 있는가? • 지역조직을 위해 활용할 수 있는 지역사회 외부의 자원은 어떠한 것이 있는가?

2) 복지욕구조사를 위한 자료수집방법

복지욕구조사를 위한 자료수집의 방법은 질적 접근방법과 양적 접근방법으로 구분된다. 질적인 접근방법으로는 공식, 비공식적 인터뷰와 민속학적 방법, 지역사회 포럼이나 공청회, 초점집단인터뷰, 명목집단기법, 델파이기법 등이 있으며 양적인 접근방법으로는 서베이, 모니터링, 사회지표분석 등이 있다.

(1) 공식 · 비공식적 인터뷰

공식 · 비공식적 인터뷰는 지역사회에 대한 파악을 위해 인터뷰 방법을 적용하는 것으로 우선 공식적 인터뷰는 지역사회나 지역사회에 현존하는 문제에 관하여 전문적인 지식을 보유하였거나 가장 잘 안다고 생각되는 사람들을 직접 만나거나 전화 등의 방법으로 공식적인 인터뷰를 진행하는 것이다. 따라서 인터뷰와 관련하여 계획이 수립되어야 하고 구체적인 질문도 마련되어야 한다.

이에 반해 비공식적 인터뷰는 공식적 인터뷰에 비해 비계획적이고 예정하지 않았던 정보제공자로부터 기대하지 않았던 상호작용을 통해 지역사회에 대해 다양한 정보를 제공받게 된다. 인터뷰 과정에서 정보제공자들은 조사자들과 단지 대화할 뿐 자신이 인터뷰를 하고 있다고 느끼지 못한다.

(2) 민속학적 방법

민속학적 방법(ethnographic method)은 관찰, 인터뷰, 현장연구 등을 통해 다양한 규범과 행위를 규명하는 방법이다. 지역사회복지실천가들은 지역사회주민이 해결이 필요한 지역문제를 어떻게 인식하고 있는지, 문제해결을 위해 현재 활용하고 있는 접근방법은 무엇인지에 대하여 살펴볼 수 있다. 특히 민속학적 방법은 특정 집단의 신념이나 그들의 삶에 대한 이해를 목적으로 하고 있어서 지역사회 내 주민들 간의 사회적 상호작용이나 행동패턴 등을 조사할 수 있다.

(3) 지역사회포럼 및 공청회

지역사회포럼은 지역사회를 대표하는 사람들을 초대하여 지역사회문제에 대한 설명을 요청하고 이에 대한 의견을 나누는 기회를 가지며, 다양한 지역문제해결방안을 모색할 수 있는 방법이다. 대체로 구조화된 접근으로 이루어지며 포럼의 과정을 통해 지역사회문제에 대해 참여자들 간 인식을 공유할 수 있다.

이에 반해 공청회는 지역사회주민들을 대상으로 공공기관의 계획이나 지역사회 내 조직들의 프로그램을 소개할 수 있는 기회 제공을 목적으로 한다. 공개된 장소에서 대체로 참가자에 대한 제한을 두지 않고 있어 다양한 의견을 들을 수 있다는 장점이 있지만, 비구조화된 모임이므로 통제에 어려움이 발생할 수도 있으며 소수의 개인이나 집단이 공청회를 주도할 수 있어 전반적인 지역사회주민들의 의견을 수렴하기 어려울 가능성도 있다. 따라서 성공적인 공청회를 위해서는 다양한 주민들의 참여를 독려하고 많은 의견이 도출될 수 있는 방법을 모색할 필요가 있다.

(4) 초점집단인터뷰

초점집단인터뷰(Focus Group Interview)는 지역사회문제와 관련한 소수의 사람이 한 공간에서 의견을 제시하게 하는 방법으로 집단의 역동성을 활용한다. 보다 구체적으로 살펴보면 지역사회복지실천가는 지역사회문제를 잘 아는 6~8명을 선택하고 이들에게 이슈와 관련된 개방형 질문을 제시하여 의견을 요청한다. 초점집단인터뷰 과정에서는 참여자들 간에 상호작용이 이루어지기 때문에 집중적 토론에 따른 많은 의견이 도출되는 데 매우 효과적이다.

(5) 명목집단기법

명목집단(Nominal Group)기법은 소수의 응답자를 선정하고 지역사회문제에 대한 질문에서 각자의 의견이나 해결방법을 제시하게 하고 이를 응답자 간에 공유한다. 이후 응답자들 간에 토론을 통해 우선순위를 결정하는 방법으로써 이를 통해 지역사회문제에 대한 이해를 높이고 문제와 관련한 해결책을 개발하는 데 매우 효과적이라 할 수 있다.

(6) 델파이기법

델파이(Delphi)기법은 지역사회문제와 관련한 전문가들을 대상으로 우편 또는 이메일을 통해 합의에 이르기까지 여러 번에 걸쳐 설문의 과정을 반복하게 된다. 구체적인 방법을 살펴보면 우선 전문가를 선정하고 1차 조사과정으로 지역사회문제와 관련한 개방형 설문지를 작성하여 발송한다. 회수된 설문지를 통해 이들의 응답내용을 종합적으로 정리하여 합의된 내용과 합의되지 않은 내용을 구분한 후 합의되지 않은 내용을 중심으로 2차 조사 과정을 실시한다. 또 다시 설문지를 회수하여 응답을 분석하고 합의에 이르기까지 조사 과정을 반복한다. 설문구성은 1차의 경우 개방형으로 설정하고, 2차 이후에는 유사한 응답내용을 중심으로 폐쇄형으로 구성하여 질문하게 된다.

(7) 서베이

서베이는 지역사회의 복지욕구조사를 위해 설문지를 작성하여 우편이나 이메일, 직접 면접조사방법을 통하여 자료를 수집하는 것으로 가장 보편적으로 활용되는 방식이다. 조사자가 질문항목을 선정해야 하기 때문에 다소 자의적일 수 있다는 한계는 있지만 응답내용을 표준화할 수 있고 지역 간, 인구집단 간 응답내용을 비교분석할 수 있다는 장점이 있다. 따라서 설문문항을 구성할 때 현장조사를 통해 보다 현실적인 내용이 담겨져야 하고, 인구집단별 또는 지역사회문제별 세분화된 설문작성이 필요하다.

(8) 사회지표분석

사회지표분석은 기존에 수집된 다양한 자료를 통해 지역사회문제나 복지욕구를 분석하는 방법이다. 통계청의 각종 자료와 기초, 광역지방자치단체의 통계자료, 그리고 다양한 사회복지기관들이 수집한 자료를 이차자료로 활용하여 분석하게 된다. 최근 들어 인터넷을 활용한 각종 사회지표 자료수집이 용이해서 접근성이 높지만 지역사회단위에서 활용가능한 자료가 없어 분석 자체가 어려울 가능성도 있다.

3) 자원분석

지역사회복지실천의 과정에서 지역사회는 다양한 문제를 보유한 대상으로 볼 수 있으나, 이러한 문제해결을 위해 활용할 수 있는 많은 자원을 보유한 대상이 되기도 한다. 따라서 지역사회복지욕구조사의 과정에서 이러한 자원의 종류와 활용가능 정도를 파악하는 것이 필요하다. 여기서의 자원은 지역사회문제해결 또는 지역사회주민들의 욕구충족에 사용될 수 있는 모든 것을 의미하며 보편적으로 인적자원과 물적자원, 다양한 조직자원, 그리고 정보로 유형화할 수 있다.

(1) 자원의 유형

인적자원분석은 지역사회 거주자 또는 지역사회를 기반으로 한 인물을 파악하고 수행하고자 하는 지역사회복지실천 활동에 어떠한 역할을 할 수 있는지를 고려하여 자료화하는 것이다. 자원봉사자나 법률, 의료 등의 전문가, 그 외 지역사회주민 등이 여기에 해당된다.

물적자원분석은 지역사회복지실천 과정에 있어서 소요되는 다양한 재원 또는 물품 등을 지원할 수 있는 각종 지원재단과 후원자 등을 사전에 파악하여 필요한 시기에 물적자원을 동원할 수 있도록 한다.

조직분석에는 공공조직과 민간조직, 그리고 지역사회주민조직 등이 속한다. 공공조직으로는 경찰서, 소방서, 행정관련기관 등이 해당되고 민간조직은 기업이나 교육기관, 그리고 사회복지관련 기관이 속하며 지역사회에서 활동 중인 지역주민조직 또한 중요한 조직자원으로 볼 수 있겠다.

정보분석에는 지역사회복지실천 활동에 활용할 수 있는 모든 관련 정보가 속하게 된다. 즉 현재 이슈가 되고 있는 지역사회의 문제를 해결하기 위해서 또는 지역주민 욕구충족에 필요한 각종 서비스, 관련 법률이나 제도 등이 포함된다. 대체로 지역사회주민들의 경우 정보 접근성이 취약할 가능성이 있으므로 자원분석 과정에서 이러한 정보를 사전에 파악하는 것도 매우 유용할 수 있다.

(2) 자원분석방법

자원을 분석하기 위해서는 다양한 방법을 활용할 수 있으나 지역사회복지실천가는 평소 자신의 생활 속에서 자원을 파악하여 정리해 놓을 필요가 있다. 자원분석은 가깝게는 지역신문에서부터 고급정보에 이르기까지 자원이 산재해 있기 때문이다.

자원보유자나 자원보유조직에 대해서는 지금 당장 자원화할 수 있는 내용뿐만 아니라 향후 자원이 될 수 있는 영역까지 상세히 파악하는 것이 필요하며 항목을 규정하고 목록화하는 것이 유용하다. 특히 지역사회 내 자원이 존재하는 경우 지도 위에 표시한 자원지도도 활용될 수 있다. 이러한 자원지도는 지역사회역량을 자원을 중심으로 한눈에 살펴볼 수 있다는 강점이 있다.

(3) 자원분석 과정

대체로 자원분석의 과정은 자원조사 항목선정, 자료조사, 현장조사, 자원목록표 작성, 지역자원 매핑의 과정을 거치게 된다(성북신나협동조합, 2014). 과정별로 구체적인 내용을 살펴보면 다음과 같다.

① 자원조사 항목선정

앞서 언급한 바와 같이 지역사회복지실천을 위한 자원의 유형은 매우 다양하다. 따라서 지역사회복지실천의 효과적 수행을 위해서 필요한 자원을 조사하기 위해서는 우선 자원조사 항목을 결정하는 것이 요구된다. 이러한 자원조사 항목은 지역사회와 관련한 역사문화나 지리적 특성, 산업경제, 공동체 상황 등을 들 수 있으며, 지역사회복지실천 기관과 자원활용 목적, 자원조사자의 시각에 따라 자원조사 항목은 달라질 수 있다.

결국 지역사회복지실천가 및 지역사회복지실천가가 속한 조직 · 기관의 상황에 따라 조사항목을 결정하는 것이 필요하며 이러한 항목 결정 이후에는 조사항목을 체계적으로 정리할 수 있는 서식을 개발해야 한다. 궁극적으로 자원조사 항목 선정은 체계적으로 자원을 축적하고 공유하며 활용을 위한 목적을 가진다.

상세하게 자원조사 항목의 예를 들어 본다면, 역사문화 영역에서는 역사적 콘텐츠나 문화재, 역사적 인물 등의 역사자원과 지역축제나 문화행사, 문화관련 지역 내 기관 등의 문화자원, 그리고 각종 종교기관 및 종교행사 등의 종교자원 등을 들 수 있다. 지리적 특성의 경우에는 자연환경과 동식물자원, 경관 등을 포함하는 자연자원을 생각해볼 수 있으며, 산업경제 영역에서는 지역산업단지와 같은 산업자원과 지역의 특산물, 기념품 등의 경제자원, 전통시장, 상가와 같은 상권자원이 있겠다. 그 외 복지영역에서는 복지기관, 자원봉사조직, 보건소 등의 공공기관 및 비공식 조직자원과 기업, 단체 등의 물적자원, 지역주민과 지역 주요인물 등의 인적자원을 생각해볼 수 있다.

특별히 복지영역과 관련해서는 공공사례관리조직인 희망복지지원단에서 구분한 복지자원 표준분류표를 참고할 수 있다(보건복지부, 2019). 희망복지지원단에서는 복지자원을 9개 영역에서 51개 내용으로 세분화하여 복지자원을 적극적으로 활용할 수 있는 방향을 설정하고 있다.

표 5-2 • 복지자원 표준분류표

대분류	중분류	대분류	중분류
일자리	• 직업상담 및 알선 • 직업능력개발 및 직업교육 • 자활 및 일자리사업 • 창업지원 • 직업유지 및 자립지원 • 구직관련 비용지원	보호 및 돌봄, 요양	• 장기시설보호 • 단기시설보호 • 주야간보호 • 간병 및 돌봄서비스 • 장제서비스 • 돌봄, 요양관련 비용지원

주거	• 주거환경개선 • 거처마련 및 이주지원 • 주거관련 비용지원	보육 및 교육	• 양육상담 및 부모교육 • 보육 및 양육지원 • 인지발달 및 학습지원 • 특기적성지원 • 진로지도 및 상담 • 장애, 특수교육 • 평생교육 • 보육 및 교육관련 비용지원
일상생활	• 가사지원 • 식사지원 • 활동지원 • 위생지원 • 생활용품지원 • 일상생활관련 비용지원 • 복합지원	문화 및 여가	• 공연, 전시관람지원 • 체육활동 지원 • 체험 및 여행지원 • 취미활동지원 • 문화여가관련 비용지원
신체건강 및 보건의료	• 질병예방 및 건강관리 • 검진, 진단 및 치료 • 재활치료 • 산전 후 관리 • 의약품, 의약외품 및 보장구 지원 • 보건의료관련 비용지원	안전 및 권익보장	• 안전 및 인권교육 • 학대 및 폭력피해자지원 • 법률 및 재무상담 • 법률지원관련 비용지원
정신건강 및 심리정서	• 정신건강교육 • 심리검사 및 진단 • 정신, 심리상담 • 정서발달 및 치유지원 • 정신질환자 치료 및 사회복귀지원 • 정신건강관련 비용지원		

② 자료조사

자료조사는 결정된 자원조사항목에 대해 기존 자료를 바탕으로 1차적인 자원을 조사하는 과정이다. 활용할 수 있는 기존자료로써는 기초, 광역 지방자치단체가 수집, 관리하고 있는 지역관련 공공데이터와 복지관련 기관현황, 지역현황을 들 수 있다. 또한 동, 면 단위 현황 및 역사나 주민 리더에 대한 정보는 동 주민센터의 각종 자료를 활용할 수 있으며, 교육관련 현황이나 교육정책 및 정보, 지역 내 교육관련 단체 정보는 각급 교육청의 자료를 분석할 수 있다. 그 외 지역관련 포괄적인 통계 자료는 통계청의 각종 데이터를 활용할 수 있으며, 복지관련 기관요람을 통해 복지 기관의 연락처, 사업내용 등을 파악할 수 있겠다.

③ 현장조사

현장조사는 기존 자료조사에서 확인하기 어려운 내용을 추가적으로 조사하는 과정으로 자료조사를 통해 파악하지 못한 새로운 자원을 탐색하는 것이 목적이다. 이와 관련하여 자원을 보유하고 있거나 지역사회문제해결과 관련한 지식이 있는 사람(지역 지도자, 기업가, 정치가, 복지관련 전문가, 법조인 등)을 인터뷰 방식으로 접촉하여 다양한 자원정보를 획득한다. 단, 현장조사 전에는 반드시 자료조사를 통해 파악한 내용을 먼저 탐색해야 한다.

그리고 현장조사 과정에서도 현장조사를 통해 얻게 된 자원들을 체계적으로 분류하기 위해 현장조사표를 마련해야 한다. 특히 자원분류, 자원항목, 자원명, 자원활용방향 등이 조사표 내에 포함됨으로써 현장조사 이후 자원목록표가 적절히 마련될 수 있도록 한다.

④ 자원목록표 작성

현장조사를 통해서 파악한 각종 자원들을 분류하고 목록화하여 자원목록표를 작성한다. 자원목록표는 자원의 특성에 따라 다양한 형태로 작성 가능하다. 지역축제와 같은 무형의 자원 같은 경우에는 자원명, 자원 내용, 자원관련 조직, 주소연락처, 자원 활용방향이나 활용가능성의 내용으로 정리한다. 사회복지기관과 같은 유형의 자원은 기관명, 주소 · 연락처, 서비스대상, 자격요건, 비용, 담당자, 활용가능성 등으로, 개인과 같은 자원은 개인명, 주소 · 연락처, 제공가능자원, 활용가능성 등의 순으로 작성한다. 특히 자원활용가능성은 자원이 충분한지(충분성), 지역사회문제 해결에 적절한 자원인지(적절성), 자원활용 과정에서 특별한 문제점은 없고 평판은 어떠한지(수용가능성), 실제 접근가능한 자원인지(접근가능성) 등이 고려되어야 한다.

이러한 자원목록표는 궁극적으로 지역사회조직이나 지역복지기관이 적극적으로 자원을 활용할 수 있는 기초자료가 되므로 자원목록표에 포함되는 항목 및 서식형태 등은 조직과 기관의 특성과 필요에 따라 마련하면 된다.

⑤ 지역자원 매핑

지역자원 매핑은 자원에 대한 정보를 쉽게 볼 수 있도록 시각화하는 과정이다. 이러한 매핑과정은 지역의 현황을 한눈에 볼 수 있게 해줄 뿐만 아니라 시각화된 자원자료를 토대로 자원 활용계획 수립에 보다 실질적인 도움을 주게 된다. 또한 최근 들어 공간 매핑을 할 수 있는 각종 웹 서비스들이 활발하게 개발되었기 때문에 이를 활용하게 되면 쉽게 자원 매핑이 가능할 수 있다.

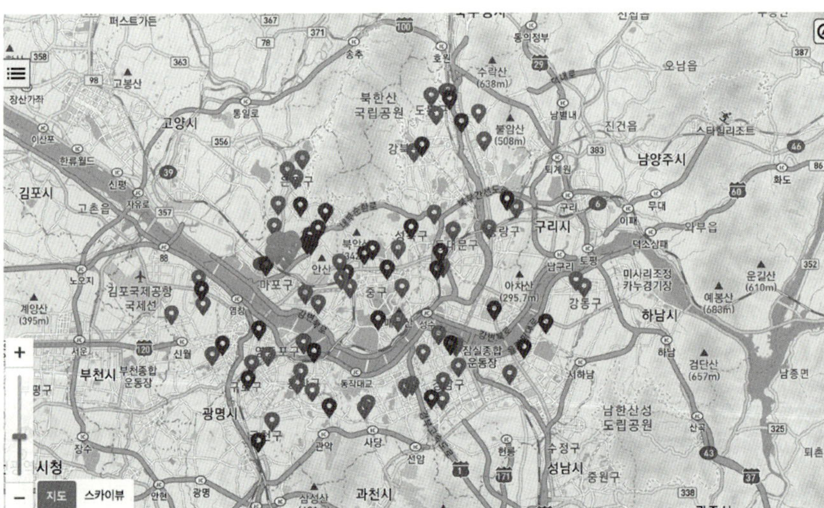

그림 5-2 ● 서울노인복지기관 매핑 사례

출처: 썸맵(https://www.somemap.kr/map/1458)

2. 지역사회복지실천 계획수립

지역사회복지실천 계획수립단계는 지역사회복지욕구조사를 통해 파악한 지역사회문제해결이나 욕구충족을 위해 지역사회복지실천계획을 수립하고 구체적인 달성목표를 설정하는 단계이다. 여기서는 우선 지역사회복지실천계획의 목표를 설정하고 이를 바탕으로 한 구체적인 프로그램 및 수행방법을 개발하는 것을 주요한 과업으로 본다.

1) 지역사회복지실천계획의 목표 설정

지역사회복지실천의 영역은 매우 다양하고 복잡할 수 있기 때문에 어떠한 문제와 욕구를 우선적으로 다룰 것인지를 결정할 필요가 있다. 물론 앞서 수행한 지역사회복지욕구조사를 통해 분석한 결과에 따라 시급성이나 심각성이 높은 문제나 욕구가 먼저 선택되어야 하고 그러한 의사결정의 내용이 체계화되기 위해 설정하는 것이 바로 지역사회복지실천계획상의 목표이다.

목표설정의 실제 과정에서는 지역사회주민들이 적극적으로 참여할 수 있도록 유도해야 한다. 즉 자발적 참여에 의해 수립된 목표일수록 실현가능성이 높아지기 때문이다. 또한 많은 지역사회주민들이 참여하기 때문에 지역사회복지실천가는 민주적 접근이 이루어질 수 있도록 유도해야 한다.

그리고 좋은 목표를 수립하기 위해서는 다음과 같은 내용을 고려해야 한다. 우선 목표는 구체적이고 측정가능할수록 좋다. 왜냐하면 목표는 궁극적으로 지역사회복지실천 활동 수행에 대한 성과를 평가할 수 있는 기초가 되기 때문이다. 그리고 목표는 현실적 상황을 고려하여 성취가능한 수준에 지역사회복지실천의 궁극적 목적에 부합해야 한다. 또한 언제까지 완수할 것인지를 담은 시간적 틀이 있어야 하고 도전적인 내용을 담고 있어야 한다.

이러한 목표는 또한 지역사회문제해결에 있어서 실제 수행 과정에서 고려해야 할 점을 구체화한 과정중심목표와 지역사회복지실천 과정을 통한 궁극적 성과를 기술한 과업중심목표로 구성할 수 있다.

2) 지역사회복지실천 프로그램 개발

지역사회복지실천에 대한 목표가 수립되면 이에 따른 세부 프로그램 및 구체적 수행방법을 개발해야 한다. 프로그램의 경우 대체로 몇 가지를 고려해야 하는데, 먼저 설정된 목표달성을 위해 어떠한 활동이나 서비스를 수행할 것인지 그리고 어느 정도의 양 또는 수준을 실행할 것인지를 결정해야 한다. 활동과 서비스는 지역사회복지실천방법을 고려하여 마련해야 하고 양과 수준은 이러한 활동이 수행되었을 때 궁극적으로 설정한 목표가 달성될 정도여야 한다. 또한 활동에 필요한 인력과 재원을 어떻게 동원하여 배치할 것인지, 프로그램 수행에 있어서 요구되는 자원은 어떻게 동원할 것인지 고려해야 하며 프로그램과 관련한 지역사회의 동의 정도, 저항 정도도 생각해야 한다.

3. 지역사회복지실천 실행

지역사회복지실천 실행은 지역사회복지실천계획을 실제 수행하는 단계를 의미한다. 세부적으로 실행에 있어서는 과정중심적 실행과 과업중심적 실행으로 구분된다. 먼저 과정중심적 실행은 지역사회주민들이 지역사회의 다양한 문제나 미충족 욕구를 스스로 해결할 수 있는 역량을 강화해 주는 데 초점을 두고 있으며, 과업중심적 실행은 이러한 문제 및 욕구 미충족 부분을 실제로 해결해 주는 것과 관련 있다.

지역사회복지실천의 실행 과정에서는 당초 의도한 대로 진행될 수도 있으나, 미처 예상치 못한 여러 변수들이 발생하기도 하는데 이때 즉각적으로 대처할 수 있는 능력이 요구되기도 한다.

4. 평가 및 환류

평가는 수립된 지역사회복지실천 계획목표와 이에 따라 개발된 프로그램이 적절히 수행되었는지, 그리고 궁극적 성과가 발생하였는지를 살펴보고, 이를 다시 실제 프로그램 수행으로 환류(feedback)하는 것을 목적으로 한다. 여기서는 평가의 유형과 평가에 있어서 고려해야 할 점을 살펴보겠다.

1) 평가의 유형

평가의 유형은 평가 주체나 평가 내용, 평가 시기 등에 따라 다양하게 정의되나 여기서는 평가 내용을 바탕으로 과정평가와 결과평가로 나누어 설명하고자 한다. 먼저 과정평가는 일반적으로 형성평가라고도 하며 지역사회복지실천이 당초 계획된 대로 잘 수행되었는지를 살펴보는 것으로 과정목표를 바탕으로 이루어진다. 특히 과정평가는 실천 활동의 수행에서 다양한 문제점을 분석하고 향후 수행 시의 개선 정보를 제공해 주는 것을 주요한 목적으로 삼는다.

결과평가는 총괄평가라고도 하며 지역사회복지실천계획을 통해 궁극적으로 달성하고자 하였던 성과를 어느 정도 성취하였는지 평가하는 것이 목적이다. 따라서 결과평가는 실천 활동의 효과성을 평가하는 것으로 볼 수 있으며 모든 실행이 종료된 이후 이루어진다. 결과평가를 하는 방법으로는 양적접근으로 실험설계방식을 활용할 수 있다. 즉 지역사회복지실천이 수행되기 전과 후를 비교하는 방법으로 그 변화 정도를 성과로 볼 수 있는 것이다. 이러한 결과평가는 동일한 형태의 지역사회복지실천 활동을 지속할 것인지 아니면 중단할 것인지를 판단하는 기준이 될 수 있다.

2) 평가의 방법

일반적으로 프로그램의 궁극적 성과를 평가하는 데에는 양적 평가방법, 프로그램의 수행 과정을 평가하는 데에는 질적 평가방법이 활용되었으나 최근에는 두 가지 방법이 혼합되어 활용되고 있다.

(1) 양적평가

양적평가는 수치화된 자료를 활용하여 결과를 분석한다. 지역사회복지실천 계획 수립 시 책정하였던 양적 목표들이 어느 정도 달성되었는지를 평가하거나 다양한 사회지표들이 지역사회복지실천 개입 이후 얼마나 달라졌는지를 평가하게 된다. 특별히 사회지표관련 평가는 최근 들어 지역사회보장계획에서도 지역사회보장지표 개념을 도입하면서 지역사회보장계획 시행 이후 변화된 지역의 모습들을 확인하는 데 활용되고 있다.

(2) 질적평가

질적평가는 인터뷰나 관찰 등의 방법을 적용하여 수치화하기 어려운 자료들을 수집하여 평가하는 방법이다. 특히 지역사회복지실천 과정에는 다양한 주민들이 참여하게 되는데, 이들의 참여경험과 반응 등을 인터뷰를 통해 수집하여 평가할 수 있다. 그 외에 지역사회복지실천 과정에서 발생한 각종 사건들을 수집하여 평가한다. 즉 지역사회복지실천 과정에서 활용한 전략과 전술, 집단행동, 지도자의 역량, 지역주민에 의해 표출된 느낌 등을 분석하여 평가할 수 있다.

3) 평가에서 고려할 점

지역사회복지실천의 과정은 보편적인 사회복지프로그램과는 다소 성격이 다르다. 따라서 평가에 있어서도 몇 가지 추가적인 내용을 고려해야 한다. 우선 지역사회복지실천은 다양한 지역사회주민과 조직들이 참여하므로 가급적 평가 과정에도 이들의 참여가 보장될 필요가 있다. 그리고 평가에 활용될 수 있는 다양한 근거자료를 수집하는 것도 중요하다. 특히 지역사회복지실천의 과정은 지역주민참여가 이루어지므로 이들의 변화를 가용할 수 있는 방법을 통해 모으고 평가 과정에 활용해야 한다. 마지막으로 평가결과가 다시 지역사회복지실천 과정에 환류되기 위해서는 지역사회주민들이 평가의 내용을 제대로 인식하는 것이 필요하므로 지역사회주민들의 상황에 맞는 평가결과 공유 과정이 있어야 하겠다.

생각해봅시다

01 각종 복지욕구조사와 관련한 기존 자료를 살펴보고 어떠한 욕구조사방법을 적용하였는지 살펴봅시다.

02 우리 지역사회에는 어떠한 자원이 분포하고 있는지 자원분석 과정을 적용하여 살펴봅시다.

참 / 고 / 문 / 헌

보건복지부 (2019). 희망복지지원단 업무안내.

성북신나협동조합 (2014). 지역자원조사 매뉴얼ABC.

썸맵 (2019). https://www.somemap.kr/map/1458

오정수 · 류진석 (2008). **지역사회복지론**. 서울: 학지사.

Hardina, D. (2002). *Analytical Skills for Community Organization Practice*. New York: Columbia University Press.

Chapter 06

주민조직화

Community Welfare & Practice

1. 주민조직화의 개념
2. 주민조직화의 기술
3. 주민조직화를 위한 임파워먼트
4. 주민조직화를 위한 옹호

Learning Objective

학습 목표

1. 지역사회복지실천 과정에 있어서 주민조직화는 왜 필요한지에 대해 이해할 수 있다.
2. 구체적인 주민조직화 방법에 대해 알 수 있다.
3. 주민조직화 과정에서 요구되는 임파워먼트와 옹호의 개념과 구체적 방법에 대해 알 수 있다.
4. 주민조직화를 위한 주민참여단계를 이해할 수 있다.

Chapter 06

주민조직화

주민조직화는 지역사회주민들을 다양한 지역문제 해결 과정에 참여토록 하기 위해 조직화하고 인적자원화 하여 궁극적으로 지역주민의 삶의 질을 향상토록 하는 활동을 의미한다. 전통적인 사회복지실천기술인 지역사회조직(Community Organizing)과 동일한 개념으로 볼 수 있으며 주민조직화 과정을 통해 지역주민의 역량을 개발하여 스스로가 지역사회의 문제를 집단적으로 해결할 수 있도록 하는 것이 주요한 목표이다(Rubin & Rubin, 2008). 이 장에서는 주민조직화의 구체적 내용과 함께 조직화방법, 그리고 대표적인 주민조직화 영역이라 할 수 있는 임파워먼트와 옹호에 대해 살펴보겠다.

1. 주민조직화의 개념

1) 주민조직화의 유용성

주민조직화는 지역사회복지실천영역에 있어서 단기적 측면과 장기적 측면 모두에서 유용성을 지닌다(Kahn, 1992). 우선 단기적 측면으로는 주민조직을 통해 개인으로서 경험하게 되는 다양한 지역사회관련 문제들을 주민조직을 통해 조직적으로 처리할 수 있게 된다. 즉 지역사회에 있는 학교를 발전시키고 불필요하다고 판단되는 세금을 낮추며 지역사회의 교통과 의료문제 등의 해결을 통해 지역사회주민들의 삶이 보다 나아지게 할 수 있다.

하지만 주민조직화는 장기적 측면에서 더욱 유용성을 가지고 있다. 특히 주민조직을 형성하는 과정에서 참여자 개인이 자신을 재발견하게 되는 좋은 기회를 가질 수 있다. 자신이 보유하고 있는 존엄성을 찾게 되고, 자신이 지니고 있는 기술과 능력을 타인을 위해 사용할 수 있음을 발견하게 된다. 또한 미처 생각하지 못했던 다양한 욕구를 탐색할 수 있으며, 욕구가 충족될 수 있도록 지역사회에 요구하게 되며, 이의 실현을 위해 지역사회주민들과 협동, 집단행동, 지지의 기술을 배우게 되는 것이다.

결국 주민조직화는 지역사회 차원의 다양한 문제를 지닌 사람들을 위한 접근방식이고 지역사회의 문제해결을 위한 수단과 방법으로 매우 유용하다. 그리고 주민조직화 과정을 통해 지역사회의 많은 주민들은 지역사회문제해결을 위해 필요한 진정한 힘의 근원을 알 수 있게 된다.

2) 주민조직화의 목표

(1) 주민조직화의 목표

주민조직화의 목표는 주민들을 왜 조직화해야 하는지와 관련된 내용으로 대체적으로 다섯 가지의 세부 목표를 설정할 수 있다(Rubin 외, 2008). 또한 이 다섯 가지의 목표들은 개별적으로 설정될 수도 있으나 서로 혼합되어 주민조직화의 과정에 적용될 수도 있다.

① **지역문제 해결**

주민조직화를 통해 지역주민의 삶에 영향을 미치는 다양한 지역사회문제에 대해 공동으로 대처하여 문제를 해결해야 한다. 이는 개인이 해결할 수 없는 삶의 질과 관련한 문제들을 주민들이 조직을 구성하여 집단적으로 해결해 나가야 한다는 의미이다.

② **지역 내 불평등 해소**

주민조직화를 통해 지역주민들이 누릴 수 있는 복지와 권력, 자원 등을 공정하게 배분함으로써 지역사회 내 불평등을 해소해야 한다. 이 목표는 복지와 권력, 자원으로부터 그동안 소외되었던 지역사회주민들에게 주민조직화의 방법은 매우 유용할 수 있으며 사회구조적 측면까지 다루게 됨으로써 개인이 가지는 한계점을 넘어 불평등의 근원까지 접근하게 된다는 강점이 있다.

③ **민주주의의 가치 향상**

주민조직화 과정 중 주민들의 삶에 직간접적으로 영향을 미치는 결정 과정에 실제 주민들이 주도적으로 참여함으로써 민주주의의 가치를 향상시킬 수 있다. 이는 지역사회복지실천의 핵심 전제라 할 수 있는 주민참여가 결국 주민조직화라는 방법을 통해 실현될 수 있음을 의미한다. 또한 주민조직화의 과정은 많은 지역사회주민들이 참여하기 때문에 민주적 방식으로 운영되어야 하며 지역주민들이 이러한 민주적 방식에 익숙해질 수 있는 교육 등의 다양한 기회를 부여하는 것이 필요하다.

④ **주민들의 일상생활 향상**

지역주민조직을 통해 참여하고 있는 지역사회주민들의 잠재력을 성취하도록 도움으로써 일상생활이 향상될 수 있게 한다. 주민조직화의 장기적 측면에서도 언급한 바와 같이 단지 지역문제를 해결하는 하나의 수단으로서의 주민조직화뿐만 아니라 지역주민 조직화 과정에 참여하고 있는 개인의 재발견이 가능한 부분이 바로 이 목표와 직접적으로 연결되어 있다. 따라서 주민조직화 과정에서는 참여 주민들의 개개인에 대한 관심과 성장도 함께 고려될 필요가 있다.

⑤ 지역사회 강화

지역주민 조직화는 지역사회주민에 대한 역량강화를 통해 궁극적으로 지역사회가 강화될 수 있도록 한다. 따라서 주민조직화 과정에서 지속적으로 참여주민에 대한 역량강화가 가능할 수 있는 다양한 접근이 이루어지도록 노력해야 한다. 이러한 접근은 별도의 교육을 통해서도 가능하겠으나, 지역사회주민들이 보유하고 있는 강점을 발견하고 이것이 주민조직 안에서 활용될 수 있도록 유도하는 과정에서도 강화될 수 있다.

(2) 주민조직화의 과업목표와 과정목표

주민조직화의 목표를 궁극적인 성과를 강조하는 과업목표와 이를 실현하기 위한 과정목표로 나누어 살펴보면 다음과 같다(Rothman, 1995).

① 주민조직화의 과업중심 목표

주민조직화의 과업중심 목표는 지역사회가 지니고 있는 본연의 기능과 관련하여 제대로 작동하지 않는 문제를 해결하거나 구체적인 지역사회와 관련한 특정 사업을 성공적으로 수행하는 것으로 보고 있다. 즉 지역사회주민 전체를 대상으로 하는 특정 지역사회서비스를 모색하여 제공하거나 지역사회문제를 해결하기 위해 필요한 법을 제정하는 등의 내용을 포함하고 있다.

② 주민조직화의 과정중심 목표

주민조직화의 과업달성을 위한 과정중심 목표로는 다양한 주민조직들 간의 협력

관계를 형성하고 자기유지(Self-maintaining) 구조를 확립하며 각종 지역사회문제해결에 필요한 역량을 강화하는 것, 그리고 지역사회주민들의 주민조직에 대한 참여를 유도하고 토착적 지도력을 강화하는 것을 주된 내용으로 보고 있다. 보다 상세하게 살펴보자면 우선 지역사회문제는 매우 복합적인 특성을 지니기 때문에 주민조직 하나의 노력만으로는 해결되기 어렵다. 따라서 관련 주민조직들 간의 긴밀한 네트워크를 만들어가는 것이 요구된다. 그리고 주민조직이 계속 생존하기 위해서는 재원이나 주민참여 등이 고려되어야 하며 실질적인 지역사회문제가 해결되기 위한 다양한 지식과 기술 등의 습득, 또한 지역주민조직을 이끌어갈 수 있는 리더의 발굴 등이 주요한 과정중심 목표로 설정될 수 있다. 이러한 과정중심 목표는 궁극적으로 주민조직화의 과업중심 목표가 달성되기 위한 기본적인 전제이므로 매우 중요하게 다루어져야 할 것이다.

표 6-1 • 주민조직화의 목표

목표 유형	과업중심목표	과정중심목표
내용	• 지역사회 기능수행을 위한 문제해결 • 지역사회관련 사업의 성공적 수행	• 주민조직들 간 협력관계 형성 • 자기유지구조 확립 • 지역사회문제해결을 위한 역량강화 • 주민들의 참여유도와 토착적 지도력의 강화

2. 주민조직화의 기술

1) 주민조직화의 방법

주민조직화를 위해서는 주민조직화가 필요한 지역사회복지실천영역에 적극적으로 참여할 수 있는 가능한 한 많은 사람들의 동원이 필요하다. 주민을 조직화한다는 것은 결국 개인을 집단으로 전환하여 지역사회차원의 발전적 방향을 모색하는 것이지만, 그럼에도 불구하고 지역복지실천가는 주민조직의 근원이 되는 개인 한 명 한 명에 대한 접근을 동시에 중요하게 생각해야 한다. 왜냐하면 특정 지역사회 조직의 구성원이 되어 자신의 지역사회 환경을 변화시키는 데 헌신하겠다는 마음을 결국에는 조직에 참여하는 개인이 보유하고 있어야 하기 때문이다(Kahn, 1992). 이러한 기본적인 생각을 바탕으로 한 주민조직화의 방법으로는 보편적으로 세 가지가 강조되고 있는데 바로 기존에 존재하고 있는 다양한 지역사회조직을 활용하는 것과 개별적인 접촉의 방법, 그리고 사회 · 경제적인 네트워크를 활용하는 방법이 있다(김종일, 2012).

(1) 기존 지역사회조직 활용

기존의 지역사회조직을 활용하는 방법은 지역사회복지실천가가 이미 지역사회 내에 존재하고 있는 많은 지역사회조직 중 조직화의 목표에 공감하여 참여가능성이 높다고 판단되는 조직의 지도자를 만나 동참을 호소하는 것이다. 다른 동원방법에 비해 빠르게 지역주민을 동원할 수 있다는 장점이 있는 반면, 기존 조직의 자율성이 보장되면서 조직 간 동등한 자격으로 참여하도록 하는 점이 어려울 수도 있다. 또한 조직 간에 갈등이 발생되지 않도록 지속적으로 공동으로 추진하는 조직화 목표를 재확인하는 과정이 필요하며, 기존 조직의 리더가 더 이상 주민조직화 과정에 참여하지 않겠다는 판단을 내리게 되면 해당되는 조직의 구성원들 또한 이후에는 불참할 가능성이 높아진다는 제한점이 있다. 그럼에도 불구하고 기존의 지역사회조직을 주민조직화 과정에 적용하는 방식은 매우 쉽게 활용할 수 있으며 주민조직에 참여하는 인원수를 극대화할 수 있는 강점이 있다.

(2) 개별적인 접촉 활용

개별적인 접촉 방식은 개별적으로 지역사회주민들에게 지역주민조직에 참여를 권유하는 방법으로써 가가호호를 방문하거나 주민조직에 동참을 호소하는 우편물 발송, 주민간담회 개최, 공공장소에서의 대화 등 다양하게 이루어질 수 있다. 비록 위에서 언급한 기존의 지역사회조직을 활용하는 것보다 개별적으로 접근해야 하고 지역사회가 변화될 것이라는 확신을 주어야 한다는 점에서 많은 시간과 에너지가 필요하다는 단점이 있다. 그럼에도 불구하고 한 번 지역사회조직에 참여한 개인은 기존의 지역사회조직을 활용하는 방법보다 충성도가 높다는 장점도 있다.

보다 효과적인 개별적 접촉을 위해서는 불특정 다수를 대상으로 하기보다는 적극적 참여가 예상되는 개인을 추천받아 진행하는 것, 그리고 지역주민 전체를 대상으로 하는 접근 과정에서도 지역주민조직에서 본인을 초청한다는 느낌을 가질 수 있도록 하는 것이 필요하다.

(3) 사회 · 경제적 네트워크 활용

기존 지역사회복지기관이나 조직이 보유하고 있는 사회 · 경제적 네트워크를 활용하여 주민조직화를 시도할 수 있는 방법이다. 여기서의 네트워크는 이미 서로를 잘 알고 있는 결속관계이므로 주민조직화가 필요한 영역에 대해 참여가 가능한 네트워크 내의 인물을 대상으로 접촉하여 참여를 이끌어낸다. 기존 지역사회조직을 활용하거나 개별적인 접촉을 활용하는 것과의 가장 큰 차이점은 이미 다른 이슈로 네트워크를 통한 관련성을 지니고 있는 조직이나 개인이기 때문에 다른 두 방법에 비해 접촉이 용이할 수 있다는 것이다. 특히 이전에 만난 적이 없는 사람보다는 다른 사안으로 인해 잘 알고 있는 사람들로부터 주민조직화를 형성할 수 있다는 점이다.

2) 주민조직화를 위한 주민접촉방법

주민조직화 과정에서 가장 어려운 점 중의 하나는 접촉의 과정에서 무슨 말을 해야 할지, 어디서부터 시작해야 할지에 대한 막연함이다. 따라서 주민조직화 과정에서 지역사회복지실천가는 주민을 접촉하는 방법에 익숙해질 필요가 있다. 여기서는 칸(Kahn, 1992)이 제시하고 있는 몇 가지 구체적 기술을 언급한다.

(1) 계획적으로 접촉하라

성공적인 주민접촉을 위해서는 주민조직화를 위한 접촉의 과정에도 계획을 가지고 시작해야 한다. 누구를 접촉할 것인지에 대한 목록을 사전에 구성하고 언제 어디서 만날지를 생각해야 한다는 것이다. 특히 지역주민들의 가정을 방문하는 경우 특별히 선호하는 시간대가 있다는 점을 고려해야 한다. 방금 퇴근한 직장인을 찾아간다면, 그리고 가족들의 오붓한 식사시간에 방문한다면 그리 환영받지 못할 수 있다. 또한 방문에 부적절한 공간이라면 좀 더 좋은 공간에서 첫 만남을 가져야 한다.

결국 효과적인 대화가 가능한 장소와 시간대를 미리 계획하고 지역주민들을 접촉한다면 다른 방해요인들을 통제할 수 있게 된다.

(2) 편안하게 접촉하라

주민접촉 과정에서 지역사회복지실천가들은 지역주민들에게 가능하면 편안하고 자신감 있게, 그리고 확신에 찬 느낌을 줄 수 있어야 한다. 이는 꾸준한 연습을 통해 가능해지는데, 거울 앞에서 그리고 조직 내 다른 구성원을 대상으로 연습의 기회를 가질 수 있으며 녹음을 통한 확인도 유용할 수 있다. 그렇다고 해서 다른 사람들의 대화 내용이나 방법을 모방하는 것은 좋지 못하다. 주민들을 접촉하는 자신만의 내용과 방법을 개발하는 것이 필요하다.

(3) 이슈에 대해 익숙해져라

현재 주민 접촉을 해야 하는 지역사회의 이슈에 대해 스스로 익숙해짐으로써 주민들이 가질 수 있는 많은 궁금점에 적절하게 답변할 수 있어야 한다. 물론 모든 질문에 대해 정답을 내놓을 수는 없겠지만 해당 이슈에 대해 지역사회복지실천가가 어떠한 생각을 가지고 있는지, 향후 지역주민조직이 어떻게 구성될 것인지, 그 조직을 통해 무엇을 할 수 있을 것인지 등에 대해 이야기할 수 있어야 한다.

(4) 가능한 한 빨리 조직화의 이유에 대해 설명하라

지역주민들에게 지역사회복지실천가는 낯선, 그리고 혹시라도 안 좋은 소식을 전할 수 있는 사람이라고 생각될 가능성이 있기 때문에 왜 지역주민들과 대화를 시도하려는지 가능하면 빨리 설명해야 한다. 이는 대화를 계속 이어지도록 하여 궁극적으로 조직화의 이유를 알리고 설득하기 위해서이다.

(5) 주민들이 대화에 참여할 수 있는 기회를 부여하라

지역사회복지실천가가 일방적으로 말을 많이 하기보다는 주민을 대상으로 질문을 할 수도 있다. 이러한 질문의 방식은 주민들로 하여금 대화의 과정에 참여할 수 있는 기회를 부여하게 되어 수동적인 청중의 역할을 탈피할 수 있게 한다. 지역사회복지실천가가 일하고 있는 기관 또는 조직을 들어본 적이 있는지, 현재 지역사회에서 이슈가 되고 있는 문제와 관련하여 주민들과 만남을 가지고 있는데 이러한 이슈관련 문제를 어느 정도 경험하고 있는지 등에 대해 질문할 수 있다. 만약 그러한 질문에 대해 들어본 적이 없거나 경험하지 못했다고 답한다면 그동안의 성과 등에 대해 보다 상세히 언급함으로써 좀 더 풍부한 대화 주제로 넘어갈 수 있다.

(6) 사적인 이야기를 활용할 수도 있다

주민접촉의 과정에서 지역 이슈보다는 주민이 관심을 가질 수 있는 영역에 대해 먼저 이야기를 나눔으로써 주민의 마음을 열 수 있는 기회를 가져도 좋다. 방을 둘러보고 사진이나 애완동물, 그 외 물품으로부터 주민의 흥미에 대해 실마리를 잡을 수 있으며 이것이 대화의 시작점이 될 수 있다. 단, 사적 이야기의 내용이 자연스럽게 지역사회에 관한 이슈로 화제전환이 이루어질 수 있도록 하는 유연함이 필요하다.

3) 주민조직화를 위한 동기부여

주민조직화 과정에 참여하는 지역사회주민들은 진정으로 지역사회주민들이 경험하고 있는 문제의 해결이나 지역사회 발전을 위해 적극적으로 참여하는 경우도 있지만, 주민조직 참여결과 자신에게 돌아올 수 있는 개인적 이익을 가지고 저울질하는 경우도 많다. 따라서 효과적인 주민조직화를 위해서는 개인의 특성을 고려한 유무형의 인센티브적 요소가 필요하다. 여기서는 주민조직화 과정에서 지역사회복지실천가가 활용할 수 있는 몇 가지 동기부여 방법을 제시해 보겠다(김종일, 2012).

(1) 물질적 이익

지역사회의 다양한 주민조직에 참여한 결과 개별적으로 물질적 이익을 얻을 수 있다는 기대를 제시하는 방법이다. 예를 들어 자신들의 거주 지역사회에 분진이나 오염물질을 배출하는 기업이 있는 경우 주민조직화를 통한 환경운동으로 기업의 친환경적 설비를 구축하게 할 수 있다. 하지만 대의적 측면에서 환경오염을 막을 수 있다는 점만으로는 많은 주민을 동참시키기 어려운 것이 사실이다. 상당수의 주민들은 지역사회 내 환경오염적 요소를 최소화함으로써 결국 본인들의 주거자산가치가 상승될 수 있다는 기대에 더 많은 관심이 있을 수 있다. 이때 주거자산가치에 대한 인식을 주민조직화 과정에서 상기시키는 것이 바로 물질적 이익을 주민조직화 유인책으로 활용한 사례이다. 하지만 물질적 이익만을 강조하는 접근은 어느 정도의 이익실현이 된 후 더 이상의 이익이 발생하지 않을 것이라는 확신이 생기게 되면 주민조직 참여를 중단할 가능성이 높다는 한계가 있다.

(2) 연대성

지역주민들은 자신이 속한 지역사회에 대해 심리적인 동질감을 느끼기 때문에 이러한 지역사회에 문제가 발생하게 되면 관련된 지역주민조직에 동참할 가능성이 높아진다. 위에서 언급한 환경오염의 사례에서도 당장 자신의 주거자산과 관련 없는 사람들도 적극적으로 참여하여 지역사회의 환경을 보전하려는 노력들을 기울이게 되는데, 이것이 바로 지역사회주민들과의 연대성 때문이다. 따라서 주민조직화의 대상이 되는 지역사회주민들을 대상으로 "우리 지역사회", "우리 지역의 아이들", "우리 지역의 노인들"과 같이 공동체적 요소를 강조하여 지역사회주민활동에 대한 동참을 호소하는 방법이 바로 연대성을 활용하는 방식이다.

이러한 연대성을 활용하기 위해서는 무엇보다 평소 지역사회에 대한 관심을 가질 수 있는 다양한 접근이 이루어질 필요가 있으며, 지역사회주민들 간의 활발한 교류의 장이 마련되어야 한다.

(3) 보람과 만족

다양한 주민조직 활동에 참여하고 난 후 일정 정도의 활동성과가 나타날 때 참여주민들은 보람과 만족감을 느끼게 되고 이러한 조직참여의 경험이 지속적으로 주민조직에 동참하게 하는 유인책으로 활용될 수 있다. 따라서 주민조직 활동의 목표를 단기성과목표와 장기성과목표로 나누고 단기성과목표가 달성될 때마다 이에 대한 축하의 자리를 마련하는 것이 필요하다. 너무 원대한 장기성과목표만을 주민조직 활동에 강조하게 되면 조직 활동 성공에 대한 긍정적 경험을 하기 전에 참여한 주민들이 탈퇴할 가능성도 있기 때문이다. 그리고 더 많은 보람과 만족감을 경험토록 하기 위해서는 지역사회복지실천가는 주민조직들의 활동 하나하나에 담겨져 있는 의미를 부여하고 지역주민들이 공감할 수 있는 기회를 만드는 것도 성과를 축하하는 것 못

지않게 중요하다.

4) 주민조직화의 과정

주민조직화는 대체로 지역사회주민에 대한 공동체 의식 함양에서부터 시작하여 해결이 필요한 지역사회문제에 대한 이슈화, 그리고 이에 대한 지역주민 참여를 통한 힘의 결집, 주민조직의 지속을 위한 토착적 리더 발굴 및 육성의 과정으로 진행된다. 또한 각 과정마다 지역사회복지실천가가 고려해야 할 사항은 무엇인지 살펴보는 것이 중요하다(박용순 · 송진영, 2012).

(1) 공동체 의식 함양

주민조직화가 성공하기 위해서는 무엇보다도 지역조직 참여 주민들이 지역사회에 대해 강한 공동체 의식을 가지고 있어야 한다. 만약 이러한 공동체 의식이 주민조직화 과정에서 선행되지 않는다면 지역사회에서 발생하는 다양한 문제에 대해 별 관심을 가지지 않을 것이기 때문이다.

공동체 의식 함양을 위해서 지역사회복지실천가는 지역주민들이 지니고 있는 특성을 충분히 알고 있어야 한다. 공동체 의식 형성을 방해하는 특성들이 있다면 이를 해소 또는 완화할 수 있는 개입이 이루어져야 하기 때문이다. 그리고 공동체 의식 형성 과정에서는 지역주민들과의 끊임없는 긍정적 관계설정이 필요하므로 적절한 대인관계 기술도 보유하고 있어야 하겠다. 그 외에 주민들의 결속을 강화하기 위해서는 현재 지역사회 내의 쟁점과 관련하여 지역주민들이 함께 공유할 수 있는 궁극적인 비전을 형성할 수 있는 다양한 기회를 가질 필요가 있다.

(2) 지역문제 이슈화

형성된 지역주민들의 공동체 의식을 바탕으로 하여 현재 쟁점이 되고 있는 지역사회문제에 대해 이슈화 및 지역사회 여론을 형성해야 한다. 이러한 이슈화의 과정에서는 무엇보다도 관련된 지역사회문제에 대해 보다 많은 지역사회주민들이 인식할 수 있도록 하는 것이 필요하다. 또한 지역사회의 다양한 집단과 리더들이 이슈화 과정에 계속적으로 참여할 수 있도록 유도해야 한다.

하지만 이슈화시키려고 하는 내용이 지역사회주민들의 삶과 별다른 관계가 없다면, 그리고 현실적으로 달성하기 불가능하다면 지역주민들은 지역조직화 과정에 참여하지 않을 것이므로 바람직한 이슈를 선정하는 것이 필요하겠다. 바람직한 이슈의 기준은 대체로 지역사회 차원에서 달성가능한 것으로써 지역사회주민들이 쉽게 이해할 수 있는 단순한 내용이 선호된다(Kahn, 1992).

또한 이슈화는 지역사회주민들에게 지역문제의 본질과 해결의 필요성을 홍보해야 하기 때문에 다양한 방법을 활용하며, 이러한 과정은 궁극적으로 지역주민들이 지역조직 활동에 참여하게 되는 동기를 불러일으키는 시작이 된다.

(3) 지역주민 결집

지역조직화 과정에서 가장 중요한 것은 지역주민들이 지역사회문제 해결에 동참하는 것이다. 따라서 지역사회복지실천가는 지역주민의 참여를 막는 방해 요인들을 이해하고 이를 적절히 해소하는 접근이 필요하다. 특히 중요한 것은 지역주민들이 수동적 존재가 아닌 하나의 주체로서 지역조직화 과정에 적극적으로 참여할 수 있는 기회가 제공되어야 한다는 점이다. 따라서 지역사회의 당당한 주인의 한 사람으로 참여한다는 인식을 계속적으로 지니게 하는 과정이 요청된다.

(4) 지역사회 리더 발굴 및 육성

주민조직화가 궁극적으로 성공하기 위해서는 지역주민 중 주민조직을 이끌 수 있는 리더를 발굴하고 리더가 주민들에게 긍정적인 영향을 미치게 함으로써 지역사회문제해결에 동참토록 하는 것이 필요하다. 특히 주민조직화는 주민들의 자발적 참여가 요구되므로 리더들의 역량이 핵심적인 요소가 된다.

또한 지역주민들의 진정한 리더가 되기 위해서는 선발 과정에서 반드시 민주적 절차를 거쳐야 한다. 이를 위해 지역사회복지실천가는 조직 구성원 간 민주적인 의사소통이 가능토록 유도해야 한다. 아울러 소수의 리더에게 의존하기보다는 다양한 리더를 개발하고 육성하는 과정도 가질 필요가 있다.

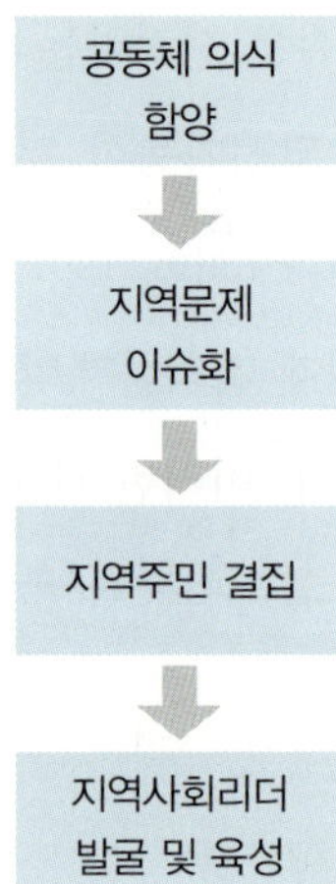

그림 6-1 • **주민조직화의 과정**

5) 주민조직화를 위한 주민참여 단계

(1) 아른스타인(Arnstein)의 주민참여 개요

주민조직화는 결국 다양한 지역사회 문제에 대해 지역주민들이 개인이 아닌 조직적으로 참여하여 해결할 수 있는 기반을 만드는 실천 방법이다. 따라서 아른스타인(Arnstein, 1969)의 주민참여 단계에 대한 이해는 형식적이 아닌 실질적 주민참여가 어떠해야 하는지 적절한 방향을 제시해줄 수 있다. 여기서는 아른스타인의 주민참여 단계에 대해 세부적으로 살펴보았다.

아른스타인은 1960년대 미국 존슨 행정부가 추진했던 도시 만들기 등의 사업을 주민이 주도하도록 노력하는 과정에서 공공정책에서의 주민참여 봉쇄를 경험하였다. 이를 바탕으로 하여 진정한 주민참여와 주민참여 단계를 설명한 '주민참여의 사다리(A Ladder of Citizen Participation)'를 1969년 미국 계획학회지(Journal of the American Planning Association)에 게재하면서 널리 알려지게 되었다.

(2) 아른스타인(Arnstein)의 주민참여 단계

아른스타인은 주민참여의 단계를 권한이 없는 상태(Nonparticipation)와 형식적 단계(Degrees of Tokenism), 권한이 주어지는 단계(Degrees of Citizen Power)로 구분하고 이를 8개로 세분화한 사다리 형태로 표현하고 있다. 권한이 없는 단계는 주민조종(Manipulation)과 주민 교정(Therapy), 형식적 단계는 일방적 고지(Informing)와 요식적 의견수렴(Consultation), 명목적 의사결정 참여(Placation), 권한이 주어지는 단계는 계획 및 의사결정 책임공유(Partnership), 결정권한 주민위임(Delegated Power), 주민자치(Citizen Control)로 구성된다.

① 주민조종(Manipulation)

주민조종은 주민들을 각종 지역사회의 위원회에 참여시키지만 행정당국이 원하는 데로 따라오도록 교육하거나 각종 공공사업에 주민들을 동원하려는 목적을 가지고 있는 접근 방식이다. 구체적 사례로는 도시재개발 사업 과정에서 주민 몇 명에게 위원회 위원이라는 지위를 부여하지만 이 위원회는 기득권에 유리한 방식으로 진행되도록 동의를 구하기 위한 합법적 창구로 활용되고 진정한 주민 의견 수렴은 이루어지지 않는다.

② 주민교정(Therapy)

주민교정은 주민들이 게을러서 빈곤하다거나 각종 문제가 발생하는 원인을 주민

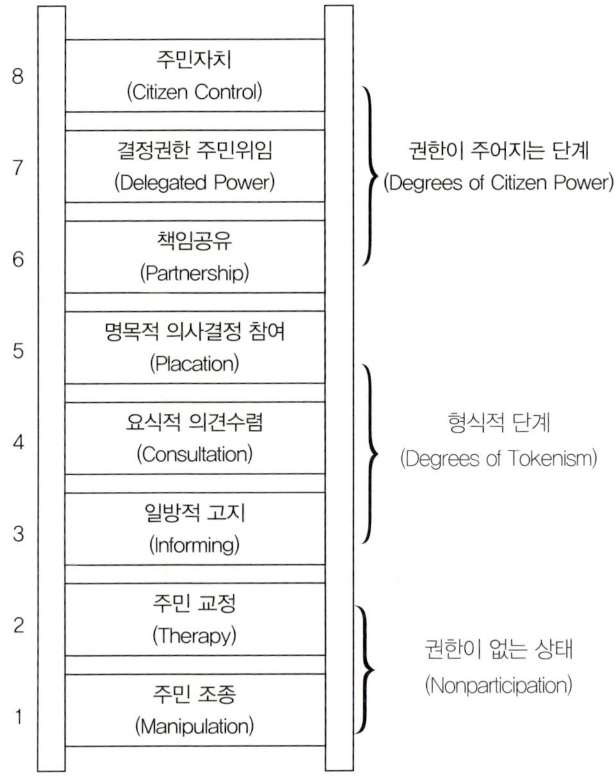

그림 6-2 ● **아른스타인의 주민참여 8단계**

들이 무지해서 그렇다는 식의 인식을 기반으로 한다. 따라서 지역사회에서 이루어지는 다양한 주민참여와 관련한 프로그램들도 지역사회 발전과 같은 근본적인 이슈를 다루기보다는 주민참여를 가장한 주민교육 또는 주민교정의 방식으로 진행된다.

③ **일방적 고지**(Informing)

일방적 고지는 주민간담회 등에서 행정당국이 일방적으로 정보를 전달하고 주민의 질문을 억제하는 등의 태도를 보임으로써 주민의 의견이 제시되거나 논의되지 못하는 상황을 의미한다. 어떤 사안에 대해 지역주민들의 상황을 고려하여 충분히 알리는 것은 주민참여의 기본 전제이지만 그 과정에서 주민들이 이해하기 어려운 전문적인 용어를 활용한다거나 행정당국이 권한을 가지고 위세를 부린다면 이러한 일방적 고지 수준에 머무르게 된다.

④ **요식적 의견수렴**(Consultation)

요식적 의견수렴에서는 주민들을 단지 지역 이슈와 관련한 설문 응답자나 간담회 참여자 정도로 인식하고 있다. 실질적인 의견수렴이 아니라 설문조사 과정에서 설문량을 늘이는 것에 초점이 맞춰지다 보니 주민들은 이러한 설문 응답 과정에서 지치기도 한다. 의견수렴 과정에서 선택할 수 있는 대안을 충분하게 알리지 않고 의견수렴을 진행함으로써 보다 나은 상황에 접근조차 하지 못하는 경우도 일종의 요식적 의견수렴이라 할 수 있다.

⑤ **명목적 의사결정 참여**(Placation)

명목적 의사결정 참여는 각종 위원회에 지역주민들이 참여하지만 소수일 뿐이고 기득권자가 다수여서 주민이 참여했다는 명분 외에는 높은 수준의 주민참여 성과를 얻기는 어렵다. 비록 주민들이 각종 의사결정에 참여하여 주민들의 의견을 제시할 수는 있지만 최종적으로는 기득권자들에 의해 의사결정이 이루어지게 된다. 아른스타인도 1960년대 미국 도시만들기 사업에서 주민참여의 수준이 대부분 명목적 의사결정 참여에 그치고 있다고 언급하고 있다.

⑥ **계획 및 의사결정 책임공유**(Partnership)

계획 및 의사결정 책임공유는 각종 정책사업에 대한 의사결정과정에 지역주민들이 기득권자들과 책임을 공유하는 상황이다. 이는 행정당국이 과거 주민들을 배제한 채 각종 의사결정을 수행해왔던 것을 더 이상 용납할 수 없다는 주민들의 요구에 의해서 생겨나게 되었다. 각종 위원회에 참여하는 주민들도 실질적인 압력을 행사할 수 있으며 보다 주민 입장을 고려한 계획을 제안할 수도 있다.

⑦ **결정권한 주민위임**(Delegated Power)

결정권한 주민위임은 계획 및 의사결정 책임공유에서 지역주민과 기득권자의 지위를 동등하게 보장하는 것을 넘어서서 각종 의사결정 구조의 위원 다수를 주민들에게 배분함으로써 주민들이 각종 정책사업을 주도하는 것이다. 이는 각종 사업들이 지역사회의 요구와 상황을 적절히 반영한 수준으로 진행될 수 있게 할 수 있다.

⑧ **주민자치**(Citizen Control)

주민자치는 특정 사업에 대해서 주민들에게 포괄적인 권한을 위임하는 것이다. 따라서 주민들은 위임받은 사업에 대해 계획, 집행, 관리를 전적으로 책임지게 되고 대체로 정부 보조금을 자율적으로 집행할 수 있는 마을공동체법인(Neighborhood Corporation) 방식이 선호된다. 아른스타인은 이러한 주민자치방식 외에는 주민이 경험하는 문제를 실질적으로 해소하지 못했다라고 강조하면서 주민자치의 방식을 열린 마음으로 받아들일 필요성을 강조하였다.

6) 주민조직화를 위한 회의 기술

주민조직화 과정에서 많은 주민들을 만나기 위해 필요한 기술 중의 하나가 바로 회의와 관련한 기술이다. 실제 주민들을 조직하면서 많은 시간을 회의로 보내게 되지만, 정작 회의가 끝나고 나면 무의미한 회의라고 인식되는 경우가 많다. 따라서 지역사회복지실천가에게는 효과적이고 효율적인 회의진행과 관련한 기술이 요구된다. 여기에서는 회의와 관련한 보편적인 진행방법과 특별히 지역사회주민을 대상으로 한 회의에서 고려해야 할 점을 소개하고자 한다.

(1) 회의와 관련한 현재의 상황들

언제나 회의는 긴급하고 중요한 사안을 다루기 위해 개최된다고 말하지만, 대부분은 전혀 긴급하지 않거나 중요하지 않은 내용으로 채워져 있는 것이 사실이다. 가짜의 긴급, 그리고 중요 상황은 대체로 세 가지 유형으로 구분할 수 있으며(Pittampalli, 2011; 정길락 · 정구숙 역, 2014), 이러한 상황을 사전에 방지하면 회의가 보다 효과적이고 효율적일 수 있다.

① 편의적 회의

편의적 회의는 메모를 전달하는 정도만으로도 의사소통이 가능하여 굳이 회의를 개최하지 않아도 되지만, 전달할 내용을 글로써 적절히 표현하려 하지 않기 때문에 회의가 소집되는 것이 대부분이다. 이러한 회의는 메모전달 이상의 가치가 없기 때문에 결국 시간낭비로 이어질 가능성이 크다.

② 형식적 회의

형식적 회의는 조직의 리더가 특별한 안건이 없음에도 불구하고 언제나 회의를 소집하는 것을 자신의 주요 업무라고 인식하기 때문에 생기는 회의이다. 단순히 리더 자신의 권위를 보여주기 위한 경우가 많고, 이러한 회의 또한 시간낭비가 된다. 물론 회의가 개최되고 나면 예상치 못하게 회의참여 구성원 간에 다양한 정보를 공유할 수도 있겠지만, 그 대신 본연의 업무를 수행하지 못하게 됨으로써 엄청난 조직적 손해가 발생하게 된다. 최근 선진 조직의 경우 가급적 회의를 줄이고, 회의를 하더라도 회의실이 아닌 최고경영자 사무실 앞에서 선채로 짧게 회의를 마치는 사례가 많은데 이는 형식적 회의의 무용성을 잘 설명해 주는 부분이라 하겠다.

③ 사교적 회의

사교적 회의는 회의 참여자들 간의 단순 교류를 위한 것이다. 긴급하게 논의해야 할 안건이 특별히 없고 차 한 잔을 곁들이면서 이런저런 이야기를 하는 경우가 대부분이다. 물론 회의 참여자들 간에 다양한 이야기를 통해 보다 친밀감을 강화하고 조직에 대한 소속감을 향상시킬 수도 있겠으나, 많은 사람들은 그러한 사교적 회의에 시간을 할애할 만큼 한가하지 않다는 점을 인식해야 한다.

(2) 효율적 회의를 위한 몇 가지 원칙

그렇다면 효율적으로 회의를 진행하기 위해서는 어떠한 원칙들을 고려해야 할까? 피탐팔리(Pittampalli)는 결론과 그에 따른 실행이 이루어지는 회의를 강조하면서 총 일곱까지의 회의 원칙을 제시하고 있다(Pittampalli, 2011; 정길락 · 정구숙 역, 2014).

① 일차적 의사결정이 이루어진 다음에 회의를 개최하라

회의를 통해 어떠한 의사결정을 하려는 것은 피하는 것이 좋다. 대략적인 의사결정이 이루어지지 않았다면 회의소집을 해서는 안 된다는 의미다. 특히 리더가 자신이 해야 할 의사결정과 관련한 도움을 받기 위해 회의를 소집하게 되면 회의에 참가한 다른 사람들의 일정을 방해만 하게 되는 것이다. 만약 리더가 특정 사안에 대한 의사결정이 어려워 누군가의 도움을 받고 싶다면 회의의 방식이 아닌 관련된 사람들과 개인적 만남을 활용하는 것이 좋다. 이 원칙은 회의를 통한 의사결정으로 신중하게 조직을 운영함으로써 실패의 가능성을 줄이려는 기존 방식을 탈피하여 보다 속도감 있는 조직운영으로 더 많은 이익을 추구하려는 현재의 조직운영방식이 회의구조에도 이어진 것으로 볼 수 있다.

② 빠르게 전개하고 예정대로 회의를 끝내라

기존 회의방식에서 가장 큰 어려움 중의 하나는 회의종료 시간임에도 불구하고 회의가 끝나지 않는다는 점이다. 하지만 바람직한 회의는 가능한 한 빠르게 회의를 진행하고 예정된 시간에는 가급적 종료해야 한다. 이를 위해서는 회의 종료시간을 엄격하게 정하고 지키는 것이 필요하다. 많은 시간이 주어져도 회의 안에서 같은 내용이 반복되는 경우가 많기 때문이다.

③ 반드시 필요한 사람만 회의에 참석하라

그간의 회의는 안건과 직접적으로 관련 없는 사람들도 불필요하게 참석시켰다. 물론 다양한 사람들의 의견을 청취할 수 있겠지만, 어떤 의결을 해야 하는 경우 회의 참석자가 많을수록 합의를 위한 경우의 수가 늘어남을 인식해야만 한다. 또한 많은 사람들이 회의에 참석하게 되면 당연히 의견충돌이 발생할 수 있기 때문에 회의 내에서 다루는 안건과 밀접하게 관련된 사람들만 회의에 참석시키는 것이 좋다.

특히 회의에서 어떠한 의견도 내놓지 않거나, 회의 결과가 어떠하던지 별다른 관심이 없으며 회의 결과 수행되어야 하는 일과 관련이 없는 사람은 결국 회의에 불필요한 사람인 것이다. 따라서 본인과 특별히 관련 없다고 생각되는 회의에 참석요청을 받게 되면 거절하는 것이 바람직하며, 그러한 상황이 수용될 수 있는 조직 내 문화도 마련될 필요가 있다.

④ 회의준비가 되지 않은 사람은 참석을 거부하라

회의는 이제 더 이상 단순한 커뮤니케이션 도구가 아니다. 회의를 수행하기 위해서는 많은 준비가 필요하고 그 준비는 회의를 소집한 리더가 직접 챙겨야 한다. 회의를 위한 아젠다(행해져야 할 것들이라는 라틴어)를 반드시 준비해야 하고 회의 시작 전 회의 참석자에게 배포되어야 한다. 아젠다에는 대체로 회의 목적과 참석 대상, 회의 참석자가 준비해야 할 사항, 회의 예상 소요시간 등이 포함된다. 그리고 논의할 내용으로 현재의 문제점과 대안, 결정이 필요한 사항이 명확히 기술되어야 한다. 물론 아젠다에서 언급되지 않은 내용은 회의에서 가급적 논의되어서는 안 된다. 이러한 아젠다는 회의 참석 전 논의가 필요한 내용에 대해 충분히 생각의 시간을 주기 위해서이고, 잘 준비된 아젠다는 회의 참석자들을 보다 열정적으로 만든다.

만약 준비를 제대로 하지 않은 회의 참석자가 있다면 그 회의를 취소하거나 해당 참석자를 배제한 채 회의가 진행되어야 한다. 또한 회의에 참석하였으나 아무런 이야기도 하지 않는 참석자가 있다면 다음부터 그 사람은 참석하지 않도록 조정한다.

여기에는 조직의 고위층도 예외가 아니다.

⑤ **회의에서는 명확한 실행계획이 도출되어야 한다**

회의는 최종 의사결정 내용에 따른 구체적인 실행계획을 수립하고 이에 따른 조직 구성원 각자의 역할은 무엇이며 언제까지 과업이 완료되어야 하는지가 명확하게 논의되어야 한다. 따라서 회의의 내용을 담는 회의록의 경우에도 기존 회의의 경우 모든 것을 녹취하는 정도로 기술했다면, 현재의 회의는 실행 계획의 항목을 중심으로 기록하고 이와 관련한 책임을 맡은 참석자들이 그 내용을 제대로 이해할 수 있도록 회의 기록의 방식도 변화되어야 한다. 즉 단순한 회의내용에 대한 기록보다는 회의 결과 수립된 실행계획을 중심으로 기록되어야 함을 의미한다.

⑥ **회의가 단순 정보교환에 그치지 않도록 해야 한다**

효율적 회의를 위해서는 조직 구성원들이 평소에 회의관련 메모나 이메일을 충분히 읽음으로써 회의 참석 전에 이에 대한 정보나 메시지를 충분히 전달받아야 한다. 즉 단순 정보교환을 위한 회의는 가급적 지양해야 하며, 이를 위해서는 앞에서 언급한 메모나 이메일 등을 활용하여 제공받고 이해할 필요가 있다.

⑦ **브레인스토밍을 곁들어 회의의 효율성을 높이라**

브레인스토밍(Brain Storming)은 대안 선택의 범위를 최대한 넓게 만드는 역할을 하기 때문에 어느 정도의 의사결정이 이루어진 회의에서 구체적 실행계획을 수립하기 위해 보완재로 활용될 수 있는 방법이다. 브레인스토밍이 효과적이기 위해서는 아이디어가 풍부한 직원은 반드시 회의에 참여시키고 제시하는 의견에 대해 비판해서는 안 되며 자유롭게 칭찬하는 회의 분위기를 조성해야 한다. 또한 몇 개의 아이디어를 도출할 것인지를 사전에 정하고 그 수를 채울 수 있도록 회의 참여자를 독려한다. 그 외 회의 시간을 미리 정함으로써 종료에 대한 긴장을 줄 필요도 있으며 자유로운 분위기를 만들되 초점을 잃지 않도록 해야 한다. 마지막으로 모든 내용은 기록으로 남기도록 하고 의견을 제시하지 않는 참석자는 다음 회의부터 배제시키도록 한다.

(3) 지역주민과의 회의방법

위에서 언급한 보편적인 회의진행 기술과는 달리 지역사회복지실천영역에서 지역주민과 회의를 할 때에는 몇 가지 추가적인 사항이 고려되어야 한다(Kahn, 1992).

① 회의장소 선정

지역주민들과 회의를 하는 경우 무엇보다도 편안한 회의장소 개발이 필요하다. 공공기관만을 고집하지 않고 거리나 주변 환경 등을 고려하여 회의장소를 선정할 필요가 있다. 특히 고령자나 장애인이 있는 경우 물리적 접근성을, 어린 자녀가 있는 경우 회의 중 잠시 아이를 돌봐줄 수 있는 적절한 배려도 요구된다.

이러한 점들을 고려하여 지역주민들의 가정에서 모임을 가지는 것도 권장할 만하다. 회의라는 매개를 통해 해당 가정에 대해 좀 더 알 수 있는 기회를 가질 수 있고, 가정이라는 특성으로 인해 회의 참석자들 간에 친밀감을 향상시킬 수 있는 장점이 있기 때문이다. 하지만 주민들이 회의준비와 관련하여 물질적, 시간적으로 부담을 지니지 않도록 하는 것도 필요하다. 그리고 회의에 필요한 이름표나 종이, 펜과 같은 소도구들은 처음에 준비하여 계속 활용함으로써 준비의 효율성을 추구해볼 수도 있다.

그 외 지역의 다양한 회의장소를 사전에 발굴해 보는 노력도 필요한데, 가능하면 종교나 정치, 이익 등으로부터 자유로운 곳을 선정해야 한다.

② 회의준비

우선 회의시간은 회의에 참여하는 주민들의 생활패턴을 충분히 고려해야 한다.

육아나 종교생활, 가사 등의 생활패턴을 미리 파악하고 가장 많은 사람들이 참여할 수 있는 상황을 고려하여 회의를 개최해야 하며 이 모든 것은 회의에서 참석자들이 있는 가운데 자연스럽게 결정할 수 있도록 한다.

그리고 회의 장소에 회의 참석자가 방문하는 경우 이들이 열렬히 환영받고 있다는 느낌을 받을 수 있도록 다양한 도구들을 활용하고, 회의에서 긴장을 풀 수 있는 적절한 다과를 준비할 필요도 있다.

③ 회의내용

주민들은 회의에 오기 전보다 회의에 참석한 이후 더 많은 것을 알 수 있기를 기대한다. 따라서 모든 주요한 정보들은 회의에 참석함으로써 접할 수 있도록 하는 것이 필요하다. 그리고 말만 하는 회의가 되지 않도록 하기 위해 어떠한 결론에 반드시 도달해야 하며 그 결과에 따른 역할을 배분해야 한다.

또한 회의시간은 짧은 시간, 제 시간, 미리 정해진 시간이라는 세 가지 원칙이 지켜져야 한다. 가급적 회의가 길어지지 않도록 하고, 반드시 시작시간을 지키며, 예정된 시간을 넘지 않아야 한다.

④ 회의종료

회의가 정해진 시간 내에 원만하게 종료되기 위해서는 회의진행을 방해하는 다양한 요인에 대해 회의진행자로서의 대처방법을 마련하는 것이 필요하다. 끼어들기, 박수치기, 쪽지 보내기, 크게 말하기, 전화받기, 속삭이기, 주제 바꾸기, 코풀기, 농담하기 등은 대표적인 회의 방해요인이다.

그 외에 회의가 종료되는 경우 잠시라도 회의내용이 아닌 회의 과정에 대해 이야기 나누는 것이 필요하다. 회의장소, 회의준비사항, 회의 아젠다 전달 과정 등의 내용이 다루어지도록 하여 다음 회의에 적절히 반영토록 한다.

⑤ **사후관리**

회의 종료 이후 회의참석 주민들을 대상으로 하여 개별적으로 만남을 가지는 것도 필요하다. 여기에는 두 가지의 이유가 있는데, 바로 회의가 종료된 후 회의에서 차마 말하지 못한 의견이나 느낌을 전달받는 것과 회의결정을 통해 맡게 된 역할을 적절하게 수행하고 있는지에 대해 진행사항을 체크하는 기회를 가져야 하는 것이다. 만약 자신의 역할을 수행하지 못하고 있다면 이에 대한 도움이 이루어져야 한다.

3. 주민조직화를 위한 임파워먼트

임파워먼트는 본래 미국의 1950년대 동기부여 개념과 1960년대 이후 인간 잠재력의 성장을 강조하는 분위기의 영향을 받아 형성된 개념으로 1980년대 조직경영과정에 활용되면서 많은 관심을 받아왔으며(Vogt & Murrell, 1990) 보편적으로 역량강화나 권한부여, 능력 향상 등의 용어로 활용되고 있다. 따라서 주민 스스로가 지역사회의 문제를 인식하고 해결 과정에 참여하기 위한 조직화의 과정에서 임파워먼트의 개념은 필수적으로 적용될 필요가 있다. 여기에서는 임파워먼트의 개념과 특징, 그리고 실제 임파워먼트 기술에 대해 살펴보고자 한다.

1) 임파워먼트의 개념과 특징

사회복지실천 현장에 있어서 임파워먼트는 대상자의 삶의 질 향상에 있어 장애물을 제거하기 위해 대상자가 보유한 잠재적 능력과 권한을 강화시켜 주는 것으로 볼 수 있다(강철희 · 정무성, 2006). 따라서 지역사회복지실천영역에서 임파워먼트는 지역사회주민들 스스로가 지역사회문제해결을 위해 필요한 역량을 향상시키고 적극적인 참여기회를 가짐으로써 궁극적으로 바람직한 지역사회를 만들 수 있는 권한을 가지게 되는 것을 의미한다.

이러한 임파워먼트는 다음과 같은 특징을 가지고 있다(김종일, 2012). 먼저 자신의 삶을 통제할 수 있는 힘과 권력을 획득하는 것이 주요한 목표이다. 둘째로 대상자들이 스스로 자신의 문제를 해결할 수 있는 잠재력을 보유하고 있는 존재임을 강조한다. 셋째는 보유하고 있는 문제에 대한 정치, 사회적 맥락을 이해하는 것이 중요하며 특히 사회의 구조적 불평등과 억압에 대한 측면에 주목한다. 마지막으로 임파워먼트는 한 번 도달했더라도 언제든지 이전의 상태로 돌아갈 가능성이 있는 순환적, 유동적 특성을 지니므로 지속적인 임파워먼트가 중요하다.

2) 임파워먼트의 과정

임파워먼트가 형성되는 과정은 대체로 지역사회복지실천가와 지역사회주민 간의 대화 과정에서부터 시작하여 지역사회가 보유하고 있는 다양한 자원을 탐색하여 해결가능한 수준으로의 계획을 수립하는 발견 과정, 그리고 실제 자원을 동원, 창출하고 계획한 내용의 성공을 평가하면서 종결하는 발전 과정으로 구성된다(Miley 외, 1995). 이러한 기본적인 내용을 바탕으로 지역사회복지실천 과정에 임파워먼트 개념을 적용하면 다음과 같다.

(1) 대화 과정

대화 과정에서는 우선 지역사회복지실천가가 일방적인 지원가로서의 역할이 아니라 지역사회주민도 함께 노력해야 함을 인식시키는 것에서 시작한다. 이를 바탕으로 끈끈한 파트너십을 형성하고 이후 지역사회복지실천가는 현재 지역사회주민들에게 도전이 필요한 요소를 파악하여 명료화시키고 이와 관련한 지역사회주민들의 강점을 파악하여 구체적인 변화의 방향을 세우게 된다.

(2) 발견 과정

발견 과정에서는 수립된 변화 방향을 바탕으로 다양한 자원체계를 탐색하고 그러한 자원이 변화가 필요한 부분에 어떠한 잠재력을 행사할 수 있는지를 분석하게 된다. 분석결과는 실현가능한 계획의 중요한 기초가 되며 보다 구조화된 계획을 수립하게 된다.

(3) 발전 과정

발전 과정에서는 개인과 가족, 이웃, 지역사회 그리고 제도적 차원에서 실제 자원을 동원하며 다양한 기회를 발견하여 새로운 자원을 창출하게 된다. 그 결과 해결하고자 한 부분에 실제 성과가 발생하였는지 그리고 그 과정은 어떠하였는지를 평가하는 성공 확인단계를 거치면서 임파워먼트 과정은 종결하게 된다.

3) 임파워먼트 결과

임파워먼트 이후 달성되는 결과는 학자마다 상이하나 대체로 개인내적 임파워먼트와 대인관계 임파워먼트, 지역사회/정치적 임파워먼트로 분류될 수 있다(Parsons, 1999). 우선 개인내적 임파워먼트는 자기존중감이나 자기에 대한 인식변화, 자신을 수용하고 신뢰하는 것, 그리고 자신에게 부여된 권리를 인식하는 결과로 나타난다. 대인관계 임파워먼트는 타인과의 관계 속에서 자기주장능력이 향상되고 적절한 도움을 요청하게 되며 관계에 있어서의 문제를 해결하고 타인으로부터 자원을 동원할 수 있게 된다. 지역사회/정치적 임파워먼트는 각종 조직에 대한 참여와 기여를 제공하게 되고 지역사회주민 앞에 나서는 행동의 결과가 나타나게 된다.

결국 지역사회복지실천가는 지역사회복지실천영역에서 임파워먼트를 적용하기 위해서 지역사회주민에 대한 임파워먼트 이후 얻고자 하는 결과를 고려하여 임파워먼트 과정을 이끌어나가야 할 것이다.

4. 주민조직화를 위한 옹호

옹호의 영어단어인 Advocacy는 프랑스어 voco에서 유래한 말로 목소리를 높인다는 의미를 담고 있는 것처럼 일반적으로 옹호는 타인의 권리를 대변하기 위하여 투쟁하거나 방어하는 일체의 노력을 말한다(Kirst-Ashman & Hull, 2001). 지역사회복지실천가가 지역사회 및 지역주민들의 다양한 이익과 문제해결을 위해 대변 또는 대리인의 역할을 수행한다는 측면에서 이러한 옹호의 기술 적용은 매우 필요하다 하겠다. 여기서는 옹호의 유형과 옹호전술에 대해 살펴본다.

1) 옹호의 유형

옹호의 유형은 실제 옹호를 수행하는 주체와 옹호 과정에서 활용하는 방법에 따라 학자나 연구들에서 다양하게 구분하고 있으나 여기에서는 자기옹호와 시민옹호, 법적옹호, 공적옹호에 대해 살펴보겠다(이명현, 2004).

(1) 자기옹호

자기옹호(Self-Advocacy)는 옹호를 필요로 하는 사람 스스로가 자신들을 옹호하는 활동을 의미한다. 지역사회복지실천 과정에서는 지역주민 스스로가 지역사회문제를 사회에 알리고 적절한 사회적 해결 과정이 이루어질 수 있도록 요구하는 활동이 해당된다. 따라서 지역사회복지실천가는 지역사회주민들이 자기옹호를 적절히 수행할 수 있도록 정보, 행정지원, 기술적 지원 등을 제공할 수 있다. 또한 자기옹호와 관련한 다양한 훈련과 경험을 얻을 수 있는 기회를 부여해야 한다.

(2) 시민옹호

시민옹호(Civil-Advocacy)는 시민들이 자신의 일상생활과 관련된 사회제도나 사회구조를 시민으로서 스스로 통제할 수 있도록 하는 것을 목적으로 한다. 따라서 시민을 대상으로 하는 다양한 정보를 제공하는 교육, 사회에 대한 적극적 참여가 이루어질 수 있는 활동이 여기에 속한다. 지역사회복지실천 과정에서의 시민옹호는 지역주민으로서 다양한 지역사회의 현안에 대해 관심을 가질 수 있고 동참할 수 있도록 관련 교육과 정보제공, 참여의 장 마련 등이 해당된다.

(3) 법적옹호

법적옹호(Legal-Advocacy)는 자기옹호와 시민옹호의 활동이 성과가 없거나 법적 분쟁의 여지가 있는 경우 활용하는 옹호방법이다. 특히 법률전문가가 약자의 권리를 보호하기 위해 행하는 광범위한 활동을 의미하며 현행법체계 내에서 비공식적 설득활동과 법률 재개정 활동, 민형사상 대리업무, 법에 기초한 감시활동 등이 속한다. 지역사회복지실천 과정에서는 법률전문가를 활용한 다양한 법적 접근이 여기에 해당된다.

(4) 공적옹호

공적옹호(Public-Advocacy)는 행정을 활용하여 옹호시스템을 제도화한 것으로 옹호활동을 수행하는 기관설립이 필수적이다. 복지옴부즈맨 제도가 대표적인 것으로 시민의 고충을 수용하여 정책에 직접 반영하는 것을 의미한다. 또한 시민의 권리옹호를 위해 다양한 행정감시를 실시하고 그 결과를 사회와 공유하는 것도 방법이다.

지역사회복지실천 과정에서도 소외계층의 권익을 보호하기 위해 적절한 수행체계를 공적으로 갖출 수 있도록 제도화하는 접근이 여기에 속한다.

2) 옹호의 전술

옹호를 위한 구체적인 전술로는 설득과 대변, 표적을 곤경에 빠뜨리기와 정치적 압력이 있다(김종일, 2012).

(1) 설득

설득은 어떠한 상황에 대해 원하는 결과를 얻어내기 위한 활동을 의미한다. 효과적인 설득을 위해서는 구체적인 사실 자료를 활용하고 원하는 메시지를 정확히 전달하기 위해 실제 설득의 상황을 고려한 연습이 필요하다. 또한 메시지는 가급적 분명하고 단순해야 하고 시각적인 이미지를 활용하는 것도 좋으며 논리적이되 감정적 측면에도 호소해야 한다.

(2) 대변

대변은 스스로 문제를 처리할 수 있는 능력이 부족한 사람들을 대상으로 관련 지식과 능력을 보유한 다른 사람이 대신해서 옹호하는 방법이다. 이 과정에서 대변자는 대변을 요청한 사람으로부터 대변에 대한 권한을 공식적으로 위임받는 것에서부터 시작해야 한다. 실제 대변 과정에서 대변자는 자신의 지식을 대상자들과 공유해야 하고 대상자가 현재 원하는 것이 무엇인지 지속적으로 점검해야 하며 대상자의 수준에서 가능한 대안을 제시하여 대상자로 하여금 적절한 것을 선택토록 해야 한다. 그리고 대변의 전 과정은 대상자들과 항시 공유할 필요가 있다.

(3) 표적을 곤경에 빠뜨리기

표적을 곤경에 빠뜨리기는 직접 공격을 하기 힘들 때 쓸 수 있는 전술이다. 표적을 곤경에 빠뜨림으로써 옹호가 필요한 이슈에 대해 표적대상의 입지를 축소시킬 수 있기 때문이다. 표적의 언행이 일치하지 않는 부분이나 사회가 용인하기 어려운 행위를 한 내용을 부각시키는 것을 예로 들 수 있다.

(4) 정치적 압력

정치적 압력은 선출직 정치인을 대상으로 수행하는 옹호활동이다. 옹호가 필요한 이슈에 대해 선출직 정치인을 활용하여 관련 기관에 압력을 행사하도록 요청하는 행위 등을 말한다.

생각해봅시다

01 여러분의 지역사회에 형성되어 있는 다양한 지역사회주민조직은 어떠한 것이 있는지, 구체적인 활동내용은 무엇인지 살펴봅시다.

02 이 장에서 살펴본 회의의 기술과 평소 참여한 회의의 방식을 비교해 봅시다.

03 다양한 언론매체 속에서 지역사회 내 옹호의 실천사례를 찾아봅시다.

참 / 고 / 문 / 헌

강철희 · 정무성 (2006). 지역사회복지실천론. 파주: 나남출판.

김종일 (2012). 지역사회복지론. 서울: 청목출판사.

박용순 · 송진영 (2012). 지역사회복지론. 서울: 학지사.

이명현 (2004). 사회복지에서의 이용자 지원을 위한 권리옹호(advocacy) 시스템에 대한 고찰. 한국사회복지학, 56(2), 29–52.

정길락 · 정구숙 역 (2014). 모던미팅. 서울: 끌리는책.

Arnstein, S. (1969.) A ladder of citizen participation. *Journal of the American Planning Association*, *35*(4), 216 - 224.

Kahn, S. (1992). *Organizing, a guide for grassroots leaders*. NASW Press.

Kirst–Ashman, K. K., & Hull, G. H. (2001). *Generalist practice with organizations and communities*. Belmont, CA: Wadsworth/Thompson Learning.

Miley, K. K., O'Melia, M., & DuBois, B. (1995). *Generalist Social Work Practice An Empowering Approach* (4th ed.). Boston, MA: Pearson.

Parsons, R. (1999). Assess helping process and client outcomes in empowerment practice. In Shera, W., & Wells, L. M.(Eds.), *Empowerment Practice in Social Work*, Canadian Scholars' Press Inc.

Pittampalli, A. (2011). *Modern Meeting Standard*. Amazon Content Services.

Rothman, J. (1995). Approaches to community intervention, In J. Rothman, J. L. Erlich, & J. E. Tropman (Eds), *Strategies of Community Intervention*. Itasca, IL: Peacock.

Rubin, H. J. & Rubin, I. S. (2008). *Community Organizing and Development*. Pearson/Allyn & Bacon.

Vogt, J. F. & Murrell, K. L. (1990). *Empowerment in Organizations: How to Spark Exceptional Performance*. San Diego, CA: University Associates, Inc.

Chapter 07

네트워크

1. 네트워크의 개념
2. 네트워크의 실제 과정
3. 네트워크 형성 과정에서 고려해야 할 사항
4. 네트워크 형성 이후의 과제

Learning Objective

학습 목표

1. 지역사회복지실천 과정에서 중요한 기술이라 할 수 있는 네트워크의 개념에 대해 알 수 있다.
2. 실제 네트워크를 수행할 수 있는 방법에 대해 알 수 있다.
3. 네트워크 기술 적용 시 중요한 고려사항에 대해 알 수 있다.
4. 네트워크의 다양한 유형에 대해 알 수 있다.

Chapter 07

네트워크

네트워크라는 단어는 지역사회복지실천 과정에서 몇몇 단어와 함께 가장 많이 사용되고 실제 실천현장에서도 빈번히 적용되는 기술임에는 틀림없다. 하지만 어떠한 방식으로 네트워크가 구현되는지와 지역사회복지실천가가 네트워킹을 수행할 때 고려해야 할 부분에 대해서는 인식이 다소 부족하다. 따라서 이 장에서는 지역사회복지실천의 핵심기술이라 할 수 있는 네트워크란 무엇이고, 어떠한 과정을 거쳐야 하는지, 또 네트워크를 형성하는 데 있어서 고려해야 할 점에 대해 살펴보고자 한다.

1. 네트워크의 개념

1) 네트워크의 어원적 의미

네트워크의 구체적 기술을 소개하기 전에 우선 네트워크의 어원적 개념에 대해 살펴보자. 네트워크란 서로 의존적인 사회 행위자들 간에 다양한 물질적, 비물질적 자원이 연결된 상태와 이를 둘러싼 환경, 그리고 행위자들 간의 관계가 지속적으로 유지되는 형태를 말한다(Trevillion, 1999). 즉 네트워크가 만들어지기 위해서는 우선 다양한 사회적 행위자들이 독립적으로 존재하지 못하고 다른 행위자들에게 의존해야 한다는 점과 이들과의 관계를 통해서 물질적 · 비물질적 자원이 교환된다는 점이 중요하다. 그리고 관계가 일단 형성된 후에도 지속되어야만 네트워크라고 볼 수 있으며 만약 중단되는 경우는 더 이상 네트워크라고 할 수 없다.

2) 네트워크의 등장배경

(1) 지역사회 중심의 사회복지제도

그동안의 사회복지는 지역의 다양하고 고유한 특성이 고려되지 못하고 중앙정부 차원의 하향(top-down)식의 제도수립 과정을 거쳐 왔으나, 최근 들어 지방분권화의 변화 속에서 지역사회가 주체가 되는 사회복지제도가 구축되기에 이른다. 대표적인 사례로 2015년에 시작한 제3기 지역사회복지계획(현재는 지역사회보장계획으로 명칭이 변경됨) 수립 과정을 꼽을 수 있는데, 지역사회의 다양한 복지관련 공공, 민간 주체들이 해결이 필요한 지역사회문제를 설정하고 이를 위해 전략적 계획을 함께 수립하는 과정을 통하여 지역사회복지계획이 마련되고 있는 것이다. 물론 지방자치단체가 궁극적으로 계획을 수립하는 것이지만, 그 과정 속에서 분명 예전과는 다른 네트워크를 기반으로 한 지역사회 주체들의 참여가 기반이 된다.

(2) 사회복지의 통합적 접근

사회복지욕구가 폭발적으로 증대되고 욕구의 종류 또한 복잡하고 다양해지면서 기존의 정부중심의 관료적, 획일적 접근만으로는 수요자의 요구를 충족하기 어려워졌다. 따라서 사회복지 관련 주체들의 긴밀한 연계를 기반으로 한 사례관리적 접근을 통해 통합적 지역사회복지 인프라를 구축하는 것이 필요해졌다. 이를 위한 기본 전제가 바로 사회복지서비스 공급 주체들 간의 네트워크 구축이다. 즉 사회복지기관 차원의 종합적 접근과 이용자 차원의 포괄적 접근이 가능해졌다.

(3) 정보통신기술의 발전

정보통신기술의 눈부신 발전은 다양한 영역에서 온라인상의 만남을 활성화하고 가상공동체를 형성하게 되었고, 이는 자연스럽게 네트워크의 생활화를 이끌게 되었다. 이제 굳이 대면을 통한 네트워크 가능 시대는 종료되고 편리한 시간과 장소에서 물리적 거리에 구애받지 않으면서 네트워크를 형성할 수 있게 된 것이다.

사회복지실천과 관련한 네트워크가 형성되면 곧바로 인터넷 카페나 인터넷 기반 공동체를 형성하고 각종 메신저 친구를 등록하며 이곳에서 단체대화방을 개설하는 것이 이러한 맥락에서 이루어진 결과로 볼 수 있다. 또한 SNS를 통해 물리적으로 먼 곳에 있는 사람들과도 친밀한 관계를 맺게 되어 네트워크 활동이 보다 활발해졌다.

3) 네트워크의 유용성

네트워크가 사회복지실천영역에서 어떠한 유용성을 지니고 있는지와 관련하여 패티(Patti, 1983)는 다섯 가지 정도의 답변을 제시하고 있다. 구체적인 내용은 다음과 같다.

(1) 작은 조직의 한계 극복

네트워크는 한 조직이 단독으로 획득하기 어려운 자원이나 정보 획득에 도움을 줄 수 있다. 실제로 사회복지조직들은 영리조직에 비해 규모에 있어 영세한 경우가 많기 때문에 자원개발 과정에 투입할 수 있는 인적, 물적 에너지가 부족한 게 사실이다. 따라서 목적을 같이 하거나 지역사회에서 이웃하고 있는 사회복지 관련 조직들이 네트워크를 형성하고 함께 자원을 발굴하는 과정을 쉽게 접할 수 있다. 해마다 겨울이면 지역사회에서는 저소득계층을 위한 난방비, 김장 등의 자원개발을 위해 다양한 조직들이 네트워크를 형성하고 함께 노력하는 것이 이와 관련한 대표적인 사례이다. 작은 조직은 네트워크 형성을 통해서 규모의 한계점을 극복할 수 있다.

(2) 조직의 위험부담 분산

네트워크는 조직의 활동영역 확장에서 나타나는 위험부담을 감소시켜 준다. 사회복지조직이 감당해야 하는 사회복지영역의 문제는 점점 복잡해지고 새로운 것들이 많이 나타나고 있다. 하지만 이에 대응하기 위해 하나의 작은 조직이 관련 사업을 독자적으로 수행하기에는 많은 부담이 있는 것이 사실이다. 그럼에도 불구하고 여러 조직들이 네트워크를 형성하고 함께 사업을 수행하면 하나의 조직이 감당해야 하는 어려움을 분산시킬 수 있다. 즉, 위험부담을 줄이면서 조직이 추구하려는 궁극적 목적을 달성할 수 있다.

(3) 경쟁력 강화

작은 규모의 조직들은 큰 규모의 조직에 비해 다양한 영역에서 경쟁력이 낮을 수밖에 없다. 조직운영에 필수적인 요소를 갖추고 필요한 자원을 동원하며 실제적 사업을 수행하는 데 있어 영세한 조직규모는 커다란 한계점일 수밖에 없다. 따라서 작은 조직들이 네트워크를 통해 상대적으로 규모를 키움으로써 이전보다 훨씬 경쟁력을 높일 수 있다.

예를 들어 신문에 홍보 광고를 싣고자 할 때, 몇 개의 조직들이 공동으로 광고를 게재함으로써 적은 비용으로 인지도를 향상시킬 수 있는 높은 홍보효과를 기대할 수 있다. 신문 등의 언론매체에서 많은 조직들이 동일한 광고 지면에 네트워크를 형성하여 자신의 주장을 호소하거나 자원을 개발하기 위해 노력하는 것 등이 네트워크를 통한 경쟁력 강화방법 활용의 예이다.

(4) 환경 변화에 적응

사회복지기관을 둘러싼 환경은 매우 빠르게 변하고 있으나 개별 기관의 노력만으로는 변화의 흐름을 따라가기 힘든 것이 사실이다. 따라서 다양한 관련 네트워크 형성을 통해 적응할 수 있는 능력을 키우는 것이 필요하다. 무엇보다도 네트워크에 참여하는 조직들은 많은 정보를 공유하고 미래의 변화에 함께 대응할 수 있게 된다. 특히 필요한 역량을 발견하고 충족하기 위해 공동의 노력을 기울이게 된다.

네트워크를 통해 학습과 관련한 기회를 공동으로 가짐으로써 조직의 부족한 측면을 보완하고 상대방 조직의 관점에서 환경에 대응하는 데 필요한 요소를 함께 고민할 수 있는 기회를 가질 수 있다.

(5) 규모의 경제 실현

네트워크는 조직을 운영할 때 규모의 경제를 실현할 수 있게 한다. 네트워크 참여조직들 간의 다양한 업무공유 과정에서 서비스 제공 비용을 감소시킬 수 있어 보다 높은 효율성이 기대되는 것이다. 제조업체들이 고가의 제조공정기계를 공동으로 구매하고 함께 사용하는 점이나 각종 영세업체들이 제품 또는 서비스에 대한 공동 브랜드를 제작하고 이를 공동으로 홍보하는 것 등을 대표적인 관련 사례로 볼 수 있다.

복지영역에서도 매일 쓰지 않는 장비들을 공동으로 구매하여 함께 활용하고, 자원개발과 대상자 발굴을 위한 노력을 공동으로 수행함으로써 소요되는 비용을 최소화하고 이를 직접 서비스 비용에 재투입함으로써 기관운영의 효과성과 효율성을 극대화할 수 있는 강점이 생긴다.

2. 네트워크의 실제 과정

네트워크의 구체적 실천 과정은 총 8단계로 구성된다. 각 단계별 내용과 고려사항은 [그림 7-1]과 같다(김영종 외, 2008).

1단계 : 네트워크 적합성 검토

▼

2단계 : 네트워크 승인받기

▼

3단계 : 네트워크 찾기

▼

4단계 : 네트워크 접촉하기

▼

5단계 : 네트워크 영역 구축하기

▼

6단계 : 네트워크 실행하기

▼

7단계 : 네트워크 갈등 관리하기

▼

8단계 : 네트워크 유지하기

그림 7-1 ● **네트워크의 실제 과정**

1) 1단계 : 네트워크의 적합성 검토

네트워크의 1단계는 네트워크 방법이 과연 지역사회복지실천이 추구하고자 하는 목표달성에 효과적인지를 검토하는 과정이다. 즉 네트워크라는 실천기술을 반드시 사용해야만 하는지를 확인하는 것으로써, 만약 그렇지 않다고 판단되면 네트워크 기술은 실천목표에 적합하지 않은 것이므로 사용하지 않으면 된다. 무조건 네트워크 기술을 사용해야 하는 것은 아니라는 의미이다.

이러한 적합성 검토 과정에서는 몇 가지 기준을 적용할 수 있는데, 우선 실천 목표를 달성하는 데 있어서 자원연계의 방법이 다른 실천방법보다 적절한 경우이거나 해결해야 할 문제가 복잡하고 지속적 접근이 필요한 상황, 그리고 실천의 영역이 현재의 구조를 변화시켜야 하거나 아예 새로운 제도가 필요한 경우 네트워크 기술이 적합하다.

보다 구체적으로 살펴보면 앞서 네트워크 유용성에서도 언급한 바와 같이 사회복지조직과 같은 작은 규모는 자원개발 과정에서 많은 어려움이 있기 마련인데, 이미 다른 조직에서 개발한 자원이 있다면 이를 연계함으로써 또 다른 자원개발을 하지 않아도 된다. 또한 사례관리적 접근과 같이 도움이 필요한 대상자의 문제가 복잡하고 지속적 지원이 요구된다면 한 조직에서 감당하기는 어려울 수 있다. 이럴 때 네트워크에 속한 다양한 조직들이 필요한 서비스를 공급함으로써 이러한 어려움을 극복할 수 있다. 그리고 현재 구조에 대한 변화나 새로운 제도적 접근은 지원이 필요한 대상을 위해 새로운 법체계를 만든다거나 불이익을 주는 사회적 구조를 네트워크 조직과 함께 타파하려는 시도 같은 것이 여기에 해당된다.

결국 네트워크 적합성 검토는 네트워크라는 기술을 활용함으로써 네트워크 기술을 활용하지 않을 때보다 효과적인 결과를 도출할 수 있다거나 효율적일 때 적용해야 한다. 이후 언급하겠지만 네트워크 기술은 유용성만큼 많은 시간과 노력이 요구되는 과정이기 때문이다. 만약 네트워크 기술이 아니더라도 더 적합한 기술이 있다면 그 기술을 적용하는 것이 적합하다.

2) 2단계 : 네트워크 승인받기

조직적 차원에서 새로운 네트워크를 형성하기 위해서는 조직의 승인을 받아 정당화시키는 과정이 필요하다. 하지만 승인절차에서 반드시 해당 조직의 문화나 경제적 상황 등 조직의 과업환경을 고려해야 한다. 여기서 조직의 과업환경이 어떠한 의미인지를 상세하게 살펴보면 다음과 같다.

첫째, 네트워크를 통한 사업수행에는 일정 정도의 재정소요가 필요한데 조직이 이러한 재정을 지출할 수 있는지 살펴봐야 한다. 지속적인 네트워크 참여 구성원 간의 밀접한 관계를 유지하거나, 공동사업 수행에 필요한 재정을 의미하며 이를 부담할 수 있는 기관의 의지가 전제되어야만 네트워크 형성이 가능하다. 이러한 비용을 네트워크 참여 구성원 개인에게 부담시킬 수는 없다. 하지만 네트워크 참여조직의 경우 공식적인 비용지출관련 체계(예를 들면 지출증빙서류인 영수증 등)를 요구할 수도 있으므로 네트워크 차원에서 마련될 수 있는 다양한 방안을 고민해야 할 것이다.

둘째, 네트워크 형성과 관련한 승인처가 어디인지를 고려해야 한다. 네트워크 참여를 원하는 조직의 내부에 승인처가 있는지, 아니면 외부에 있는지, 구체적으로 누가 최종 승인자인지를 확인해야 한다. 대체로 사회복지조직의 경우 최종 관리자 또는 권한위임이 활발한 조직의 경우 중간관리자가 될 수 있으나 적절한 승인 과정을 거치지 않아 기껏 어렵게 구성된 네트워크가 해체될 가능성도 있음을 명심해야 한다. 또한 네트워크 구성에 대한 승인을 받았다는 것은 통제의 의미보다는 조직의 네트워크에 대한 전폭적인 지지를 의미할 수도 있다는 점을 고려해야 한다.

셋째, 네트워크를 통해 궁극적으로 지원받게 되는 대상이나 클라이언트가 네트워크 참여 기관 내에 존재하는지이다. 아무리 네트워크가 잘 형성되어 있다 하더라도 실천의 대상이 존재하지 않는다면 네트워크는 필요치 않게 되는 것이다. 다시 언급하지만 네트워크를 형성하고 유지하는 데에는 많은 에너지가 필요하기 때문에 네트워크 참여조직이 활용하기 어려운 네트워크인 경우 굳이 네트워크에 참여할 필요가 없다.

마지막으로 네트워크 형성 과정에서 활용할 수 있는 해당 기관의 산출물들이 무엇인지 파악해볼 필요가 있다. 여기서 산출물이라 함은 사회복지기관을 통해 만들어지는 모든 것으로서 상담서비스, 후원금, 후원물품, 정보제공 등이 포함될 수 있다. 네트워크의 어원적 정의에서도 언급한 바와 같이 지속적으로 네트워크 참여기관 간에는 인적, 물적 자원이 공유될 필요가 있으므로 네트워크 참여를 통해 얻게 되는 각종 자원들처럼 우리 기관에서 네트워크에 공유할 수 있는 자원, 즉 산출물은 무엇이 있는지 먼저 파악해 보는 것이 중요하다. 만약 공유할 그 무엇인가가 없다면 네트워크를 통해 받기만 할 것이므로 지속적으로 네트워크에 참여하기 어렵다.

3) 3단계 : 네트워크 찾기

네트워크 찾기는 해결이 필요한 문제와 관련하여 네트워크 형성이 가능한 파트너를 파악하는 단계이다. 먼저 네트워크를 맺고 싶은 예비 대상과 관련한 다양한 정보를 입수한다. 이러한 정보는 가용할 수 있는 모든 방법을 동원할 수 있는데, 만약 해당 대상이 홈페이지를 보유하고 있다면 이를 활용하여 조직의 미션(mission)이나 현재 수행하고 있는 사업들, 재정상황, 보유하고 있는 자원 등을 확인한다. 향후 형성할 네트워크와 해당 조직의 가치관에 공통적 요소가 있거나 사업의 내용이 유사한 경우, 그리고 네트워크를 통해 공유할 수 있는 자원이나 재정적 측면 등이 존재하는지를 파악해 봄으로써 이후 실제적인 네트워크 접촉단계에서 활용가능한 정보를 축적한다.

해당 조직을 잘 알고 있는 타 조직이나 인물들로부터의 평판 들어보기도 네트워크 찾기 단계에서 활용해야 한다. 이기적 조직은 아닌지, 가치를 공유할 수 있는 준비가 되어 있는지 등은 실제 외형적으로 잘 나타나지 않기 때문에 이러한 평판은 향후 네트워크 형성 과정에서 요긴한 정보로 활용될 수 있다.

이러한 기초적 자료를 바탕으로 네트워크 형성가능성이 높은 조직이나 기관에 대해 예비 리스트를 작성하고 이 리스트는 네트워크 파트너로서의 실제 접촉 과정에 매우 유용하게 사용된다.

4) 4단계 : 네트워크 접촉하기

3단계에서 작성한 네트워크의 예비 파트너 리스트를 기초로 하여 해당 조직을 직접 찾아가서 형성하고자 하는 네트워크를 인식시키고 네트워크를 통해 얻게 될 이익과 구체적인 계획을 알리며 참여를 요청한다. 이러한 관계형성 과정에서는 무엇보다도 네트워크 파트너들 상호 간에 기본적인 신뢰가 형성되어야 한다. 따라서 지속적인 만남을 가져야 하고, 상호 간에 이미 형성된 신뢰가 있다면 이를 적극적으로 활용하며 네트워크를 주도적으로 형성하고자 하는 기관의 경우 그동안 쌓아놓은 지역사회의 좋은 평판도 활용할 수 있다. 특히 네트워크 형성 대상 조직의 최고 관리자와의 신뢰는 향후 구체적인 네트워크 과정에 매우 긍정적인 영향을 행사할 수 있다.

또한 네트워크 대상 조직과의 관계형성 속에서 중요하게 고려해야 할 또 한 가지가 있는데 바로 희생과 섬김의 태도이다. 네트워크를 형성하고자 하는 조직들은 대부분 현재의 조직이 지니고 있지 않은 자원이나 정보 등을 얻으려는 목적을 가지고 네트워크에 참여한다. 하지만 자신의 것을 기꺼이 내어주고 네트워크 대상 파트너 조직을 섬기려는 자세를 지니고 있지 않다면 네트워크에서 얻을 수 있는 것은 거의 없다. 즉 자신의 이익들을 먼저 고려하고 조금의 희생도 감수하려 하지 않는다면 네트워크는 형성조차 되지 않을 것이다. 모든 조직들이 이기적 목적을 가지지만, 자신의 이익실현을 위해서는 상대방의 이익을 먼저 고려한 후 나의 이익을 추구한다는 생각을 지님으로써 호혜적인 관계를 맺을 수 있게 된다.

결국 이러한 네트워크 접촉의 과정을 거쳐 궁극적으로는 네트워크 참여에 대한 계약을 맺게 된다. 계약의 과정은 우리가 보통 접하게 되는 조직 대표자들 간의 포괄적 협력의 내용이 될 것이고 이는 향후 구체적인 네트워크 과정으로 발전되는 기초로서 상호 약속의 의미를 지니게 된다.

5) 5단계 : 네트워크 영역과 크기 정하기

5단계에서는 네트워크 과정을 통해 구축하게 될 네트워크의 구체적인 영역을 결정한다. 네트워크 영역의 세부 내용을 살펴보면 네트워크를 통해 다루게 될 문제나 복지욕구는 무엇인지, 네트워크를 통해 지원하는 구체적인 대상 집단은 누구인지, 네트워크 조직들 간에 활용하게 될 사회복지실천기술은 무엇인지, 네트워크 대상지역은 어디인지, 마지막으로 네트워크에서 활용하게 될 자원의 출처는 무엇인지 등과 관련한 내용이다. 이러한 네트워크 영역들에 대해 네트워크 참여 조직들은 합의를 전제로 함께 정의하고 정확히 인식해 나가는 과정을 가져야 한다.

이와 함께 네트워크 영역 구축 단계에서는 네트워크의 크기가 정해져야 한다. 네트워크 크기에 대해서는 정해진 정답이 없다. 왜냐하면 네트워크의 크기가 클수록 서로 교환될 수 있는 자원의 양은 커지지만 네트워크를 관리하는 데 많은 에너지가 소모되기 때문이다. 따라서 적절한 네트워크의 크기는 네트워크 참여 주체들에 의해 실질적인 관리가 가능한 정도여야 한다. 네트워크 크기도 네트워크 영역을 정의하듯 네트워크 참여 조직들 간에 함께 정할 필요가 있다.

6) 6단계 : 네트워크 실행하기

네트워크가 추구하는 목표 실현을 위해 본격적으로 네트워크가 실행되면 몇 가지 고려사항이 발생한다. 먼저 네트워크에서 개발한 자원은 참여 조직들에게 공평하게 배분함으로써 자원교환에 있어서의 대칭성을 만들어야 한다. 몇몇 조직들이 자원을 독점하게 해서는 안 되며 모든 분배 과정은 공개적이고 투명하게 진행될 필요가 있다.

두 번째로 네트워크 참여조직의 참여자들은 본인들의 지위에 따라 네트워크에 대한 선호영역이 달라질 수밖에 없다. 따라서 네트워크의 지속적 운영을 위해서는 해당 조직의 관리자와 실무자가 네트워크에 대해 끊임없는 관심을 가지고 발전적인 모습을 유지토록 노력할 필요가 있다. 즉 실무자들은 대체로 서비스의 조정에 집중하고 네트워크의 관리에는 관심을 덜 가지는 대신 관리자급들은 각종 정보나 재정, 기관 경영정보 교환 등을 더 중요하게 여기기 때문이다. 하지만 관리자들의 과도한 네트워크에 대한 개입은 오히려 네트워크의 활동 동력을 떨어뜨릴 수 있으므로 참여 실무자에 대하여 일정 정도의 권한을 위임함으로써 네트워크 결정사항이 해당 기관에서 자연스럽게 받아들여질 수 있는 구조를 만들 필요도 있다.

권한위임의 과정에 대해 좀 더 설명해 보자면 네트워크에 참여하는 실무자가 네트워크에 참여하여 그 어떠한 결정도 내리지 못한다면 네트워크 차원의 사업들이 추진력을 가지지 못하게 될 것이 자명하다. 따라서 가능하면 네트워크에 참여 중인 실무자들이 자신이 속한 조직의 상황을 고려하여 어느 정도 권한을 보유할 수 있도록 하는 것이 요구된다.

이러한 권한위임의 자연스러운 분위기 조성을 위해서는 네트워크 형성 초반에 해당 조직 관리자와 실무자들이 여러 번 함께 네트워크에 참여함으로써 우선 네트워크에 대한 신뢰감을 형성하고 모든 네트워크 참여조직들이 실무자들에게 일정 정도의 권한을 위임해 주도록 결정하는 과정을 거치는 것도 고려해볼 수 있다.

7) 7단계 : 네트워크 갈등 관리하기

네트워크 갈등 관리하기 단계에서는 조직들 간에 발생가능한 갈등을 사전에 예방하고 발생한 갈등을 해소하며 역량이 부족한 참여조직들에 대해서는 역량을 강화할 수 있도록 지원하는 것까지 포함한다. 우선 갈등과 관련하여 가장 보편적인 내용은 네트워크 실행 과정에서 몇몇 조직이 다른 조직들의 의존적인 경향으로 인해 이들을 네트워크상에서 지배한다는 점이다. 조직들이 자원이나 정보 등을 몇몇 조직에 의존하게 되면서 나타나는 자연스러운 현상으로 적절한 개입 없을 경우 해당 조직의 영향력이 더욱 강화될 가능성이 크다. 따라서 한 조직의 영향력이 전체 네트워크에 행사되지 않도록 모든 참여조직들이 적절한 상호작용을 하고 자원을 공유할 수 있도록 조정, 통제하는 것이 필요하다.

또 하나의 문제점으로 지적될 수 있는 부분은 네트워크 참여 조직이 다른 조직에 비해 조직적 역량이나 보유한 자원이 부족하여 당초 예상한 역할을 적절히 수행할 수 없다고 판단되는 경우이다. 이러한 상황은 해당 조직이 네트워크 차원에서 소외될 수 있으며 궁극적으로 네트워크 구성 조직에서 아예 배제될 수 있는 가능성도 내포하고 있다. 그렇다면 이러한 조직에 대해서는 어떠한 접근을 수행해야 할까? 역량이 상대적으로 부족하고 조직이 보유한 자원이 적다고 네트워크에 참여한 조직을 배제하는 것이 적절할까?

네트워크의 기본적 운영방식은 네트워크 과정에서 가능하면 소외받는 조직이 없도록 하고, 역량이 부족한 조직은 함께 성장해 나간다는 생각을 가지는 것이므로 이러한 조직들을 네트워크에서 배제하는 것은 적절하다고 할 수 없다. 따라서 조직의 부족한 점을 상대방의 입장에서 함께 고민해 주고 역량강화를 위한 다양한 학습의 기회를 가지며 자원들을 적극적으로 개발할 수 있는 방법을 제시해 주는 것이 필요하다. 왜냐하면 지역사회 차원의 네트워크에서 상대적으로 부족한 조직들은 많으며 이러한 조직들을 하나씩 배제시켜 나가게 되면 궁극적으로 함께 해야 할 조직은 하나도 남지 않을 가능성이 높기 때문이다.

8) 8단계 : 네트워크 유지하기

네트워크 운영의 마지막 단계인 네트워크 유지하기에서는 네트워크 참여조직 수에 대한 점검과 네트워크 참여조직들 간의 친밀감 형성이 주요한 내용이다. 네트워크가 바람직하게 유지되기 위해서는 관리가능한 네트워크 참여조직 수를 점검할 필요가 있다. 네트워크가 발전해 나가면 자연스럽게 네트워크에 참여를 희망하는 조직은 늘 수밖에 없다. 하지만 지속적으로 조직 개체 수가 증가하게 되면 결국 네트워크 밀도가 높아지게 됨으로써 관리가 불가능해질 수 있다. 물론 위에서 언급한 바와 같이 바람직한 네트워크의 참여조직 수는 정해진 것이 없다. 네트워크 참여조직들을 관리할 수 있는 정도를 끊임없이 참여조직들 간에 논의할 필요가 있다.

그리고 참여조직들 간에 지속적으로 친밀감을 유지할 수 있는 적절한 방법도 마련되어야 한다. 네트워크에 참여하는 것이 곧 또 다른 일이 아니라 각자의 조직에 이익이 되고, 네트워크에 참여하고 있는 조직들이 자신의 조직에 든든한 지지자가 될 것이라는 확신을 심어 주어야 하고, 정기적으로 네트워크의 일원임을 인식할 수 있는 협력사업과 유대 강화의 기회를 가져야 할 것이다.

3. 네트워크 형성 과정에서 고려해야 할 사항

네트워크 형성 과정에서는 놓치지 말아야 할 몇 가지 사항이 있는데, 이를 구체적으로 살펴보면 다음과 같다(강철희 · 정무성, 2006).

1) 일치점 찾기

무엇보다도 네트워크에 참여한 조직들 간의 일치점을 찾아야 한다. 대체로 네트워크의 목적은 네트워크 참여 조직들이 함께 설정함으로써 일치점이 공유될 수 있는

데, 가급적이면 일반적인 수준에서 네트워크 목적을 도출하는 것이 바람직하다. 왜냐하면 사회복지관련 네트워크에는 사회복지와는 다소 거리가 있는 다양한 지역사회조직들이 참여할 수도 있기 때문이다. 너무나도 전문적이고 세부적인 목적으로 네트워크의 목적을 설정하게 되면 참여가 가능한 조직의 범위는 줄어들 수밖에 없고, 그만큼 교환가능한 자원이나 정보 또한 줄어들기 때문이다. 결국 보편적인 수준의 네트워크 목적이 설정된다면 다양한 지역사회의 행위자들이 참여하게 됨으로써 인적 · 물적자원 제공조직과 서비스 제공조직 등 보다 풍부한 네트워크 조직을 구성할 수 있고 그 결과 효과적인 네트워크 사업 수행이 가능하다.

예를 들어 사회복지관련 네트워크에는 지역사회주민들로 구성된 다양한 조직들이 참여할 수 있으나 이들의 상황을 고려하지 못한 채 전문적인 사회복지 성격만을 네트워크 목적에 고려하게 된다면 지역주민 조직들의 참여가능성이 줄어들 수밖에 없다. 보다 전문적이고 세부적인 목적 실현은 전체 네트워크 조직 속에 세부 분과형태로 실현할 수 있을 것이다.

2) 수평적 운영방식

네트워크는 수평적으로 운영되는 것이 바람직하다. 수평적 운영이라는 것은 몇몇 네트워크 참여 조직이 네트워크를 주도해서는 안 된다는 의미이다. 네트워크를 구성하는 조직들은 역량이나 보유자원 정도, 그리고 해당 조직의 참여인원에 따라 분명 네트워크에 의존적이거나 종속적인 조직들, 그리고 다른 조직을 지배할 수 있는 조직 또한 나타날 수 있다. 하지만 수평적 운영방식이 깨어지면 당초 네트워크가 추구해온 목적을 달성할 수 없을 뿐만 아니라, 타 조직에 대한 의존 성향이 커지고 조직들 간의 갈등이 발생함으로써 어렵게 시작한 네트워크 자체가 소멸될 수도 있음을 명심해야 한다.

네트워크의 수평적 운영을 위해서는 무엇보다 네트워크 차원의 다양한 관련 계획

수립 과정과 수행 과정에서 공식적인 회의구조를 활용해야 한다. 또한 보다 전문적인 사안에 대해서는 이에 적합한 구성원들로 특별위원회를 꾸려 활동을 수행할 수도 있다.

이렇듯 수평적 운영을 위해서는 투명한 네트워크 운영이 기본적 사항이며 참여 조직의 크기가 크거나 보유자원이 많은 것이 네트워크 지배나 의사결정에 영향을 미쳐서는 안 된다.

3) 결속력 제고

네트워크가 잘 운영되기 위해서는 참여하는 구성원들 간에 결속력이 제고되어야 한다. 네트워크에 대한 소속감을 가질 수 있고 네트워크에 참여하는 다른 조직 구성원들에 대한 무한한 신뢰감이 형성되어야 하는 것이다.

이러한 결속력을 제고하는 데에는 다양한 방법이 있겠으나 참여 구성원들의 특성을 고려하여 적절한 네트워크 결속력 향상 기회를 가져야 한다. 취미활동이나 여가 등을 매개로 하여 네트워크 참여자들 간의 친밀감을 높일 수도 있고 학습의 기회를 함께 함으로써 결속력이 강화될 수 있다. 또한 형식적인 네트워크가 아닌 정기적인 공동사업을 수행함으로써 그 과정 속에서 자연스럽게 결속력이 제고될 수도 있다.

단, 결속력 제고는 네트워크가 지니고 있는 당초의 목적달성을 위한 하나의 수단이다. 이러한 수단이 목적이 되는 현상이 일어나면 안 되므로 항상 네트워크 고유의 목적을 상기하고 있어야 하겠다.

4) 재원 확보

네트워크가 안정적으로 운영되기 위해서는 네트워크 활동에 필요한 운영재원을 확보하기 위한 노력이 필수적이다. 이를 위해서는 네트워크 참여 조직들의 공식적인 회비가 기본이 되어야 할 것이고, 네트워크 형성을 목적으로 지원되는 외부펀드를 활용할 수도 있다. 모 지원 법인에서는 다양한 기관들 간에 네트워크를 만들거나 이미 형성된 네트워크가 학습조직을 지향할 때 소요되는 비용을 제공하는 프로그램을 정기적으로 실시하고 있다. 결국 이렇게 마련된 재원은 네트워크의 구축과 유지, 관리 등에 적절히 사용될 수 있다.

5) 수직적 네트워크 형성

수직적 네트워크는 생애 주기적 접근에 초점을 맞춰 도움이 필요한 대상자에 대해 수직적 서비스 통합방식의 네트워크를 형성하는 것이다. 그동안 사회복지현장의 네트워크는 주로 문제해결이나 욕구충족이 필요한 동일 연령 대상자에 대한 수평적 서비스 통합적 접근에 그친 것이 사실이다. 즉 지역사회의 다양한 기관들의 서비스를 연계하고 조정하여 서비스 통합이 이루어지도록 하는 수평적 네트워크 접근이 주된 내용이었다.

하지만 이제는 위에서 언급한 수직적 네트워크 방식의 접근도 적극적으로 고려해야 한다. 지역사회의 아동이 청소년으로 성장하는 과정에 필요한 여러 지원, 장년에서 노년으로 진입함에 따라 요청되는 사안 등이 그러한 내용이다.

결국 이러한 수직적 네트워크는 삶의 주기별로 요구되는 지역사회의 다양한 노력들이 안정적으로 통합될 수 있게 한다는 강점이 있다.

6) 네트워크 설치지역

네트워크 설치지역은 대체로 시 · 군 · 구로 설명되는 기초자치단체의 관할구역과 일치되는 것이 보편적이다. 공동 현안이 형성되는 지역이 시 · 군 · 구 기초자치단체가 많기 때문이다.

하지만 해결해야 하는 문제들이 전국을 대상으로 하는 것이라면 그때는 네트워크 설치지역이 전국으로 확대될 수 있다. 이러한 설치지역의 전국적 확대는 교통 및 통신기술의 발전과 무관하지 않으며, 따라서 네트워크 활동 속에 각종 신기술을 접목하여 최대한 효율성을 증대시킬 수 있도록 노력해야 하겠다.

4. 네트워크 형성 이후의 과제

네트워크가 구성된 이후에도 네트워크의 유지 외에 고려해야 할 두 가지의 사항이 있다. 바로 네트워크의 힘을 지속적으로 기르는 것과 네트워크가 감당하지 못하는 사안을 위한 네트워크의 네트워크를 만드는 일이다(김영종 외, 2008).

1) 네트워크 힘 기르기

우선 네트워크의 힘을 기른다는 것은 네트워크가 명목상 네트워크에 그치지 않고 네트워크의 당초 의미를 계속적으로 유지하기 위해 구체적인 협력 내용을 찾고 실행하는 것을 의미한다. 협력을 위한 아젠다를 개발해 나가고 공동사업을 구상하는 기회를 가져야 하며 네트워크 조직 간 잦은 만남을 통해 다양한 논의의 주제를 발굴하는 작업이 필요하다. 네트워크를 형성하기 위해 소요되는 수많은 에너지들이 헛되지 않기 위해서는 이러한 네트워크의 힘 기르기는 반드시 필요한 과제이다.

2) 네트워크의 네트워크

두 번째로 하나의 네트워크가 모든 문제에 다 접근할 수 있는 것은 아니다. 따라서 이러한 상황에서는 네트워크들의 네트워크를 만듦으로써 문제해결에 필요한 다양한 자원을 더 많이 확보할 수 있다. 또한 그동안 네트워크를 형성하고 관리, 유지하는 데 필요한 많은 경험들을 공유할 수 있다.

5. 네트워크의 유형

네트워크가 필요한 여러 가지 이유가 있지만 대체로 규모가 작은 조직이 네트워크를 형성하여 하나의 조직이 할 수 없는 다양한 활동을 수행하기 위한 것으로 볼 수 있다. 따라서 어떠한 목적을 가지는지에 따라 선택할 수 있는 네트워크의 유형은 다양할 수 있다. 여기에서는 네트워크와 다소 형태가 유사한 연대의 유형을 언급한 Rubin 외(2008)의 내용을 중심으로 네트워크의 유형을 살펴보고자 한다.

1) 협조(cooperative efforts)

협조는 단기적으로 연대하는 경우로 행사를 중심으로 진행되는 가장 기초적인 연대의 유형으로 볼 수 있다. 시위나 단합대회 등의 행사가 종료되면 대체로 구성된 연대는 자연스럽게 해체된다. 사회복지조직에서는 연말에 진행되는 공동모금 행사나 지역사회 이슈를 널리 알리기 위한 캠페인 등이 여기에 해당 된다.

2) 연합(coalition)

연합은 협조에 비해 구조화되고 계속적인 협력관계를 유지하지만 다소 느슨한 형태를 지닌다. 기존의 조직의 자율성을 최대화하면서 연합을 통해 힘을 증대시키는 방식이다. 이러한 연합은 장기적인 이슈의 해결을 위한 연대방식이라는 특징을 가지고 있으면서 운영위원회(steering committee)의 형태로 수행된다. 사회복지조직의 경우 유사한 성격의 기관들간의 연합체를 형성하거나 해결해야 하는 이슈별 조직들끼리 연합하는 방식이 여기에 해당된다.

3) 동맹(alliances)

동맹은 기존의 조직들이 별도의 인력을 갖춘 새로운 조직을 형성함으로써 가장 높은 수준의 연대를 추진하는 방식으로 볼 수 있다. 이러한 동맹은 기존의 조직들 상부에 위치하게 되고 중앙위원회 또는 전문성을 보유한 직원에 의해 장기적인 활동이 수행된다.

생각해봅시다

01 지역사회 내에서 성공적인 네트워크 실천사례가 어떠한 것이 있는지 알아봅시다.

02 특정 지역사회의 문제를 설정하고 이를 해결하기 위해 가상의 네트워크를 구성하여 봅시다.

참 / 고 / 문 / 헌

강철희 · 정무성 (2006). **지역사회복지실천론**. 파주: 나남출판.

김영종 · 홍현미라 · 이현주 · 이혜원 · 이민영 · 진재문 (2008). **사회복지 네트워킹의 이해와 적용**. 서울: 학지사.

Patti, R. J. (1983). *Social welfare administration: Managing social programs in a developmental context*. Prentice Hall.

Rubin, H., & Rubin, I. (2008). *Community Organizing and Development*, 4rd ed. Boston: Allyn and Bacon.

Trevillion, S. (1999). *Networking and community partnership*. Ashgate Publishing.

Chapter 08

자원 동원과 미디어 활용

Learning Objective

학습 목표

1. 지역사회복지실천 과정에서 필요한 자원을 동원할 수 있는 구체적인 방법에 대해 알 수 있다.
2. 지역사회복지실천 과정에서의 미디어 활용방법 및 보도자료 작성법에 대해 알 수 있다.

Chapter 08

자원 동원과 미디어 활용

지역사회복지영역에서 자원이란 지역사회복지기관과 지역조직들이 당초의 설립 목적을 달성하는 데 도움이 되는 모든 것을 지칭한다. 이러한 자원은 대체로 인적자원과 물적자원으로 유형화될 수 있는데, 이 장에서는 물적자원 동원을 위해 고려해야 할 몇 가지 사안들과 실제 물적자원 동원방법, 그리고 물적자원 제공자들의 특성을 제시하고자 한다.

그리고 지역사회복지실천 과정에 있어서 미디어 활용은 자원 동원 및 주민조직화, 사회행동 등의 다양한 영역에서 필요한 기술이다. 자원 제공처에 현재 수행하고 있는 지역사회복지실천 내용들을 알리고 지속적인 자원 제공을 호소하기 위해, 그리고 지역사회문제를 이슈화하고 주민참여를 독려하기 위해서 효과적 미디어를 활용하고 적용할 필요가 있다. 따라서 이 장에서는 실제적인 자원 동원의 방법들과 미디어 활용에 대한 새로운 시각과 구체적 미디어 활용 기술에 대해 살펴본다.

1. 물적자원 동원

1) 물적자원 동원에서 고려할 사항

물적자원을 동원하기 위한 구체적인 기술을 익히기 전에 물적자원을 동원하는 과정에서 지역사회복지실천가들이 명심해야 할 몇 가지 사항에 대해 먼저 살펴보자.

(1) 물적자원은 수단

물적자원 개발은 지역사회복지기관과 주민조직 등이 안정적으로 운영되기 위해 반드시 필요하다. 하지만 물적자원은 자원을 활용하여 궁극적으로 달성하고자 하는 조직의 목적을 위한 하나의 수단이지 자원 동원 자체가 목적이 되어서는 안 된다. 조직구성원들마다 과도한 후원금 개발목표를 수립하여 할당하고, 다양한 방법을 동원하여 그 목표를 달성토록 하는 독려의 과정에서 일정 정도의 물적자원이 동원되고 축적될 수는 있다. 하지만 당초의 물적자원 확보를 통해 수행하려 했던 조직의 목적은 달성하기 어려워진다. 왜냐하면 물적자원 동원 과정에서 발생한 목적과 수단의 뒤바뀜 현상으로 인해 상당수 조직구성원들은 조직을 아예 떠나갈 수도 있기 때문이다.

따라서 지역사회복지실천가와 조직의 리더들은 물적자원 동원은 보다 궁극적인 조직 목적을 달성하기 위한 수단이라는 생각을 결코 잊어서는 안 되며, 물적자원을 동원하는 과정에서 조직구성원들에게 끊임없는 동기를 부여하고 물적자원을 동원하는 방법에도 많은 지원이 있어야 한다.

(2) 다양한 통로

물적자원 개발은 단순한 통로보다는 현재 조직에서 가용할 수 있는 다양한 통로를 확보하는 것이 중요하다. 몇몇 통로에만 의존하는 비중이 높을수록 안정적인 물적자원 개발에 어려움이 발생할 수 있기 때문이다.

또한 거액의 자원제공자보다는 소액의 자원제공자를 많이 개발하는 것이 조직적 차원에서 유리하다. 왜냐하면 거액의 자원제공자는 조직에 직간접적으로 간섭을 시도하려 하므로 조직이 추구하고자 했던 당초의 목적달성이 어려워질 수도 있으며 그만큼 자율성을 보장받기 힘들기 때문이다.

소규모 조직일수록 물적자원 확보 과정에서 거액의 자원제공자에 의존함으로써 조직의 설립목적과는 동떨어진 사업을 해야 할 가능성이 높으며 결국 조직의 정체성에 혼란이 가중될 수도 있다.

(3) 보상체계

조직이 조직구성원에게 지속적으로 업무관련 동기를 부여하기 위해서는 조직의 목표와 조직구성원의 목표 간에 적절한 혼화(blended)의 과정이 필요하다. 그렇지 않고서는 조직이 추구하는 목표를 달성할 수 없다.

물적자원 개발과 관련해서도 이러한 원칙은 동일하게 적용된다. 먼저 지역사회복지실천조직이 기대하는 자원개발 성과를 달성한 조직구성원에 대해서는 적절한 보상이 제공되어야 한다. 또한 보상의 내용도 조직이 일방적으로 마련한 단편적인 보상체계보다는 조직구성원들의 욕구가 반영된 물질적 또는 비물질적 영역을 고려한 다양한 보상체계가 필요하다.

그 외에 물적자원 개발 과정에서는 조직구성원들 간의 다양한 협업의 과정을 거치게 된다. 잠재적 자원제공자에 대한 정보제공과 실질적인 자원개발업무 등이 분화되어 있기 때문에 이러한 협업 과정은 자원 동원 과정에서 필수적이다. 하지만 개발된 자원제공자와 관련한 성과 공유 등의 방법은 아직까지 미흡하기 때문에 조직차원에서 협업의 노력을 공평하게 평가하여 보상을 할 수 있도록 해야 한다.

(4) 개발방법 투자

물적자원 개발을 보다 적극적으로 수행하기 위해서는 물적자원 동원방법에 대한 과감한 투자가 필요하다. 최근 들어 인터넷 및 모바일의 활용이 생활화되면서 물적자원 동원의 방법까지도 인터넷과 모바일을 이용하는 경우가 많아졌다. 따라서 자원 동원 과정에서 자원제공 신청에서부터 실질적인 자원제공, 그리고 자원제공에 대한 감사의사 표시 및 관련 영수증 제공 등 모든 자원제공 관련 과정들이 인터넷 또는 모바일로도 가능해야 한다.

보다 구체적으로 인터넷을 활용한 자원 동원방법에서 필요한 요소들로는 크게 초고속 인터넷 서비스와 고유 도메인, 그리고 고유 웹사이트 등을 들 수 있다. 먼저 초고속 인터넷 서비스는 자원 동원 업무를 매우 효율적으로 할 수 있도록 지원하며, 고유 도메인은 지역사회복지실천조직을 식별할 수 있는 명칭으로서 일관된 조직과 관련한 브랜드 구축이 가능하다. 도메인 명으로는 조직의 이름을 사용하는 것이 가장 좋지만, 그렇지 않을 때에는 조직의 활동을 연상시킬 수 있는 명칭을 활용한다. 마지막으로 고유 웹사이트는 필수적 도구로써 조직의 전반적 커뮤니케이션 체계와 일관성 있게 제작되어야 하고, 관련 단체의 웹사이트 방문을 통해 제작방향에 대한 도움을 받을 수도 있다. 단, 웹사이트는 구축되었다고 끝나는 것이 아니라 지속적으로 콘텐츠를 올려야 하고, 운영관리에 있어서도 재원이 필요하다는 점을 명심해야 한다(Kim, 2009).

물론 온전한 인터넷 활용 자원 동원 시스템을 갖추는 데는 많은 비용이 드는 것이 사실이다. 하지만 물적자원 제공자에 대한 친화적 시스템 확보라는 측면에서 반드시 이와 관련한 시스템은 제고되어야 하고, 관련 기관이나 조직들이 공동의 시스템을 개발하여 운용할 수 있는 체계도 고려할 수 있다.

지역사회복지실천조직에서 발행하는 소식지를 포함한 홍보물도 중요한 자원 동원의 수단이므로, 이에 대한 투자도 보다 적극적으로 이루어질 필요가 있다. 대체로 홍보물들은 마케팅 영역에서 지속적으로 언급되고 있는 AIDA(Attention, Interesting,

Desire, Action) 원칙이 적용된다(이명천 · 김요한, 2013). 즉, 판매하고자 하는 물품이나 서비스가 아주 매력적이어서 소비자들의 흥미를 유발시키고, 사고자 하는 욕망을 불러일으켜 결국 구매로 이어지게 한다는 위계적 과정을 설명하듯이, 홍보물 또한 다른 기관이나 조직보다 매력적이고 흥미로워 자원제공에 대한 욕망을 생기게 하여 결국 자원제공자가 되게 해야 한다는 것이다.

그러기 위해서는 홍보물이 일방적으로 제작되기보다는 자원제공자 또는 잠재적 자원제공자들과의 상호작용을 통해 이들의 입장이 고려되어야 하고, 자원제공 활동을 해야겠다는 열망이 생겼을 때 곧바로 행동으로 옮길 수 있는 매우 구체적이고 쉬운 방법이 제시되어야 한다. 그리고 홍보물 형태가 인터넷을 활용한 웹진인 경우 인터넷에 기반을 둔 후원방법도 체계가 마련되어야 한다.

2) 물적자원 동원방법

(1) 인연

지역사회복지실천조직과 인연을 지니고 있는 모든 사람은 물적자원 제공자일 수 있다. 우선 여러 가지 이유로 하여 기관을 떠난 퇴직 직원은 중요한 예비 자원제공자이다. 따라서 지속적으로 조직의 소식을 전하고 물적자원을 제공할 수 있는 다양하고 구체적인 기회를 제공할 필요가 있다. 또한 각종 물적자원 동원을 위한 행사에 공식적으로 초청하여 퇴직직원들 간에 교류할 수 있는 장을 마련해 주는 것도 하나의 방법이다.

두 번째로 자원봉사자야말로 대표적인 잠재 자원제공자이다. 특히 자원봉사활동을 중단한 시점부터는 자원제공자로 변모할 가능성이 더 높아지는데, 그동안 수행했던 자원봉사활동을 대신할 물적자원 제공이 가능함을 인식토록 다양한 기회를 적극적으로 제공할 필요가 있다. 일회성 자원봉사자들의 경우에도 짧은 시간 동안의 의미 있고 보람된 봉사활동에 참여할 수 있도록 함으로써 봉사활동이 종료된 후 자원제공을 시작할 수 있게 된다.

그 외에도 지역사회조직의 지원을 받던 대상자 또는 지역주민이 후원자가 될 수 있다. 복지대상자였던 청소년이 대학에 진학하여 아르바이트 등을 통한 경제적 여유가 생기는 순간부터 소액일지라도 후원활동에 동참하는 경우 등이다.

결국 물적자원 제공자를 확보하기 위해서는 현재 지역사회복지실천조직과 여러 부분에서 관계를 가지고 있는 모든 사람들과의 관계를 진정성 있고 충실히 맺는 것이 중요하며, 그래야만 이들을 잠재적 자원제공자로 전환시킬 수 있다.

(2) 행사

복지관련 기관과 지역사회조직이 활발히 수행하는 물적자원 동원방법으로 각종 행사나 이벤트 개최를 들 수 있다. 일일찻집이나 자선음악회, 후원자 초대의 밤, 전시회 등의 행사를 꼽을 수 있는데 이러한 행사들이 당초의 계획대로 잘 진행된다면 단시간에 가장 큰 자원개발 효과를 얻을 수 있다. 그러나 그만큼 거액의 비용과 많은 수행 인력이 필요하다는 점이 적절히 고려되어야 한다.

보다 세부적으로 살펴보면 행사와 관련해서는 우선 소요될 비용이 매우 구체적 수준에서 계획되어야 하고 행사를 통해 얻게 되는 예상 물적자원금액이 추정될 수 있어야 한다. 비용 대비 수입금액이 어느 정도인지에 따라 행사를 물적자원 동원방법으로 선택할 것인지가 결정된다.

그리고 행사에는 다양한 물품이 필요한데 개인이나 기업, 단체로부터 후원을 받는 것이 일반적이며 행사수행을 위한 인력은 최대한 자원봉사자를 활용하고 지역사회복지실천가들은 행사가 원만히 이루어질 수 있는 전반적 관리와 감독의 역할을 담당해야 한다.

그리고 이러한 행사를 개최하는 것은 물적자원 동원을 위한 목적도 있으나, 물적자원이 필요한 문제를 지역사회주민들에게 알리고 문제해결에 주민들의 동참을 유도하는 목적도 있다. 소셜 프로모션(social promotion)이라는 용어로 설명되는 이러한 접근은 이슈화해야 할 문제를 행사 내에서 홍보하는 적극적 계기를 가져야 하고, 그 결과 많은 지역사회주민들이 적극적으로 문제해결에 동참할 수 있도록 해야 한다. 또한 기관이나 지역사회복지실천 조직에 대해 긍정적인 느낌을 가진 사람들은 반드시 이러한 행사에 초대하여 추가적인 자원을 제공할 수 있도록 할 필요가 있으며, 위에서 언급한 인연을 활용한 퇴사직원들도 초청하도록 한다.

(3) 바자회

다양한 행사 중 특별히 바자회의 경우 몇 가지 사안에 대한 고려가 필요하다. 우선 바자회 시기를 언제로 할 것인지와 바자회에서 주제로 삼고 있는 내용이 계절과 맞는지에 대한 부분이다. 먼저 바자회 시기의 경우 너무 덥거나 추운 경우, 비나 눈이 많이 내리는 시기는 피함으로써 지역사회주민들이 보다 많이 참석할 수 있도록 한다. 또한 바자회에서는 물적자원을 동원하는 필요성과 관련한 주제를 선정하게 되는데, 계절에 부합하는 주제 선정이 필요한 경우에는 이 또한 잘 고려해야 한다. 특히 김장이나 난방비 관련 바자회는 겨울이 다가오는 선선한 가을이 바자회 개최의 적기이다.

그리고 바자회는 결국 좋은 물품을 지역주민에게 싸게 제공해서 좋고, 그 결과 후원금도 조성되어서 좋은 행사이지만 바자회 물품 동원 과정에서 주의해야 할 점이 있다. 우선 물품을 제공하는 기업에게는 후원하는 물품을 바자회에 사용해도 되는지에 대한 승인을 받아야 한다. 대상자에게 직접 제공한다고 승인받은 경우에는 바자회에서 판매할 수 없으며 만약 소액의 금액이라도 받고 판매하는 경우 법적 분쟁까지도 발생할 수 있다.

두 번째로는 바자회에서 판매하는 물품은 결국 지역주민들이 싼 가격에 물품을 이용하도록 하는 것도 중요한 목적이므로 바자회 물품구매는 지역주민이나 시설이용자, 그리고 그들의 가족으로 한정짓는다. 바자회 개최 이전에 직원이나 조직구성원들이 먼저 후원물품을 구매하게 되면 결국 좋은 물품들이 지역주민들에게 돌아갈 수 없기 때문이다. 그리고 바자회에는 먹거리나 게임 등 다양한 이벤트 코너를 마련함으로써 보다 많은 지역주민들이 행사에 참여하여 후원금도 기부하고 자원이 필요한 지역사회의 관련 이슈에 대해 인식할 수 있도록 한다.

(4) 우편 · 전자메일

직접 우편이나 메일을 통해 물적자원을 요청하는 것은 매우 전통적인 방식으로 지금까지도 가장 많이 활용하고 있다. 최근 들어서는 직접 우편(DM) 외에도 전자메일을 활용함으로써 금전적인 측면에서 효율적이 되었지만, 우편과 메일방식은 개인정보보호법의 시행으로 관련 정보 수집에 많은 어려움이 발생하기도 하였다.

우편과 메일을 활용하는 방식은 꾸준히 잠재적 물적자원제공자에 대한 명단을 작성하고 체계적으로 관리하는 노력이 필요하다. 또한 위에서도 언급한 인상적인 우편물 · 전자메일을 발송해야 하며 너무 많은 첨부물은 오히려 산만해질 수 있다는 점도 유념해야 한다.

그리고 물적자원을 제공받게 되면 빠른 시간 내에 자원제공에 대한 감사의 뜻을 담은 서신과 관련 영수증을 보내야 하며, 반송되는 우편물과 메일은 앞서 작성한 명단에서 삭제하거나 수정을 해야 한다. 그 외에 잠재적 물적자원제공자 명단의 경우 몇몇 후원담당자의 노력만으로는 만들어질 수 없으므로 다양한 정보제공자로부터 자원제공 가능성을 고려한 명단을 추천받을 필요가 있다. 또한 이러한 자원개발의 과정은 조직구성원들의 자원개발관련 생활화로 가능성이 높아질 수 있다. 즉 조직구성원들의 일상생활 과정에서 잠재적 자원제공자를 발굴하기 위한 노력을 기울이고 실제 자원제공자로 연결될 수 있도록 적극성을 띠어야 할 것이다.

(5) 지원 법인

이 방식은 각종 사업공모를 통해 지원받는 방법으로써 기관이나 지역사회조직 차원에서는 해당 사업에 한꺼번에 집중적인 물적자원을 동원할 수 있다. 하지만 사업의 타당성과 필요성을 프로포절(proposal) 형식을 빌어 인정받아야 하기 때문에 프로포절 작성자는 결혼 전 남녀 간의 프로포즈와 같이 간절한 마음으로 지원 대상 사업을 표현해야 한다.

이러한 기업재단 등의 지원은 매년 시기가 정해져 있으므로 계획적으로 준비해야 하고, 지원 대상 또한 지원 프로그램마다 다르기 때문에 해당 사업과 가장 관련성 있는 지원처를 탐색할 수 있어야 한다. 그 외에 법인의 형태를 가지고 있는 경우에만 지원받을 수 있는 곳도 많으므로 만약 지역사회복지실천조직이 법인체가 아니라면 지역사회의 다양한 법인들과 컨소시엄을 구성함으로써 지원할 수 있다.

마지막으로 지원에 대한 선정 가능성을 높이기 위해서는 해당 기업재단의 과거 선정 프로그램의 지원 사례를 살펴볼 필요가 있으며, 해당 사업에 대한 지원 종결 이후 자원을 어떻게 동원하여 지원 없이도 사업을 연속적으로 수행할 것인지에 대해 상세히 기술하는 과정이 요청된다.

(6) 지역주민

일반적으로 물적자원이라고 하면 현금성 자원에 중심을 두게 되지만 지역사회주민들은 현금성 자원보다 현물성 자원을 훨씬 더 쉽게 제공하는 경향이 있다. 단, 기관과 조직에게 불필요한 현물성 자원이 제공되면 그 가치를 상실하게 되므로 자원제공자의 선한 뜻이 구현되기 어렵다.

따라서 기관과 조직은 지역사회에 대해 현재 필요한 현물성 자원이 무엇인지 구체적으로 알리는 과정이 필요하다. 각종 홍보물이나 인터넷 홈페이지 등에 필요물품을 노출시키거나 위에서 언급한 직접 메일에 관련 내용을 포함시킴으로써 보다 효과적인 현물성 자원 동원이 가능하게 한다.

이와 함께 지역사회에 소재하고 있는 각종 소규모 업체에게 제공가능한 아이템을 기획하여 제시할 수도 있다. 즉 중화요리 식당의 경우 후원금보다 "가족식사권"을,

세탁소는 "겨울코트 드라이클리닝 쿠폰"을, 미용실의 경우 "파마, 커트 쿠폰"을 제공받아 필요한 대상에게 자원을 연결시킬 수 있다. 그러한 현물성 자원 동원 과정은 궁극적으로 지역사회주민들이 지역사회문제 해결에 적극적으로 동참할 수 있는 기회를 부여한다는 측면에서 매우 높은 의의를 지닌다.

(7) 콜라보레이션

보다 많은 물적자원 동원을 위해서는 복지관련 영역들의 콜라보레이션(collaboration) 방법을 활용할 수 있다. 예를 들면 결식아동의 급식 지원을 위해 지역의 복지기관과 최근 들어 활발히 조성되고 있는 사회적 경제영역의 마을기업이나 사회적 기업의 급식관련 사업이 콜라보레이션을 통해 물적자원을 공동으로 개발하는 것이다. 물적자원 제공자의 경우 결식아동을 도울 수 있다는 보람과 사회적 경제영역에 대한 투자를 한다는 새로운 경험, 그리고 지역사회복지실천조직이 책임감 있게 물적자원을 효율적으로 사용한다는 점 등 다양한 장점을 피력할 수 있다. 즉 물적자원 제공자가 지역사회복지실천조직에 후원하게 되면 후원금이 사회적 기업 등의 사회적 경제 영역의 물품을 구매하게 됨으로써 사회적 경제에 대한 투자가 이루어지는 동시에 그 물품이 필요한 대상에게 전달됨으로써 다양한 목적을 실현할 수 있다.

결국 지역사회복지실천가들은 물적자원 동원을 혼자의 힘으로 하기보다는 지역사회에 존재하는 다양한 관련 조직들과 함께 할 수 있는 기회와 꺼리를 만들게 된다면 그만큼 많은 양의 물적자원을 쉽게 동원할 수 있다.

(8) 크라우드 펀딩

최근 크라우드 펀딩(Crowd-Funding)이 물적자원 동원의 방식으로 대두되고 있다. 크라우드 펀딩이란 특정한 목적달성을 위해 개인들의 집단적 노력으로 큰 자금을 만드는 것을 말한다. 비록 온라인을 통해 재무관련 지지자를 확보하고자 하는 경영영역에서 시작되었으나, 현재는 문화예술, 복지, 정치 등으로 범위가 확대되고 있다.

크라우드 펀딩의 기본적인 전제는 기존의 단순 소비자의 역할에서 벗어나 크라우드 펀딩에 투자하게 되면서 주인의식을 가지게 만들 수 있다는 점, 그 결과 기업은 단골고객을 확보할 수 있게 됨으로써 커다란 마케팅 기회를 가질 수 있다는 것이다(Frutkin, 2013). 이러한 크라우드 펀딩 방식의 발전은 인터넷의 발전과 무관하지 않다. 소비자들과 직접대면방식을 통한 관계형성을 벗어나 온라인 공간에서 기업에 대한 충성도가 높은 고객과 지속적인 상호작용을 할 수 있게 되었기 때문이다. 또한 대중들이 어떠한 프로젝트에 참여하게 됨으로써 받게 되는 기존의 임금방식을 벗어나 이제는 매우 다양한 형태의 보상을 참여의 대가로 받길 기대하는 심리가 생겼다는 것이다. 영화에 대한 투자 대가로 돈 대신 한정판 DVD나 미리 영화 내용을 알 수 있는 것 등이 바로 그러한 부분이다.

이러한 크라우드 펀딩방식은 지역사회복지실천영역에서 물적자원 동원의 방식으로 적극적인 활용이 가능하다. 지역사회문제해결에 지역사회주민들의 참여를 기반으로 한다는 점에서 서로 통하며, 물적자원을 어떻게 활용할 것이라는 구체적인 방식을 제안함으로써 지역사회주민들의 투자를 받고 계속적인 관심을 불러일으킬 수 있다. 이를 위해서는 지역사회복지실천가들이 최근 들어 인기를 끌고 있는 크라우드 펀딩의 상품이나 주제를 유심히 살펴보고 지역사회복지영역에 적용할 수 있는 준비가 필요하다.

3) 물적자원 제공자 접근 전략

물적자원을 지속적으로 활용하기 위해서는 물적자원 제공자와의 관계를 형성하고 발전시켜야 하고, 이것이 물적자원 제공자들에 대한 핵심적인 접근 전략의 주요 목표가 되어야 한다. 구체적인 내용으로는 물적자원 제공자의 확보와 유지, 업그레이드의 과정으로 설명될 수 있다.

또한 물적자원 동원 계획을 수립할 때 각각의 세부내용이 자원 제공자를 확보하기 위한 것인지, 아니면 유지하기 위한 것인지, 업그레이드를 위한 것인지를 구분하고 이것이 최선의 전략인지에 대한 지속적인 점검이 필요하다(Kim, 2009).

(1) 확보 전략

이 전략은 현재 물적자원을 제공하지 않는 사람을 물적자원 제공자로 확보하는 것이다. 위에서 언급한 다양한 물적자원 동원방법을 활용하여 새롭게 물적자원을 제공토록 하며 대체로 충동적인 제공자들을 확보하는 것이 중요하다.

(2) 유지 전략

위에서 확보한 충동적인 물적자원 제공자들이 습관적으로 물적자원을 제공할 수 있도록 다양한 기회를 제공한다. 물적자원 제공자를 기관이나 조직으로 초대하거나 물적자원 사용에 대한 감사의 뜻을 감동적으로 전함으로써 이들의 감성을 자극하는 것이 필요하다. 결국 일회성 물적자원 제공에 그치지 않고 지속적 자원제공이 가능토록 하는 것이 중요하다.

(3) 업그레이드 전략

물적자원 제공자가 확보되고 난 후 후원금이나 물품을 계속적으로 제공하게 되면 이들 자원제공자에 대해 유지 전략 이외의 추가적 접근은 수행하지 않는 경우가 많다. 하지만 현재의 가치보다 더 높은 정도로 물적자원을 제공할 가능성이 높다고 판단되면 이러한 제공자들을 대상으로 새로운 접근을 시도하는 것이 바로 업그레이드 전략이다.

대체로 업그레이드 전략은 우편이나 전화, 행사초대 등의 방법으로 이루어지기도 하지만 거의 대부분은 개인적 만남을 통한 요청으로 진행된다. 이러한 업그레이드 전략을 통해서 자원제공에 대한 지속적 습관을 보다 큰 자산이나 유산을 제공하는 사려 깊은 물품 제공자로 전환시키는 것이 목표이다.

표 8-1 ● 물적자원 동원 전략

전략 유형	전략의 목적	구체적 방법
확보 전략	자원을 제공하도록 이끎	우편, 웹사이트 요청, 특별행사 등
유지 전략	자원제공을 습관화	기관이나 조직에 초청, 감성자극
업그레이드 전략	보다 높은 가치의 물적자원 제공	개인적 만남을 통한 요청

4) 물적자원 개발 과정에서의 어려움

물적자원 개발 과정에서 감정적 어려움은 분명 발생한다. 이러한 어려움의 유형에 대해 파악하고 유형별 대처 전략을 수립해 보는 것은 물적자원 개발자들에게 필요한 훈련 과정이다. 물적자원 요청 과정에서 자원개발자에게 발생하는 두려움과 그에 대한 극복방안에 대해 알아보자(Kim, 2009).

(1) 거절

개별적인 물적자원 요청에 대한 거절은 언제든지 발생할 수 있는 상황이다. 그리고 자원개발자는 왜 자신의 요청을 상대방이 거절하였는지 고민할 필요가 없다. 상대방은 자원제공 요청을 당연히 거절할 권리가 있으며 거절에 대한 이유 또한 말할 필요가 없기 때문이다.

대부분의 경우 자원개발 과정에서 개발 대상자에게 일어난 많은 일들이 거절의 요인이 될 수 있다. 즉 자원요청 이전 예상치 못한 일로 추가적인 금전 지출이 발생하게 되면 자원제공 요청을 거절할 가능성이 높아진다. 따라서 자원개발자는 일일이 그러한 거절의 상황을 마음에 둘 필요가 없다. 왜 거절당했을까를 생각하기보다는 다음 예정된 잠재적 자원제공자로 다가가 또다시 자원제공을 요청하면 된다.

(2) 우정

자원개발자의 친구들은 가장 좋은 자원제공자가 될 수 있다. 그러나 자원개발자는 친구에게 자원을 요청하는 것을 어려워할 수밖에 없는데, 친구관계에 돈이 개입되어서는 안 된다는 선입견 때문이다.

하지만 친구들은 자원개발자의 삶에 관심을 가지고 성공과 행복을 바라는 경우가 많다. 따라서 자원요청을 받지 않은 경우 오히려 친구에게 상처를 줄 수 있다는 점도 고려할 필요가 있다.

그리고 친구가 자원요청을 거절해도 자원개발자가 편안하게 받아들인다면 친구도 큰 부담을 가지지 않을 것이고, 자원요청을 받더라도 친구관계가 그것 하나로 좌우될 것으로 생각지는 않는다. 따라서 자원요청에 대해 승낙을 해주면 더없이 좋겠으나, 거절해도 괜찮다는 점을 강조하는 것이 무엇보다 중요하다.

(3) 대가 요구

자원개발자의 요청에 따라 자원을 제공하여도 결코 그것이 빚을 지는 것은 아니다. 따라서 언젠가 자원제공자가 자원개발자에게 어떠한 부탁을 할 것이라고 생각할 필요는 없다. 만약 그러한 과정이라면 이것은 자원개발이 아닌 교환이 되어 버린다.

자원개발자는 자원에 대해 목적에 부합되도록 책임감 있게 사용하는 것이 자원제공자에 대한 의무이다. 단지 자원제공에 대해 감사의 마음을 가지고 진심으로 감사의 뜻을 표현하는 것 외에는 빚을 진 것이 없다. 만약 자원제공의 대가로 무언가를 요청할 것으로 예상되는 사람이라면 자원을 요청할 필요가 없다. 그 사람 외에도 많은 잠재적 자원제공자가 있다는 점을 명심해야 한다.

2. 미디어 활용

1) 미디어 활용 이유

미디어를 활용할 수 있는 구체적 기술을 익히기 전에 지역사회복지실천과정에서 미디어를 활용해야 하는 이유를 명확하게 파악하는 과정이 필요하다. 왜냐하면 미디어 활용 기술을 지역사회복지실천현장에 적용하기 위해서는 많은 시간과 노력, 그리고 물질적 자원을 투입해야 하기 때문이다.

미디어를 활용하는 이유는 크게 세 가지 정도로 정리할 수 있다(Kahn, 1992). 첫째로 미디어를 활용하는 것은 우리 조직이 현재 수행하고 있는 일이 무엇인지를 지역사회 및 관련된 많은 사람들에게 직접적으로 알릴 수 있는 좋은 기회다. 특히 미디어를 활용하여 불특정 다수에게 조직과 현재 수행 중인 다양한 사업에 대해 노출할 수 있다. 이는 사업과 관련하여 적절한 이용자를 확보하거나 필요한 자원을 개발할 수 있는 좋은 기회가 된다.

둘째로, 우리 조직이 정기적으로 미디어에서 다루어진다는 것은 조직 및 조직이 수행 중인 사업에 대한 정당성이 부여되고 조직이 살아있다는 느낌을 전할 수 있다. 특히 지역사회복지실천기관의 후원자나 자원봉사자, 그리고 이용자들이 미디어에 등장하는 우리의 조직을 접하게 된다면 보다 높은 조직에 대한 소속감과 동질성을 지니게 됨으로써 기관에 대한 지속적인 자원제공과 기관 이용이 가능해진다.

마지막으로 지역사회복지실천기관이 미디어에 나온다는 것은 무엇보다도 조직구성원들의 정신적 역량의 고양에 도움을 주어 해당 조직에 대한 자긍심이 높아진다.

따라서 미디어를 활용해야 하는 이 세 가지 이유를 항상 고려하고 지역사회복지실천 과정에서 보다 적극적으로 미디어를 활용할 수 있도록 해야 하겠다.

2) 미디어 활용의 전제조건

(1) 미디어 책임부서 설치

미디어를 적절하게 활용하기 위해서는 무엇보다도 지역사회복지실천조직 내에 미디어를 전담하는 책임부서나 책임자를 두어야 한다. 왜냐하면 이러한 책임부서를 중심으로 각종 미디어 활용과 관련한 혼선을 사전에 막고 미디어 종사자들과의 정례적이고 친밀한 관계를 유지할 수 있기 때문이다. 특히 다음에 언급하게 될 보도자료 작성 및 발송과 관련해서는 반드시 책임부서를 통해 보도자료가 해당 미디어에 전달될 수 있도록 하는 조정 작업이 필요하다.

(2) 미디어 책임부서와 사업부서의 협업

미디어 책임부서와 지역사회복지실천을 직접 수행하는 사업부서 간에는 미디어 활용의 필요성에 대해 함께 논의해야 한다. 미디어를 활용하는 것이 단순히 사업 참여자를 모집하는 데 있는지, 아니면 사업 자체를 지역사회주민들에게 홍보하는 것인지, 그리고 사업 수행에 필요한 자원을 개발하는 것인지에 따라 미디어 내용 속에 강조해야 할 부분이 달라지기 때문이다.

또한 미디어에 담길 주된 내용은 결국 사업을 수행하는 곳에서 마련되어야 하기 때문에 미디어 활용의 목적과 이에 대한 대응 전략을 미디어 책임부서와 사업부서가 함께 수립하는 과정이 반드시 필요하다. 즉 미디어 활용은 미디어 책임부서에서 알아서 하는 일이 아니라는 것이다.

미디어 책임부서는 조직 내 미디어 관련 업무의 조정과 사업부서에서 수행하는 일들을 보다 친미디어적으로 전환하는 일을 도와줄 뿐이지, 결국 미디어에 보내질 내용은 사업수행자들이 마련해야 한다.

(3) 미디어와의 좋은 관계 유지

미디어는 지역사회복지실천조직이 요구한다고 무작정 아무 내용이나 실어주지 않는다. 물론 많은 돈을 들여 광고를 하면 되겠지만 지역사회복지실천조직들이 그런 돈을 충당하기는 어려운 상황이므로 보도를 희망하는 내용은 결국 광고에 맞먹는 수준의 가치가 있어야만 한다. 따라서 우리의 소식이 광고비만큼의 값어치가 있다는 점을 설득하기 위해서 평상시 미디어 종사자들과의 관계를 구축해야 하는데, 이를 통상적으로 미디어 릴레이션(Media Relation)이라고 한다(프레인, 2005).

좀 더 구체적 내용을 살펴보면 미디어 릴레이션에서 가장 중요한 요소는 미디어 책임부서 담당자가 미디어 종사자들과 친해짐으로써 불가분의 관계가 되는 것이다. 특히 미디어 책임부서 담당자는 커뮤니케이션과 대인관계방식을 활용하고 특히나 미디어에 대한 높은 이해를 가지고 있어야 한다.

그리고 원하는 기사가 미디어에 노출되었을 때 반드시 해당 미디어 종사자들에게 고마움을 표현해야 하고, 미디어 종사자들이 보도내용을 원할 때 즉각적으로 우리 조직에서 제공해줄 수 없더라도 다른 조직의 사례를 함께 발굴해 제공하는 노력을 기울인다면 미디어 종사자들과의 관계는 더욱 돈독해질 것이다. 미디어 종사자들에게는 그러한 미디어 책임부서 담당자가 언제든지 풍부한 보도내용을 제공해줄 수 있는 지역사회복지실천가이자 미디어 종사자들의 좋은 파트너로 기억될 것이다.

(4) 미디어 종사자의 생활패턴 이해

미디어 책임부서 담당자들이 미디어 종사자들과의 관계를 보다 발전적으로 이끌기 위해서는 이들의 업무 사이클을 이해하는 것도 많은 도움이 된다. 물론 미디어의 유형이 무엇인지에 따라 다소 차이가 나겠으나 대부분은 시간에 쫓기고 있기 때문에 이를 고려한 업무처리가 필요하다.

뉴스나 시사보도와 같은 미디어 프로그램은 가급적 취재가 하루에 끝날 수 있도록 배려해야 한다. 취재 이후에 편집이나 원고보강, 자막삽입 등의 작업들이 남아 있기 때문이다. 이에 비해 교양프로그램의 경우에는 시간적 여유가 있겠으나, 내용에 있어서 보다 충실성이 요구된다.

그리고 무엇보다 미디어 종사자들은 대부분의 시간을 외부에서 보내기 때문에 전화통화를 해야 하는 경우 가급적 짧게 해야 한다. 특히 오후 3~4시경의 마감시간은 피하고 가장 편안한 시간을 선택하여 연락하는 것이 좋다.

3) 미디어 유인방법

미디어가 보도하는 뉴스(NEWS)는 새로운 것들(NEW+S)이라는 뜻도 있고 북(North), 동(East), 서(West), 남(South)의 앞 글자만을 딴 것으로 여러 곳에서 일어나는 새로운 일이라는 뜻도 있다. 여하튼 지역사회복지실천 활동 과정을 미디어에 소개하기 위해서는 수많은 다른 뉴스들과 경쟁해야만 한다. 따라서 미디어를 유인하기 위해서 고려해야 할 몇 가지 점들을 살펴보면 다음과 같다(프레인, 2005; Kahn, 1992).

(1) 시의성

이미 지나간 일은 뉴스가 되기 어려우며 오늘 일어난 새로운 사실만이 뉴스거리가 될 수 있다. 아무리 감동적이고 의미 있는 지역사회복지실천 활동이라 할지라도 시간이 많이 흐른 후에는 기사화되기 어렵다.

따라서 지역사회복지실천 활동에 대해서는 미리 보도자료를 마련해 놓고 활동이 끝난 후 촬영한 사진이나 영상 등을 첨부하여 곧바로 미디어 종사자들에게 전달될 수 있도록 최선을 다해야 한다. 만약 직접 미디어 종사자들을 초청하겠다는 생각이라면 흥미 있는 보도자료 작성을 통해 이들이 우리의 지역사회복지실천 활동에 참여할 수 있도록 노력해야 할 것이다.

(2) 근접성

뉴스의 내용은 우리 주변의 이야기나 많은 사람들이 관심을 가질 수 있는 지역의 일이어야 한다. 해외의 사건보다는 우리나라의 사건이 보다 큰 기사거리가 될 수 있다. 따라서 지역사회복지실천가들은 해당 지역사회를 기반으로 하는 다양한 미디어에 관심을 가지고 있어야 한다.

또한 지리적 근접성뿐만 아니라 문화적 근접성도 고려해야 한다. 지역사회복지실천가들이나 지역주민에게는 의미 있는 활동일지 몰라도 많은 사람들이 실천 활동 자체를 이해하지 못하는 경우도 있기 때문에 그런 경우에는 성과 중심으로 보고하기보다는 실천 활동 자체를 알리는 데 보다 많은 노력을 기울여야 한다.

(3) 저명성

뉴스에 등장하는 인물들이 유명할수록 기사화될 가능성은 높다. 겨울 즈음 하게 되는 김장행사가 대표적인 사례인데, 지역사회주민들만 참여하는 김장행사보다는 유명 연예인이나 정치인이 동참하는 경우가 더욱 미디어의 시선을 끌 수 있다. 따라서 미디어 유인을 고려한다면 사업 과정에 가급적이면 유명 인사를 포함시킬 필요가 있다.

(4) 영향성

많은 사람들의 삶에 직접적으로 영향을 미치는 내용이 기사화될 가능성이 높다. 외국의 내란보다는 국내의 물가상승이 더 가치 있는 기사이다. 따라서 지역사회복지실천영역에서는 다양한 실천 활동이 많은 사람들에게 어떠한 의미가 있는지를 쉽게 설명해 주는 부분을 기사 내에 담는 것도 고려해야 한다.

(5) 흥미성

기사는 재미있고 흥미나 감동을 유발해야 한다. 특히 지역사회복지실천 활동이 많은 사람들에게 감동거리를 제공할수록 기사화될 가능성이 높다. 뉴스는 우리의 감동적 스토리를 보도해 줄 준비가 되어 있으므로 지역사회복지실천가는 이러한 스토리를 발굴 · 창조하기 위해 더욱 노력해야 한다.

(6) 가치성

뉴스거리는 가치 있는 것이어야 한다. 많은 지역사회복지실천조직이 수행하고 있는 사업일지라도 독특하고 특별한 것으로 만든다면 미디어 종사자들을 충분히 유인할 수 있다. 많은 사람들이 참여하는 활동인 경우, 인간적 감동을 줄 수 있는 이야기인 경우, 그리고 현재 미디어에서 다루고 있는 기획기사와 관련한 내용인 경우 미디어에 보도될 가능성이 높다. 평범한 내용으로는 아무리 미디어를 유인하려 하여도 노력에 비해 효과를 거두기 어렵다.

(7) 매체적합성

유형에 맞는 적절한 미디어 매체를 선택하는 것이 중요하다. 라디오의 경우 심층적 쟁점 이슈의 내용을 알기 쉽게 전달하기 좋은 매체이다. 또한 사연 소개 등을 통해 감정을 자극하여 자원을 동원하는 데에도 매우 효과적이다. 텔레비전의 경우에는 움직임이 활발하거나 보여줄 것이 많은 활동에 선호되며 가급적 짧은 시간 안에 핵심적 내용들을 전달할 수 있어야 한다.

(8) 준비성

미디어 종사자를 대상으로 철저히 준비된 모습을 보일 필요가 있다. 만약 미디어 종사자들이 지역사회복지 실천조직을 방문하게 된다면 특정 직원이 이들을 전담하여 지원할 필요가 있다.

이들에게 여기로 가라, 저것을 촬영하라 등의 지시적 태도는 절대 보이지 않아야 하며 간략한 보도내용과 함께 취재에 응할 만한 사람도 미리 확보해 두는 것이 좋다. 또한 적절한 움직임을 사전에 계획하고, 미디어 종사자들이 어떠한 도움을 요청할 때 신속하게 지원할 수 있도록 해야 한다. 심층적인 취재를 희망하는 경우에도 이에 대응할 수 있는 충분한 배경 정보도 알고 있어야 한다.

결국 미디어 종사자들에게 준비되어 있다는 느낌을 제공하는 것은 지속적으로 미디어 종사자들을 지역사회복지실천 현장으로 이끄는 충분한 이유가 될 수 있다.

(9) 관계성

미디어 종사자들에 대한 사후 관리적 접근이 필요하다. 보도하고자 하는 행사 등에 참석한 미디어 종사자들의 이름을 미리 외워두고 이들에 대한 인적 정보도 나중을 위해 구축할 필요가 있다.

그리고 홍보담당자와 미디어종사자들의 관계는 대체로 여기서부터 시작되는 경우가 많다. 향후 방문한 미디어 종사자들에게 전화나 이메일 등을 통해 취재 방문에 대한 감사의 뜻을 표현하고 추가적으로 필요한 자료는 없는지도 확인하는 섬세함이 필요하다.

3. 보도자료 작성

보도자료는 기사를 목적으로 미디어 책임부서의 담당자가 미디어 종사자들의 편의를 위해 육하원칙을 바탕으로 내용을 기술하여 제공하는 기본적인 자료를 의미한다. 대체로 미디어종사자들은 이러한 보도자료를 바탕으로 기사를 작성하게 되므로 보도자료를 잘 작성하는 것은 미디어 활용에서의 아주 기본적인 기술이다. 여기에서는 보도자료 작성과 관련한 전반적인 내용을 살펴보겠다.

1) 보도기사의 종류

미디어종사자들에게 전달되는 보도자료를 작성하기 전에 먼저 고려해야 하는 것이 어떠한 형태의 기사에 보도자료가 사용될 것인지를 확인하는 것이다. 따라서 여기에서는 보도기사의 종류에 대해 살펴보고자 한다. 왜냐하면 보도자료는 실제 보도기사와 비슷한 유형으로 작성되어 미디어종사자들에게 제공될 때 가장 기사화가 될 가능성이 높기 때문이다(프레인, 2005).

(1) 스트레이트

스트레이트(straight)란 사실적인 내용들을 육하원칙에 맞춰서 작성한 기사이다. 주로 사건사고, 현상과 같은 내용을 있는 그대로 전달하기 위한 것으로 대체로 간결한 특성이 있다.

(2) 박스

신문 등의 매체에 박스(box) 형식으로 기사가 들어가 있어서 붙여진 이름이다. 스트레이트 기사보다는 부드럽게 작성되며 스트레이트 기사와 관련한 배경과 뒷이야기가 중심이 된다. 인터뷰나 미담 등의 내용도 포함될 수 있다.

(3) 가십

뜬소문이라는 사전적 의미처럼 가십(gossip)은 정상적인 기사에서는 다루어지기 쉽지 않은 내용을 가급적 부드럽게 작성한 기사를 뜻한다.

(4) 칼럼

칼럼(column)은 작성자의 의견과 주장이 포함되는 기사형태로 외부인이 기고하거나 기자의 취재일기 형태로 작성된다. 이 경우 외부기고의 내용은 언론사의 입장과는 다를 수 있으며, 취재일기 형태는 기사에서 기술하지 못한 내용을 중심으로 구성된다.

(5) 사설

사설(editorial)은 언론사의 공식적인 주장을 담는 기사로 논설위원들이 기술하게 되며 서론과 본론, 결론으로 구성된다.

2) 효과적인 보도자료 작성법

미디어 활용에 있어서 가장 중요한 도구인 보도자료는 미디어가 미디어 종사자를 파견할 것인지를 결정하도록 배경정보를 충분히 제공하는 것으로, 궁극적으로 미디어에 대한 초대장의 개념을 지닌다. 또한 미디어 종사자를 파견하지 않는 미디어에 대해서는 이 보도자료를 통해 곧바로 기사를 작성할 수 있도록 돕기 위한 정보도 담고 있어야 한다. 여기에서는 효과적인 보도자료는 어떻게 작성되어야 하는지에 대해 간략히 살펴보자(프레인, 2005; Kahn, 1992).

(1) 전용 보도자료 양식 활용

보도자료 작성을 위해서는 무엇보다 지역사회복지실천조직 내 전용 보도자료 양식지를 마련하고 이를 활용하도록 한다. 물론 보도자료 양식지가 없다고 해서 미디어 종사자들에게 보도자료를 제공하지 못하는 것은 아니지만, 전용 보도자료 양식을 활용함으로써 보다 공식적인 조직으로서의 인상을 제공해줄 수 있는 장점이 있다.

양식지의 내용을 살펴보면 오른쪽 위는 업무담당자의 이름을 적음으로써 언제든지 미디어 종사자들이 연락하여 추가문의나 설명을 요구할 수 있도록 돕는다. 단 담당자의 연락처는 두 명 이상 복수로 적는 것이 좋다. 한 사람과 연결되지 않아도 다른 사람과 접촉할 수 있어야 하기 때문이다.

왼쪽부분은 자료보도의 날짜를 적게 된다. 대부분의 지역사회복지실천기관들이 제공하는 자료는 즉시 공개할 수 있겠으나, 가끔 사전보도 금지를 의미하는 엠바고(Embargo)가 있는 경우라면 보도날짜가 중요한 기준일이 되기도 한다.

하지만 미디어 종사자들에게 있어서 전혀 중요한 사안이 아니라고 생각되는 내용임에도 홍보담당자가 사전보도 금지를 요청하면 자칫 웃음거리가 될 수 있으므로 엠바고는 신중히 활용한다.

(2) 매력적인 표제어 작성

보도자료의 표제어는 알리고자 하는 정보를 담는 동시에 함축적인 내용이 명백하게 제시되어야 한다. 표제어만 보더라도 무슨 일이 일어날지를 알 수 있어야 한다.

대체로 표제어는 대제목과 소제목으로 구성할 수 있는데 각각 1행 정도로 표현하는 것이 좋다. 보도자료의 핵심은 대제목으로, 대제목에서 기술하지 못한 내용은 소제목에서 다루어줄 수 있다. 예를 들어 기초노령연금과 관련한 집회에 대한 보도자료의 표제어로는 다음과 같이 작성될 수 있다.

> *기초노령연금개선에 사회복지사들 나서!*
> 사회복지사모임 ○○○, 보건복지부 앞에서 기초노령연금 제도개선 집회실시

이처럼 표제어를 매력적으로 작성해야 하는 이유는 미디어종사자들은 하루에도 수백 건씩 보도자료를 접하므로 보도자료의 내용을 모두 읽을 수 없고, 기사로 작성할 수 있는지 여부는 보도자료 상의 표제어로 판단할 수밖에 없기 때문이다.

(3) 정확한 보도자료 내용

보도자료의 첫 단락에는 6하 원칙을 고려한 정확한 내용이 포함되어야 한다. “사

회복지사모임에서는 ○월 ○일 ○요일 ○시 세종시 보건복지부 앞에서 사회복지사 처우개선 요구를 위한 집회를 계획하고 있다"와 같이 첫 문장만을 읽어도 무엇에 관한 내용인지를 알 수 있어야 한다.

또한 잘 모르는 사항이나 추측성 내용은 보도자료 내에 담아서는 안 되며 보도자료 내의 수치나 시간 등은 정확해야 한다. 만약 사실과 보도자료의 내용이 다르다면 조직의 신뢰성이 떨어지게 되므로 정확한 보도자료 작성에 유의해야 한다.

(4) 단순한 보도자료 내용

보도자료의 내용기술방식에 있어서 가급적 단순(simple)해야 한다. 불필요한 수식어를 제외하고 멋이나 기교를 부리거나 과장된 표현은 지양해야 한다. 또한 만연체보다는 간결한 문장이 좋으며 전문용어 사용은 기자나 독자로부터 호감을 얻지 못할 것이다.

그리고 한꺼번에 많은 내용을 담으려고 하기보다는 하나의 보도자료에 한 가지의 주제만을 다루는 것이 바람직하다. 이는 전달하려는 논지가 흐려지고 산만해질 수 있기 때문이다.

(5) 역삼각형 보도자료 구성

보도자료의 구성은 역삼각형 모양으로 서술되어야 한다. 즉 처음의 단락에 가장 중요한 내용을 담고 점차로 이전의 내용보다는 중요성이 감소하는 형태를 갖춘다. 이는 미디어 종사자들이 기사화할 때 삭제가 가능한 영역을 선택할 수 있게 도와주기 위함이다. 또한 보도자료의 문단은 짧아야 하고 넓은 여백에 중복 띄어쓰기로 인쇄하여 읽기에 편하도록 발송한다. 물론 최근에는 이메일을 활용하는 경향이 많아 여백이 넓은 것이 덜 선호되기도 한다.

(6) 인터뷰 형태의 활용

보도자료의 내용은 사실에 바탕을 두고 객관적 입장을 견지해야 한다. 하지만 좀 더 주장적인 내용을 담고 싶다면 지역사회복지실천조직의 대변자나 지역사회복지실천 활동 참여주민의 목소리를 빌어 인용부호를 통해 제시할 수 있다. 이는 미디어 기관과는 관련 없는 지역사회조직이나 주민의 의견이 제안된 것이므로 미디어 기관의 부담감을 줄여주면서 특정 주장을 표현할 수 있다.

예를 들어 기초노령연금제도와 관련한 경우라면, 다음과 같이 인터뷰 형태를 활용하여 표현될 수 있다.

> 이 집회를 준비한 사회복지사모임 ○○○의 ***대표는 “기초노령연금에 대한 제도개선이 시급하게 이루어져야 한다”고 말했다.

이처럼 기초노령연금제도 개선이 필요한 부분은 미디어의 입장이 아니라 사회복지사모임 ○○○의 입장이므로 미디어도 이와 관련한 내용을 기사화하는 데 부담을 덜 수 있다.

3) 보도자료의 배포

(1) 보도자료 배포시기

보도자료는 보도시점 48시간 이전에 미리 전달하고 행사 당일 아침 참석 여부를 확인한다. 너무 임박하여 제공된 보도자료는 아주 중요한 사안이 아닌 경우라면 보도될 가능성이 적기 때문이다.

보도자료를 배포하여도 대부분 기자들이 오지 않을 수 있다. 하지만 아무도 오지 않는다고 하여 왜 와야 하는지 장황하게 설명하기보다는 기사작성에 도움이 될 만한 자료가 필요한지를 물어보고 추가적으로 발송한다. 확인전화는 참석에 대해 상기를 시키는 것이지 강요를 위함이 아님을 인식해야 한다.

(2) 보충취재에 대한 응대

보도자료가 그대로 기사화되는 경우도 있지만, 미디어종사자들은 보도자료 외에 추가자료를 요청하는 경우도 많다. 이러한 보충취재에 대해서는 홍보담당자가 적절한 준비를 해야 하며 배포한 보도자료와 관련한 배경지식이 풍부할 수 있도록 노력해야 한다. 만약 당장 모르는 것을 응답받도록 요청받는 경우 오보를 예방하기 위해 언제까지 확인시켜 주겠다고 양해를 구하는 것이 좋다.

생각해봅시다

01 실제 지역사회복지실천조직들의 다양한 자원 동원방법을 살펴보고 좋은 사례는 어떠한 것이 있는지 알아봅시다.

02 본인이 지역사회복지실천가가 되었다고 가정하고 지역사회복지실천 활동을 언론매체에 알리는 보도자료를 직접 작성해 봅시다.

참 / 고 / 문 / 헌

이명천 · 김요한 (2013). **광고핵심이론**. 서울: 커뮤니케이션북스(주).

프레인 (2005). **아무도 가르쳐주지 않는 프로들의 홍보노트**. 서울: 청년정신.

Frutkin, J. (2013). *Equity Crowdfunding: Transforming Customers into Loyal Owners*. Cricca Funding, LLC. 이영구 역 (2014). **고객이 열성 주인이 되는 소셜네트워크 시대: 지분투자형 크라우드펀딩, 스타트업과 자금조달의 미래를 바꾸다**. 서울: 골든어페어.

Kahn, S. (1992). *Organizing, a guide for grassroots leaders*. NASW Press.

Kim, K. (2007). Fundraising for Social Change. 이정화 역 (2009). **모금이 세상을 바꾼다: 모금의 기법과 실천적 사례**. 서울: 아르케.

Chapter 09

복지관

Learning Objective

학습 목표

1. 사회복지관의 운영원칙과 사업내용에 대해 알 수 있다.
2. 노인복지관의 운영원칙과 사업내용에 대해 알 수 있다.
3. 장애인복지관의 운영원칙과 사업내용에 대해 알 수 있다.

Chapter 09

복지관

지역사회복지실천영역에서 가장 중요한 동반자인 복지관은 지역사회를 기반으로 운영되고 있다. 대표적으로 지역사회주민을 대상으로 하는 사회복지관과 노인을 대상으로 하는 노인복지관, 그리고 장애인을 대상으로 하는 장애인복지관이 있다. 이 장에서는 이 세 가지 유형의 복지관에 대해 구체적으로 살펴보고 지역사회복지실천 과정에서 복지관이 어떠한 역할을 할 수 있는지 알아본다.

1. 사회복지관

1) 사회복지관의 정의

사회복지사업법에서 사회복지관은 "지역사회를 기반으로 일정한 시설과 전문인력을 갖추고 지역주민의 참여와 협력을 통하여 지역사회복지문제를 예방하고 해결하기 위하여 종합적인 복지서비스를 제공하는 시설"로 명시되어 있다.

이러한 사회복지관 정의를 좀 더 확장시켜 보면 우선 지역사회를 기반으로 한다는 부분은 지역사회를 위한 시설이면서 지역사회의 각종 자원을 활용하는 시설이라는 점을 의미한다. 또한 사회복지관은 정부의 지원이나 사회복지관 스스로 마련한 시설을 보유하고 있으며 업무수행에 필요한 공간과 강당 또는 회의실, 그리고 방음설비를 갖춘 상담실을 의무적으로 갖추어야 한다. 그리고 사회복지사와 같은 전문인력을 채용해야 하며, 각종 복지사업 수행 과정에 지역사회주민들이 이용자나 자원제공자, 그리고 사업수행 주체로써 참여하게 된다. 지역사회복지문제는 주민의 삶의 질과 관련한 부분으로 사회복지관은 이와 관련하여 보호, 재가복지, 자립능력 배양을 위한 교육 등의 사회복지서비스와 가족기능을 강화하고 지역공동체 정신을 바탕으로 한 주민연대감 조성 등의 종합적인 복지서비스 전달기구로서의 역할을 수행하게 된다(보건복지부, 2023a).

2) 사회복지관의 역사

사회복지관의 시작에 대해서는 많은 의견이 있으나 1906년 원산 인보관 운동을 사회복지관의 태동으로, 1921년 서울 태화여자관을 최초의 복지관으로 보고 있다. 그 이후 1926년에는 원산에 보혜여자관이 설립되었고 1930년에는 서울에 인보관이 설치되기에 이른다. 1976년에는 22개의 사회복지관이 한국사회복지관연합회를 설립하고, 1983년에 이르러 사회복지사업법 개정에 따라 사회복지관에 국고보조금이 운영비로 지급되기 시작하였다. 1989년에는 주택건설촉진법 등에 의해서 일정 가구수 이상의 영구임대아파트가 건립될 때 일정규모의 사회복지관을 의무적으로 건립하게 됨에 따라 양적 확대가 이루어졌다. 2012년에는 사회복지사업법이 개정되어 사회복지관의 설치 등 규정이 신설되었다. 이 규정에서는 지역사회 특성과 지역주민 욕구를 고려한 사업을 실시해야 한다는 내용과 모든 지역주민을 대상으로 하지만 특별히 국민기초생활보장법상의 수급자나 차상위계층 등에 대해 우선적으로 서비스를 제공해야 함을 명시하고 있다. 2022년에는 사회복지사업법 시행규칙을 개정하고 사회복지관의 인력기준을 사회복지관이 위차한 지역에 따라 제시하고 있다. 특별시는 19명 이상, 광역시는 13명 이상, 그외 특별자치시, 도 및 특별자치도는 12명 이상으로 최소기준을 규정한 바 있다. 2022년 기준 476개소의 사회복지관이 운영 중이다(보건복지부, 2023).

3) 사회복지관 운영원칙

전문적이고 종합적인 복지서비스를 제공하는 시설이 되기 위해서 사회복지관의 사업은 다음의 원칙에 따라 수행되어야 한다(보건복지부, 2023a).

(1) 지역성의 원칙

사회복지관은 지역사회를 기반으로 하는 사회복지시설이므로 두 가지 측면을 사업수행 과정에서 고려해야 한다. 우선 지역사회가 보유하고 있는 각종 사회문제나 지역사회주민의 측면에서 충족이 필요한 복지관련 욕구를 파악하여 해결하고, 지역사회의 고유한 특성을 반영한 사업이 이루어지도록 노력해야 한다. 또한 지역주민들이 단순히 사업에 수동적으로 참여하는 것이 아니라 사업기획에서부터 수행 과정에 이르기까지 주도적으로 참여할 수 있도록 적절한 기회와 역할을 부여함으로써 지역사회 복지증진에 대한 책임감을 지닐 수 있도록 해야 한다.

(2) 전문성의 원칙

사회복지관은 지역사회문제에 대해 보다 전문적으로 대처하고 해결하기 위해 관련 지식과 기술을 보유한 전문가를 채용하거나 자원봉사자로 활용해야 한다. 이러한 전문성은 정부가 사회복지관을 민간단체에 위탁하여 운영하는 핵심적인 이유가 된다.

그리고 사회복지관은 이들 전문가에 대한 활용측면 뿐만 아니라 지속적인 재교육 과정을 마련하여 제공함으로써 전문성이 유지, 증진될 수 있도록 노력해야 한다. 최근 사회복지사 보수교육도 이러한 전문성 유지, 증진을 위한 방법으로 볼 수 있으며 사회복지관에서 활용하고 있는 사회복지사를 포함한 전문가들의 전문성 향상을 위해서 사회복지관은 다양한 방법을 활용해야 한다.

(3) 책임성의 원칙

사회복지관은 지역사회주민들의 복지욕구를 충족하고 지역사회가 보유한 각종 문제들을 해결하는 데 있어 최선의 노력을 다해야 한다. 이러한 책임성의 원칙은 각종 사업 기획 및 수행 과정에서 효과적 운영의 근원이 되며 노력에 그치는 것이 아니라 사업이 추구하고 있는 궁극적인 사업성과가 도출되어야 함을 의미한다.

(4) 자율성의 원칙

사회복지관의 서비스 제공과정에서는 사회복지관 종사자들이 보유한 능력과 전문성이 최대한 발휘될 수 있는 자율적인 조건이 만들어져야 한다. 즉 사회복지관 외부의 다양한 압력으로부터 자유롭게 사업을 개발하고 수행해야 하는 것이다.

물론 이러한 자율성의 원칙이 사업수행 과정에 적용되기 위해서는 사회복지관의 입장이 아닌 지역사회와 지역사회주민들의 입장이 가장 우선적으로 고려될 수 있는 제도적인 장치가 마련되어야 한다. 최근 들어 사회복지관의 운영위원회에 지역사회주민들과 사회복지관련 전문가들이 포함되는 것도 이러한 맥락으로 이해할 수 있다.

(5) 통합성의 원칙

사회복지관은 사업수행 과정에서 지역사회에 존재하는 다양한 공공, 민간 기관들과의 탄탄한 네트워크를 바탕으로 통합적 접근이 이루어져야 한다. 이는 사회복지 전달체계상에서 나타나는 단편적이고 분절적인 문제를 방지할 수 있으며, 최근 들어 지역사회에서 중요하게 부각되는 사례관리기법의 총체적 접근방식과 그 흐름을 같이 한다.

이러한 통합적 접근을 위해서는 무엇보다 지역주민들의 복지욕구 충족과 지역사회문제해결 과정에서 사회복지관 혼자 해야 한다는 생각을 과감히 버리고 지역사회의 다양한 파트너들과 협업해야 할 것이다.

(6) 자원 활용의 원칙

사회복지관은 주민이 보유하고 있는 다양한 욕구를 충족시키기 위해 지역사회 내에 존재하는 다양한 인력과 재원을 발굴하여 활용해야 한다. 여기서의 자원은 유형의 자원뿐만 아니라 폭넓은 무형의 자원을 포함하는 것으로 볼 수 있다. 특히 지역사회복지실천 과정에서 지역사회에 당면한 다양한 문제해결에 도움되는 모든 것이 자원이 될 것이다.

(7) 중립성의 원칙

사회복지관은 각종 정치나 영리, 종교 활동에 이용되지 않게 중립성을 유지해야 한다. 특히 사회복지관은 지역사회를 기반으로 하고 있고 많은 지역주민들의 교류의 장이 되고 있기 때문에 정치나 영리, 종교적 목적에 노출되기 쉽다. 이러한 중립성의 원칙은 사회복지관 종사자의 노력만으로는 지켜지기 어렵다. 따라서 지역주민들과 정치, 영리, 종교관련 인사들도 이러한 사회복지관의 중립성의 원칙을 인식하고 적극 협조할 필요가 있다.

(8) 투명성의 원칙

사회복지관은 개발된 자원을 가능한 한 효율적으로 이용해야 하고, 사업수행 과정에서 투명성을 유지해야 한다. 투명적 운영은 단지 정부보조금과 같은 운영비 사용 과정만을 의미하기보다는 사회복지관의 전반적 의사결정이나 인력채용 과정, 그리고 지역사회주민의 욕구반영 등 모든 사회복지관 운영 과정에서의 투명성을 말한다.

이러한 투명적 운영 과정을 위해서 사회복지관은 외부에 대한 운영관련 정보를 정기적으로 공개할 의무가 있으며 공공기관의 관리감독을 포함하여 지역사회주민들이 사회복지관 운영 과정에 참여할 수 있는 기회를 마련해야 한다.

4) 사회복지관의 사업 대상

사회복지관이 위치하고 있는 곳은 대체로 영구임대아파트나 저소득계층 밀집지역이다. 따라서 전통적으로 사회복지관은 빈곤계층을 주된 사업대상으로 삼고, 이들의 자립의지 배양과 복지욕구 충족에 필요한 다양한 서비스를 제공하는 것을 사업내용으로 해왔다.

하지만 최근 들어 사업대상에 대한 커다란 변화가 일어났다. 즉 사업대상은 사회복지서비스 욕구를 지니고 있는 모든 지역주민으로 확대되었고, 국민기초생활보장법에 따른 수급자나 차상위계층, 장애인과 노인, 한부모가족 및 다문화가족, 직업과 취업알선이 필요한 사람, 그리고 보호와 교육이 필요한 유아, 아동 및 청소년, 그 밖에 사회복지관에서 제공하는 사회복지서비스를 제공할 필요가 있다고 인정되는 사람을 우선 사업대상으로 정하고 있다.

결국 사회복지관은 모든 지역사회주민을 대상으로 하되 보다 적극적인 지원이 필요한 경우 우선사업대상으로 선정하여 다양한 서비스를 제공하고 있다.

5) 사회복지관 사업의 내용

사회복지관은 지역성을 바탕으로 지역사회주민들의 복지욕구를 다양한 과학적 방법으로 측정하고 이를 충족시킬 수 있는 전문적 사업을 자율적으로, 적절한 자원을 동원하여, 통합적 방법으로 수행해야 한다. 단, 사회복지관 운영관련 업무처리 안내에 따라 3대 기능을 설정하고 사회복지관의 상황에 적합한 사업을 선정하여 운영하게 된다(보건복지부, 2023a). 구체적인 사업 분야는 〈표 9-1〉과 같다.

표 9-1 ● 사회복지관 사업내용

기능	분야
사례관리기능	사례 발굴 / 사례 개입 / 서비스연계
서비스제공기능	가족기능 강화 / 지역사회보호 / 교육문화 / 자활지원 등 기타
지역조직화기능	복지네트워크 구축 / 주민조직화 / 자원개발 및 관리

(1) 사례관리기능

① 사례 발굴

지역사회 내에서 보호가 필요한 대상자나 위기개입이 필요한 대상자를 발굴하여 적절한 개입계획을 수립한다. 특히 최근 들어 복지사각지대에 대한 사회적 관심이 확대되고 있는 상황에서 적절한 지원을 받지 못하는 지역사회 내 대상자를 발견하여 각종 문제를 예방하는 사례 발굴의 기능은 매우 중요하게 부각되고 있다. 따라서 대상자 및 지역사회의 특성을 고려한 다양한 사례 발굴의 방법을 개발하여 적용하는 시도가 필요하다.

② 사례 개입

지역사회 내에서 보호가 필요한 대상자나 위기개입이 필요한 대상자의 문제 및 욕구에 대해 맞춤형 서비스가 지원될 수 있도록 적절한 사례 개입을 시행한다. 서비스 지원 과정에서는 복지관 위주의 공급자 중심 서비스제공이 아닌 대상자의 다양한 상황을 고려한 수요자 중심적 접근이 이루어질 수 있도록 최선을 다해야 한다.

③ 서비스 연계

사례개입 과정에서 필요한 지역사회 내 민간, 공공 자원과 서비스 관련 정보를 사례관리 대상자들에게 제공하고 이를 연계하거나 의뢰한다. 특별히 발굴된 사례에 대한 개입계획을 수행하기 위해서는 다양한 서비스 연계기관도 함께 개발하는 것이 필요하며 지역사회 내에서 연계 가능한 최신의 제공기관 목록을 확보하고 있는 것이 중요하다.

표 9-2 • 사례관리기능

기능	분야	내용
사례관리	사례 발굴	대상자 발굴 및 개입계획수립
	사례 개입	맞춤형 서비스제공을 통한 사례개입
	서비스연계	민간, 공공자원과 서비스 정보제공 및 의뢰

(2) 서비스제공기능

① 가족기능 강화

가족기능을 강화하기 위해 가족관계증진사업과 가족기능보완사업, 가정문제해결치료사업, 부양가족지원사업, 다문화가정 등의 사업을 수행한다.

먼저 가족관계증진사업은 가족구성원들이 자신의 역할을 적절히 수행하고 가족간에 원활한 의사소통을 가능케 함으로써 이상적인 가족관계를 유지하면서 가족능력을 개발 또는 강화하는 사업을 말한다. 가족기능보완사업으로는 사회구조변화에 따라 가족기능 중 부모의 역할을 적절히 수행할 수 없을 때 보완적 차원에서 아동청소년을 대상으로 한 사업을 수행하게 된다. 그리고 문제가 발생한 가족에 대해 진단, 치료, 사회복귀를 지원하는 가정문제해결 치료사업을 수행하고, 보호가 필요한 가족구성원을 돌보는 가족원의 부양부담 감소와 관련 정보 공유 등 부양가족을 지원하는 사업, 마지막으로 다문화가정이나 북한이탈주민 등을 위한 사업을 수행하고 있다.

② 지역사회보호

지역사회보호차원의 사업으로는 급식서비스와 보건의료서비스, 경제적 지원, 일상생활 지원, 정서서비스, 일시보호서비스, 재가복지봉사서비스로 구성된다.

먼저 급식서비스는 거동이 불편한 재가보호대상자 등을 위해 식사 및 밑반찬을 배달하거나, 복지관 내에 경로식당을 마련하고 급식을 제공한다. 보건의료서비스는 만성질환이나 지속적인 돌봄이 필요한 대상자들에게 의료나 간병서비스, 각종 치료서비스, 다양한 보건관련 교육, 방문간호, 그리고 영양불균형을 해소하기 위한 영양서비스를 실시한다. 경제적 지원이 필요한 대상에게는 현금 및 각종 후원물품을 지원하게 되고, 일상생활지원 서비스로는 가사, 목욕 및 이미용, 병원방문을 위한 차량지원, 주거환경개선 등의 사업을 수행한다. 정서서비스로는 정서지원이나 멘토링을 제공하게 된다. 그리고 일시보호가 필요한 대상에게는 주단기 보호서비스와 쉼터, 공동생활가정을 마련하며, 가사나 간병, 정서, 결연, 의료, 자립지원, 주민교육서비스 등을 중심으로 한 재가복지봉사서비스를 제공한다.

③ 교육문화

교육문화차원의 사업으로는 아동청소년 사회교육과 성인 기능교실, 노인여가문화, 문화복지사업이 있다.

우선 아동청소년 사회교육은 사회복지관이 위치한 곳이 저소득계층 밀집지역이므로 학원 등을 이용하기 어려운 아동청소년에게 학습지도나 예능, 컴퓨터관련 교육을 실시하는 것을 말한다. 성인 기능교실은 취업을 위한 각종 기술, 기능습득을 목적으로 하는 교육이었으나, 최근 들어 사회복지관의 이용대상이 모든 지역주민으로 확대되면서 문화적 욕구충족을 위한 취미관련 교육도 시행하고 있다. 그 외 노인을 대상으로 각종 사회교육과 취미교실을 운영하는 노인여가문화와 지역문화행사나 여가오락프로그램 중심의 문화복지사업을 수행하고 있다.

④ 자활지원 등 기타 사업

자활지원 등의 사업으로는 직업기능훈련과 취업알선, 직업능력개발과 그 밖의 특화사업을 들 수 있다.

우선 저소득계층의 자립능력을 배양시키고 취 · 창업을 위한 직업기능훈련과 취업을 원하는 대상자를 위한 취업알선 서비스를 제공한다. 특히 지역사회를 기반으로 한 사회복지관이기 때문에 다양한 지역사회 내 일자리 정보가 집중되므로 이에 대한 매칭 서비스는 매우 중요한 자활지원 서비스로 볼 수 있다. 그리고 취 · 창업에 대한 다양한 장벽요인을 가지고 있는 지역주민을 대상으로 취업욕구를 높이고 심리사회적인 지원을 하는 직업능력 개발사업이 있으며, 지역사회의 특성을 고려하여 개발한 특화사업을 수행하고 있다.

표 9-3 ● 서비스제공기능

기능	분야	내용
서비스제공	가족기능강화	가족관계증진사업
		가족기능보완사업
		가정문제해결 · 치료사업
		부양가족지원사업
		다문화가정, 북한이탈주민 등 지역 내 이용자 특성을 반영한 사업
	지역사회보호	급식서비스
		보건의료서비스
		경제적 지원
		일상생활지원
		정서서비스
		일시보호서비스
		재가복지봉사서비스

서비스제공	교육문화	아동청소년사회교육
		성인기능교실
		노인여가문화
		문화복지사업
	자활지원 등 기타	직업기능훈련
		취업알선
		직업능력개발
		그 밖의 특화사업

(3) 지역조직화기능

① 복지네트워크 구축

복지네트워크 구축은 지역사회의 다양한 복지기관 및 시설들과 네트워크를 구축하여 통합적 복지서비스를 제공할 수 있는 기반을 마련하고, 사회복지관이 지역사회 중심(center)으로서의 역할을 강화토록 하는 사업을 의미한다. 그리고 지역주민 욕구조사나 예비 사회복지사를 위한 실습지도도 함께 수행하고 있다.

② 주민조직화

주민조직화사업은 전통적인 지역사회조직(community organizing) 차원의 사업으로 지역주민들이 자신이 속한 지역사회의 다양한 문제를 인식하고 해결에 동참하는 공동체 의식을 가질 수 있도록 교육, 지원하는 사업을 의미한다.

세부적으로는 지역사회주민들을 위한 다양한 지역행사나 주민편의시설 제공 등의 시설개방, 그리고 복지정보를 제공하는 주민복지증진사업과 주민조직 운영, 지역사회운동을 통한 지역사회문제해결을 위한 주민조직화사업, 주민지도자교육과 각종 사회복지관련 교육을 위한 주민교육으로 구성된다.

③ 자원개발 및 관리

지역주민이 보유한 다양한 욕구를 충족하고 지역사회문제해결에 필요한 인적 · 물적 자원을 발굴하여 연계하는 사업을 의미한다. 세부적으로는 자원봉사자 개발관리와 후원자 개발관리로 구성된다. 특히 사회복지관은 지역사회의 각종 문제와 지역주민의 복지욕구 충족을 위한 자원을 지속적으로 개발해야 한다. 따라서 기존의 인적, 물적자원 개발방식 외에도 최신의 자원개발 기법들을 적용하여 보다 풍부한 자원을 확보하는 노력이 요구된다.

표 9-4 ● 지역조직화기능

기능	분야	내용
지역조직화	복지네트워크 구축	지역사회연계사업
		지역주민욕구조사
		실습지도
	주민조직화	주민복지증진사업
		주민조직화사업
		주민교육
	자원개발 및 관리	자원봉사자 개발 · 관리
		후원자 개발 · 관리

2. 노인복지관

1) 노인복지관의 정의

노인복지관은 노인을 대상으로 교양과 취미생활, 사회참여활동 등에 대하여 다양한 정보와 서비스를 제공하고, 건강증진 및 질병예방, 소득보장, 재가복지, 그 외에 노인의 복지증진에 필요한 종합적 노인복지서비스를 제공하는 시설로서 시 · 군 · 구별 최소 1개 이상씩 설치를 목표로 하고 있다(보건복지부, 2023b). 2022년 기준 전국에는 총 366개의 노인복지관이 설치 · 운영되고 있다(보건복지부, 2023c).

이러한 노인복지관은 최근 들어 고령인구의 급속한 증가의 흐름 속에서 지역사회 내 노인대상 여가시설로서 뿐만 아니라 전문적인 노인복지관련 서비스 제공기관으로서도 중요한 역할이 기대된다.

2) 노인복지관의 운영목표

노인복지관은 노인복지서비스를 필요로 하는 노인을 대상으로 예방적 접근을 통해 건강한 노후생활을 영위토록 하고 취약한 노인을 위해서는 돌봄체계를 구축하고자 한다. 또한 노후생활이 활동적이 될 수 있도록 다양한 사회참여 기회를 마련하고 사회적 여건을 조성하며, 실제적인 소득보장방법을 통해 안정적인 노후생활을 유지할 수 있도록 하는 종합적인 노인복지서비스 기관으로서의 역할수행을 목표로 삼고 있다. 그외 최근 들어서는 읍면동 행정복지센터나 각종 서비스 제공기관과 연계하여 서비스 수요자에 대해서 자원을 연계하고 요보호 노인을 위한 사례관리 기능도 중요한 운영목표로 설정하였다.

3) 노인복지관의 운영방향

(1) 보편성과 포괄성

60세 이상의 모든 지역사회 노인들이 노인복지관 사업에 참여하도록 하면서 특히 저소득계층이나 타 지역에 거주하고 있는 노인들이 노인복지관의 이용 과정에서 소외감을 느끼지 않도록 한다. 그리고 노인복지관을 이용하고자 하는 노인이 노인복지관 설치 지역에 실제로 거주하고 있지 않지만 자녀나 친지 등의 연고가 있거나 현재 거주 지역 내 이용할 수 있는 시설이 없는 경우에는 노인복지관을 탄력적으로 이용할 수 있도록 한다.

(2) 자율성

노인복지관 사업수행 과정에서 사회복지 지식과 기술, 그리고 윤리적 측면을 바탕으로 한 전문성과 지역사회의 다양한 노인관련 욕구와 특성을 고려한 지역성, 정치와 영리적 측면으로부터의 중립성, 노인복지관으로서 요구되는 책임성 등을 바탕으로 하면서 자율적인 노인복지관 운영 기반을 마련한다.

(3) 준비성

미래의 노인세대인 베이비부머들이 은퇴를 준비할 수 있도록 사회참여 및 취업 등의 특화 프로그램을 개발하여 운영한다. 사실 베이비부머는 노인복지관의 사업대상이 아니지만 잠재적 노인층으로서 이들이 준비된 노후생활을 보낼 수 있도록 지원하고 있다.

(4) 지역성

노인여가복지시설로서 여가관련 욕구의 정확한 사정을 통해 지역사회 노인들의 욕구를 충실히 반영한 사업을 운영한다. 정기적으로 욕구조사를 실시하고 이를 바탕으로 한 사업을 개발하여 제공하는 것이 바로 이러한 지역성을 고려한 것이다.

(5) 통합성

세대 간 통합을 지원할 수 있는 프로그램 마련으로 가족과 사회 내 통합을 강화할 수 있도록 한다. 특히 노인들과 손자손녀 간의 긍정적 관계형성을 위한 사업들이 최근 강조되고 있다.

(6) 보호성

지역사회 노인보호를 위한 거점기관으로서 읍 · 면 · 동 행정복지센터 및 지역 노인복지서비스 기관과의 연계를 통한 취약노인 보호체계구축, 위기노인보호사업을 운영한다. 특히 최근 들어 주요한 이슈인 노인학대와 독거노인보호, 노인자살 등의 문제를 위한 적절한 보호체계를 마련토록 노력한다.

(7) 시사성

고령사회나 황혼돌봄 등 시대가 변화하면서 나타나게 된 새로운 상황들을 적절히 반영하여 성별 특화 프로그램을 개발하여 보급한다.

4) 노인복지관 사업의 내용

노인복지관의 사업은 종합복지센터로서의 기능을 수행하기 위한 기본 사업과 지역사회나 노인복지관 특성을 고려한 선택사업으로 나뉜다(보건복지부, 2019b).

(1) 기본 사업

기본 사업은 노인복지관이 종합복지센터로서의 기능과 역할을 수행하기 위해 기본적으로 제공해야 하는 사업을 의미한다.

① 평생교육지원사업

노년기간이 늘어나고 커다란 사회변화 흐름 속에서 성공적인 노후생활을 유지하기 위해서는 노후와 관련한 지식과 기술습득이 필요하다. 평생교육 지원사업은 이러한 노후관련 지식과 기술을 주제로 생애주기별 교육프로그램을 실시한다.

구체적인 교육내용으로는 교양, 인문학, 외국어, 정보화 교육, 노년기의 이해, 노후생활 및 은퇴관련 지식, 생애말기 준비와 설계, 웰다잉 교육 등을 들 수 있다.

② 취미여가지원사업

의미 있는 노후시간을 위해 문화, 예능활동 및 취미활동, 체육활동, 동아리활동과 관련한 다양한 프로그램을 제공한다.

③ 건강생활지원사업

건강생활 지원사업은 노인성 질환을 예방하기 위한 신체활동 지도, 지적 능력과 신체 기능이 저하되거나 마비되어 일상생활에 어려움을 경험하고 있는 노인을 대상으로 정신적, 신체적 기능회복, 요양서비스, 영양공급 등을 지원한다. 보다 구체적인 건강증진지원으로는 건강 및 보건교육, 질병예방, 건강 상담, 건강 체조나 기체조, 요가 등의 건강교실 운영, 인지활동서비스를 중심으로 한 치매예방프로그램, 이미용 서비스, 물리치료 등으로 구성한다. 기능회복지원으로는 운동요법, 한방요법, 일상생활 동작훈련(ADL요법), 단체(Group)요법, 작업요법, 물리요법 등이 있다. 마지막으로 급식지원은 중식서비스를 위한 경로식당, 밑반찬지원, 도시락배달, 푸드뱅크 등의 사업을 수행한다.

④ 일반상담 및 정보제공사업

지방자치단체는 노인복지관에 노인복지상담을 할 수 있는 별도의 상담실을 설치하고 상담 전문가를 1인 이상 배치해야 한다. 구체적 상담 내용으로는 노인의 일반상담(이용상담, 접수상담) 및 복지정보제공, 외부 전문가를 활용한 정보제공상담(경제, 법률, 주택상담, 세금상담)을 수행한다.

⑤ 전문상담사업

우울 및 자살을 예방하고 자아존중감을 향상하여 안정적인 노후생활을 유지할 수 있도록 우울 및 자살예방, 죽음준비, 집단활동, 자조모임 등의 프로그램을 수행한다.

⑥ 위기 및 취약노인 지원사업

지역사회 내 위기 및 취약노인의 신체, 정서, 사회적 자립 지원 프로그램과 노인맞춤돌봄서비스를 운영한다. 읍 · 면 · 동 행정복지센터 및 유관기관 등과는 적극적으로 연계하고, 위기 및 취약노인을 대상으로 하는 전문적인 사례관리사업을 수행한다. 특히 남성 독거노인의 신체건강을 지원하고 사별과 관련한 상처치유, 사회관계 증진을 위한 프로그램에 보다 많은 관심을 가지고 있다.

⑦ 사회참여지원사업

사회참여지원사업은 노인대상 자원봉사 활성화 사업과 노인일자리 및 사회활동지원사업, 노인재능나눔활동 등 지역사회에 대한 참여를 통해 노인들의 사회적 역할을 모색하는 사업이다. 특별히 노인자원봉사 활성화사업의 경우 노인 자원봉사 프로그램을 개발하고 지역사회 자원 연계 및 개발을 통해 노인의 지식과 경험이 사회에 환원됨으로써 지역사회 공동체 발전에 기여할 수 있도록 한다.

⑧ 지역자원 개발 및 연계

노인관련 사업수행에 필요한 자원을 위해 지역사회 내에서 다양한 후원자 및 자원봉사자를 개발하고 각종 지역사회복지기관과의 연계를 통해 노인복지서비스의 효과성을 제고토록 한다. 특히 현재 실시하고 있는 각종 우수 프로그램을 지역사회 다른 노인복지시설과 연계하여 지원토록 노력한다.

⑨ 노인권익증진사업

노인학대 방지 및 노인권익사업을 실시함으로써 노인을 대상으로 한 인식을 개선하고 노인들의 권익을 증진한다. 또한 노인복지관을 노인소비자피해 신고기관으로 지정 운영함으로써 노인들의 소비활동 과정에서 발생되는 각종 문제들을 예방, 해결할 수 있도록 한다. 이는 노인 특성상 사기판매 등의 소비자 피해에 취약하기 때문에 이에 대한 정기적인 교육과 홍보활동을 실시토록 한다. 그 외 노인복지관 종사자와 이용자를 대상으로 성인지적 관점 정립을 위하여 양성평등교육을 정례적으로 실시한다.

⑩ 지역사회 생활자원 연계 및 지원사업

노인들이 지역사회에서 자립생활을 할 수 있도록 지원하는 것을 목표로 다양한 지역사회 자원을 발굴한다. 또한 노인에게 필요한 서비스들을 조정, 중재, 의뢰, 옹호한다. 그외 지역사회 읍 · 면 · 동 복지허브화와 맞춤돌봄서비스 등과 관련한 지역자원을 연계한다.

(2) 선택사업

① 고용 및 소득지원사업

저소득 노인을 대상으로 후원금을 연결하여 소득을 지원하고 다양한 사회참여 활동지원이나 취업지원 등의 고용프로그램을 통해 건강보장, 자아성취 등 종합적인 복지증진에 기여한다. 그외 고령자 취업지원사업, 사회적협동조합 운영지원 등의 고령자 창업지원사업도 수행한다.

② 가족기능지원 및 통합지원사업

보호가 필요한 노인으로 인해 가족이 해체되는 것을 방지하고 돌봄이 필요한 노인들에게 적절한 서비스를 제공함으로써 가족을 지원한다. 특히 지역사회 내에서 노인들이 보호될 수 있는 안정적인 체계를 마련하고, 세대통합과 긍정적 가족관계 형성을 위한 노인인식 개선사업을 수행한다.

③ **돌봄요양서비스**

장기요양보험 등급자를 대상으로 현재 보유하고 있는 기능을 유지하고 건강증진 지원을 위한 다양한 프로그램을 제공한다. 특히 치매환자를 대상으로 하는 프로그램이나 주야간 보호사업 등을 실시한다.

④ **노인주거 개선사업**

집수리관련 재능이 있는 노인들로 노인주거개선사업단을 구성하고 도배나 장판교체, 보일러수리 등을 중심으로 한 집수리를 함으로써 노인들의 주거환경을 개선하여 삶의 질 향상에 기여토록 한다.

⑤ **사전연명의료의향서 상담 및 등록사업**

향후 자신의 연명의료중단 등에 대한 결정이나 호스피스 이용에 관한 의사를 직접 문서로 작성하는 사전연명의료의향서에 대해 상담함으로써 연명의료에 대한 자기결정권을 존중하고 임종 과정에서 노인들의 이익을 최선으로 보장하도록 한다.

3. 장애인복지관

1) 장애인복지관의 정의

장애인복지법에 따른 장애인복지관은 지역사회 재활시설로서 지역사회 거주 장애인에 대하여 상담과 사회심리, 교육, 직업, 의료재활과 같이 장애인이 지역사회에서 안정적인 생활을 유지할 수 있도록 종합적인 재활서비스를 제공하고, 장애인에 대한 사회적 인식이 개선될 수 있는 다양한 사업을 수행하는 시설을 말한다. 전국적으로

2023년 기준 253개소의 장애인복지관이 설치되어 운영 중이다(한국장애인복지관협회, 2023).

2) 장애인복지관 운영원칙

장애인복지시설 사업안내(보건복지부, 2023d)에서는 다음과 같은 내용의 장애인복지관 운영과 관련한 원칙을 정하고 있다.

① 장애인복지관의 수행사업은 어떠한 경우에도 정치, 영리, 특정 종교 활동으로 이용될 수 없으며, 인도주의적인 원칙하에서 장애인복지관을 이용하는 장애인이 인간적인 존엄성 및 기본적 권리가 유지되도록 조치해야 한다.

② 장애인복지관의 종사자는 사회복지사업법 제5조에 따른 인권존중 및 최대 봉사의 원칙에 의거하여 복지업무를 수행함에 있어서 장애인 복지를 필요로 하는 사람들을 위해 최대한 차별 없이 수행토록 해야 한다.

③ 장애인복지관은 이용하고 있는 장애인에 대한 서비스 외에도 장애발생 예방과 지역사회 장애인 문제 해결을 위한 조사, 연구 등 장애인복지가 종합적으로 향상되도록 해야 하고, 이를 위해 매년 4월 20일 장애인의 날 전후 1주간을 장애발생예방주간 및 인식개선 주간으로 정하여 지역주민, 학생, 직장인 등을 대상으로 한 장애예방발생 및 인식개선 프로그램을 실시해야 한다.

④ 장애인복지관은 지역사회에 거주하고 있는 장애인이 보유하고 있는 복지욕구 해소를 위해 자원봉사자를 활용하거나 지역사회 내 다양한 복지자원을 개발하여 활용해야 한다.

⑤ 장애인복지관은 운영 과정에 투입하고 있는 재원 및 수행사업의 적정성, 효율성을 지속적으로 평가하고 발전적인 운영개선방안을 강구해야 한다.

⑥ 장애인복지관은 운영 및 사업수행 과정에서 지역사회를 기반으로 한 지역 장애

인의 의사와 선택권을 존중하고 이를 사업에 적극적으로 반영해야 한다.

⑦ 장애인복지관은 장애 유형에 따른 다양한 교육적 욕구를 해소하고 장애인이 국민으로서 생애에 걸쳐 능력과 적성에 따른 교육받을 권리를 누릴 수 있도록 체계적이고 지속적인 평생교육을 지원해야 한다.

⑧ 장애인복지관은 장애인복지 관련분야의 전문적인 지식과 기술을 지니고 있는 전문인력에 의해 수행되도록 노력해야 하고, 종사자들의 역량을 강화하기 위한 교육을 실시해야 한다.

⑨ 장애인복지관은 이용장애인의 인권침해를 예방하고 인권침해 발생 시 필요한 조치를 통해 이용자의 인권이 보장될 수 있도록 하기 위해 정기적인 인권교육을 실시해야 한다.

⑩ 장애인복지관은 주말에 시설을 개방 또는 관련 프로그램을 운용함으로써 취업장애인 등이 주말 이용에 불편을 느끼지 않도록 해야 한다.

3) 장애인복지관의 주요 기능

장애인복지관 사업은 상담 · 사례관리, 기능강화지원, 장애인가족지원, 역량강화 및 권익옹호지원, 직업지원, 지역사회 네트워크, 평생교육지원, 사회서비스지원, 운영지원 및 기획홍보 등 총 9개의 기능으로 구성되어 있다. 보다 구체적인 내용을 살펴보면 다음과 같다.

(1) 상담 · 사례관리

장애인복지와 관련한 사례관리가 필요한 대상자를 발굴하고 접수, 사정 이후 개입계획을 수립하여 적절한 개입을 하게 된다. 특히 지역사회의 다양하고 통합적인 접근이 필요한 경우 통합 사례회의나 솔루션회의를 개최하게 된다.

(2) 기능강화지원

운동이나 지각 향상이 필요한 경우 물리치료나 작업치료 등의 활동을 수행하고 의사소통 향상이 요구되는 경우 언어치료를 진행한다. 학습능력과 관련해서는 특수교육을 수행하며 그 외 사회적응력 향상을 위해 음악, 미술, 놀이치료나 심리운동, 특수체육 등을 진행한다.

(3) 장애인가족지원

가족을 대상으로 상담 및 교육을 통해 각종 정보를 제공하고 가족을 지원하게 된다. 가족기능강화를 위해서는 가족휴식지원이나 가족조력교실개최, 가족역량강화를 지원하는 각종 사업을 수행한다. 그 외 양육지원을 위해 가족돌봄지원과 주단기보호, 방과후교실 등을 수행하며 여성장애인복지증진을 위한 쉼터나 상담실 운영, 그 외 장애인대상 무료급식서비스를 제공한다.

(4) 역량강화 및 권익옹호 지원

장애인의 역량을 강화하고 지역사회참여 활동지원을 위해 동료상담, 자조모임 육성, 동아리활동지원, 주거서비스나 이동지원서비스를 제공하며 그 외 보조기구에 대한 관리, 수리, 임대를 지원한다. 권익옹호를 위해서는 장애인 차별금지법 준수운동과 권리침해 해소, 인권옹호, 법률지원을 하게 되며 정보제공을 위해서는 정보화지원, 시청각장애인 도서제작출판보급 및 대여, 수어와 관련해서는 수어교실, 수어통역 봉사원양성 및 파견, 수어자막 및 비디오 등 영상물 제작, 보급, 대여사업을 실시한다.

(5) 직업지원

직업상담 및 평가와 관련해서는 직업상담, 직업평가, 구인 및 구직상담을 실시하고, 전환교육을 위해서는 중등, 고등 직업준비프로그램을 제공한다. 직업적응 및 역량개발훈련과 관련해서는 직업적응훈련, 직업훈련, 취업알선, 현장훈련, 취업 후 지도를 실시한다. 그 외 장애인 고용을 위한 사업체 개발 및 관리업무를 수행한다.

(6) 지역사회네트워크

지역사회장애인 복지서비스 개발을 위한 각종 지원과 장애인에 대한 인식개선을 중심으로 한 사회통합환경 조성사업, 그리고 각종 주민조직을 지원한다. 그 외 지역사회 기관에 대한 네트워크를 구축하고 지역 내 각종 자원을 개발, 관리한다.

(7) 평생교육지원

평생교육과 관련한 상담 및 프로그램을 개발하고 한글문해 및 초 · 중 · 고등학교 학력보완 프로그램을 실시한다. 문화예술 및 인문교육과 관련해서는 여가스포츠 프로그램이나 문화예술향유, 숙련 프로그램, 생활소양 및 인문학적 교양 프로그램을 제공하고 시민의식과 역량, 활동을 위한 시민참여교육을 실시한다.

(8) 사회서비스지원

장애인활동을 지원하기 위한 활동보조와 방문간호, 방문목욕서비스를 제공한다. 그 외 장애아동 재활치료를 위한 언어, 미술, 행동 등의 치료서비스를 제공한다.

(9) 운영지원 및 기획 · 홍보

인사 및 조직관리, 회계 및 문서관리, 시설 및 차량관리 등의 총무기능과 사업계획수립 및 평가와 조사연구 등의 기획기능, 그 외 홍보관련 사업 및 고객만족윤리경영과 관련한 다양한 사업을 수행한다.

생각해봅시다

01 본인의 지역사회에 설치되어 있는 사회복지관과 노인복지관, 장애인복지관을 직접 방문하거나 각종 인터넷 매체를 통해 다양한 사업의 내용을 살펴봅시다.

02 사회복지관과 노인복지관, 장애인복지관의 사업내용 중 지역사회의 특성을 반영한 사업은 어떠한 것이 있는지 살펴봅시다.

참 / 고 / 문 / 헌

보건복지부 (2023a). 2023 사회복지관 운영관련 업무처리안내.
보건복지부 (2023b). 2023 노인보건복지사업안내.
보건복지부 (2023c). 2023 노인복지시설현황.
보건복지부 (2023d). 2023 장애인복지시설사업안내.
한국장애인복지관협회 (2023). www.hinet.or.kr

Chapter 10

고용관련기관

1. 지역자활센터
2. 시니어클럽
3. 여성새로일하기센터
4. 장애인직업재활시설

Learning Objective

학습 목표

1. 지역자활센터의 운영방식과 사업내용을 알 수 있다.
2. 시니어클럽의 운영방식과 사업내용을 알 수 있다.
3. 여성새로일하기센터의 운영방식과 사업내용을 알 수 있다.
4. 장애인직업재활시설에 대하여 알 수 있다.

Chapter 10

고용관련기관

고용관련기관은 지역주민들을 위한 일자리관련 서비스를 지원하고 있다는 점 외에도 지역사회 내에서 새로운 일자리창출을 위하여 다양한 지역사회복지실천적 접근을 하고 있다는 점에서 주요한 지역사회복지실천영역으로 고려해야 한다.

여기서는 저소득계층의 경제적 자립, 자활을 위하여 다양한 사업을 수행하고 있는 지역자활센터와 노인 일자리사업 수행기관인 시니어클럽, 경력단절 여성들의 재취업을 위한 여성새로일하기센터에 대해 살펴보고자 한다. 아울러 지역사회 내에서 장애인 취업지원과 관련한 기관으로 중요성이 더해지고 있는 장애인직업재활시설에 대해 제시하였다.

1. 지역자활센터

1) 지역자활센터의 개요

국민기초생활보장법을 설치 근거법으로 하는 지역자활센터는 수급자와 차상위계층의 경제적 자활촉진에 필요한 사업을 수행하고 있다. 지역자활센터는 1990년대 활발했던 생산공동체운동과 빈민운동이 국민기초생활보장법 제정 이후 제도화되면서 만들어진 민간 최일선의 지역사회기반 빈곤계층을 위한 복지기관이며, 2023년 기준 시 · 군 · 구 1개씩 설치를 목표로 250개소가 운영 중이다.

지역자활센터는 지역사회복지사업 및 자활지원사업의 수행능력과 경험이 있는 사회복지법인, 사회적협동조합 등 비영리법인과 단체의 신청을 받아 보건복지부에서 지정하고 있다. 단, 지역사회 내에 사회복지법인 등 비영리법인이 없거나 자활사업 수행이 어렵다고 판단되는 경우 지방자치단체에서 지역자활센터를 직접 신청하여 운영이 가능하다.

지정의 대상에 있어서 몇 차례 변화가 나타났는데, 2005년도에는 지역자활센터 지정대상에 지방자치단체가 추가되어 비영리법인이나 단체가 없는 지역은 지방자치단체가 직접 지역자활센터를 직영하도록 하였다(보건복지부, 2005). 그리고 당초에는 지역자활센터를 개인도 신청할 수 있었으나, 2007년 국민기초생활보장법 개정과정을 통해 개인은 더 이상 지역자활센터를 신청할 수 없게 되었다(보건복지부, 2007).

지역자활센터의 명칭에 있어서도 세 번의 변화가 있었는데, 우선 2000년도 이전 자활시범사업 시기에는 자활지원센터로, 2000년 이후 국민기초생활보장법이 제정되면서 자활후견기관이라는 명칭으로 불렸으나 지역사회를 기반으로 한다는 점과 자활후견이라는 용어가 다소 일반인들에게는 어렵다는 점을 들어 2007년 국민기초생활보장법 개정을 통해 지금의 지역자활센터로 불리게 되었다.

2) 지역자활센터의 운영방식

지역자활센터는 지속적으로 확대되었다. 2000년도 전국에 70개에서 시작하여 2001년 169개로 대폭 늘어났고, 지금은 250개로 확대되었다. 하지만 운영 초기에는 지역사회의 다양한 자활관련 수요와 지역 특성이 고려되지 못하고 동일한 방식의 운영구조로 이어져 오다가 2004년도에는 지역자활센터가 설치되지 않은 농어촌지역 47곳에 대해 소규모 지역자활센터 지정이 추진되게 되었다(보건복지부, 2004).

이를 바탕으로 2005년에는 지역자활센터의 규모 차이를 반영하여 지역자활센터 규모별 지원제도 도입을 통한 확대형과 표준형, 기본형 등 총 3개 유형을 가지게 되었으며, 특수지역은 특화와 소규모 형태까지 다양화되었다(보건복지부, 2005). 물론 규모별로 예산을 지원하게 됨으로써 이전 총예산에 비해 다소 삭감된 지역자활센터도 나타나 이와 관련한 어려움이 발생하기도 하였다. 2019년에는 최소형도 추가되어 총 4가지 규모 형태로 구성되기에 이른다(보건복지부, 2019a).

2012년에는 지역자활센터가 속한 지역의 인구나 면적, 자활관련 사업체 수 등의 지역 여건을 고려하여 도시형과 도농복합형, 농촌형의 기준을 포함시켰다. 따라서 규모별 4개 유형과 3개의 지역 여건을 고려하여 총 12개의 유형으로 나누고 성과평가 결과에 따른 예산지원을 하고 있다. 구체적인 지역자활센터 규모와 지역 여건에 따른 유형 분류 및 2023년도의 현황은 〈표 10-1〉과 같다.

표 10-1 • 지역자활센터 규모 및 지역 여건에 따른 유형 분류 현황

규모 / 지역여건	개소	확대형	표준형	기본형	최소형
도시형	124	42 (서울 강동 외)	74 (서울 강남 외)	8 (서울 중구 외)	–
도농복합형	57	8 (경기 용인 외)	37 (부산 강서 외)	11 (경기 포천 외)	1 (세종 남부)
농촌형	69	–	24 (인천 강화 외)	42 (경기 양평 외)	3 (강원 화천 외)
총계	250	50	135	61	4

출처 : 보건복지부 (2023a). 자활사업안내.

규모별로는 표준형이 135개소로 가장 많고, 지역 여건별로는 도시형이 124개소로 가장 많다. 두 가지 유형을 모두 고려하였을 때에는 도시형이면서 표준형이 74개소로 가장 많았고, 그 다음으로 도시형이면서 확대형이 42개소, 농촌형이면서 기본형이 42개소, 도농복합형이면서 표준형이 37개소 등으로 나타났다.

도시형만을 놓고 보았을 때에는 표준형이 74개소로 가장 많았고, 도농복합형에서는 표준형이 37개소, 농촌형에서는 기본형이 42개소로 많은 수를 차지하고 있었다.

3) 주요 사업

(1) 자활의욕 고취를 위한 교육

지역자활센터의 주요 지원 대상은 근로능력을 보유하고 있는 저소득계층이므로 이들의 자활의욕을 높이고 일반 노동시장에서 요구하는 기초능력을 향상시키는 교육프로그램을 개발하여 운영하는 것이 필요하다. 특히 컴퓨터 활용에 익숙하지 않은 참여자를 위한 컴퓨터 교실이나 한글을 모르는 경우 한글학교를 운영할 수 있다. 또한 오랜 기간 국민기초생활보장수급자로 생활한 경우 자립, 자활의 경험을 가지지 못함으로써 복지급여에 의존하려는 경향이 나타날 수도 있는데, 다양한 자립자활 성공사례들을 간접적으로 경험함으로써 자활관련 동기를 부여할 수 있는 자활의욕 고취 교육도 실시하게 된다.

(2) 취업지원

지역자활센터는 공동생산과 공동분배를 중심으로 하는 생산공동체운동으로부터 전통을 찾을 수 있기 때문에 공동창업 형태의 다양한 사업운영을 통해 경제적 측면의 자립자활을 지원해왔다는 점에서 취업은 핵심사업으로 보기는 어려웠다(엄태영, 2013). 그럼에도 불구하고 최근에는 취업이 가능한 저소득계층은 일반 노동시장에 대한 취업을 지원하는 사업이 확대되면서 취업지원사업의 중요성이 부각되고 있다. 따라서 지역자활센터는 취업과 관련한 다양한 정보를 제공하고, 취업 과정에서 요구되는 관련 교육을 실시하며 직접적인 취업정보를 바탕으로 한 취업알선상담을 하게 된다.

(3) 자영창업 지원 및 기술경영지도

자활사업 참여자 중 취업이나 자활기업 설립보다 개인 자영창업을 통해 자활하는 것이 더 적절하다고 판단되는 경우 자영창업을 할 수 있도록 유도한다. 창업 아이템을 발굴하거나 창업입지선정, 이후 운영 등에 대해 전문적인 지원을 하게 되며 필요한 자금을 연결하게 된다. 또한 창업한 후에도 적극적인 사후관리를 통해 완전하게 자립할 수 있도록 한다.

(4) 자활기업 설립 운영지원

지역자활센터는 자활근로사업수행을 통해 궁극적으로 자활기업 설립을 주요한 사업성과로 보고 있다. 우선 자활근로사업이란 자활사업 참여자들에게 적절한 근로의 기회를 제공함으로써 자활의 기반을 만드는 사업이다. 특히 예전 공공근로사업과 같이 일시적이거나 단순노무 중심이 아니라 실질적인 자활이 가능하도록 일정 기간 동안 자활근로사업 내에서 인건비와 사업비를 지원함으로써 궁극적으로 공동창업형태인 자활기업 설립이 가능하도록 일정시간 동안 기본적인 능력을 키우는 것에 중점을 두고 있다.

자활근로사업의 내용으로는 먼저 전국 단위에서 수행가능한 간병과 집수리, 청소나 폐자원재활용, 음식물재활용 사업을 표준화한 5대 표준화 사업을 들 수 있다. 그 외 정부양곡을 배송하는 사업이나 보건소 중심의 영양플러스사업 수행, 장애아동의 교육을 지원하는 장애통합교육보조원사업, 취약계층 주택개보수사업, 그리고 저소득계층 주거의 열효율을 향상시키는 에너지효율개선사업 등의 정부 재정지원사업에서 자활사업을 연계하고 있으며 지역사회 특성에 맞춘 영농사업이나 도시락 생산, 세차 등의 사업으로 구성된다. 이러한 사업 아이템은 지역자활센터가 지역사회와 지역주민들의 특성, 사업수요 등을 총체적으로 파악하여 선택하게 된다.

자활근로사업의 유형으로는 근로 유지형과 업그레이드형으로 크게 나뉘며 업그레이드형은 다시 사회서비스형과 인턴 · 도우미형, 그리고 시장진입형으로 구분된다. 우선 근로유지형은 자활사업 참여자가 현재 보유한 근로능력과 자활의욕을 유지하면서 상위단계의 자활사업 참여를 준비하는 사업 유형으로 볼 수 있다. 주로 연령대가 높거나 건강상의 문제로 상대적으로 낮은 노동강도사업 참여가 필요하거나 자활역량 평가결과가 낮은 대상자들이 참여하게 된다. 지역환경정비나 공공시설물 관리지원, 지역 내 공공서비스 제공사업 등의 영역에서 이루어지게 된다.

사회서비스형은 간병이나 장애인통합보조교육 등 사회적으로 유용한 일자리를 제공하는 과정에서 자활사업 참여자들의 자활능력을 개발하고 자활의욕을 높여 향후 일반 노동시장 진입을 목표로 하는 자활근로사업이다.

인턴 · 도우미형 자활근로사업과 관련해서 우선 인턴형은 참여자가 자활할 수 있는 전기나 용접, 이미용 등의 기술을 배울 수 있는 업체나 인건비 지원 후 참여자를 채용하기로 한 업체에 대한 인력파견형태로 이루어진다. 도우미형은 시 · 도나 시 · 군 · 구 사회복지담당과나 읍 · 면 · 동에 참여자를 배치하거나 지역자활센터와 같은 자활사업 실시기관, 그리고 사회복지시설을 위한 보조인력으로 활용하게 된다.

시장진입형 자활근로사업은 사업수행을 통해 일정 정도 이상의 매출이 발생하고, 자활기업 창업을 통해 일반 노동시장 진입을 목표로 하는 사업이다. 이러한 자활근로사업에는 자활참여자의 자활촉진과 자활근로사업에 대한 안주를 방지하기 위해 자활근로 참여기관을 최대 60개월로 제한하고 있다. 단 근로유지형 자활근로는 참여기간에 대한 제한이 없다. 그리고 취 · 창업이나 탈수급 등으로 인해 자활근로사업을 종료하고 재참여하는 경우에는 이전 참여기간과 합산하게 된다.

표 10-2 • 자활근로사업

유형	내용
근로유지형	현재의 근로능력과 자활의지를 유지하면서 향후 상위단계의 자활사업 참여를 준비하는 형태의 사업
사회서비스형	사회적으로 유용한 사회서비스를 제공하는 사업으로 일반노동시장 진입을 목표로 함
인턴 · 도우미형	지자체, 지역자활센터, 사회복지시설 및 일반기업체 등에서 자활사업 대상자가 자활인턴사원으로 근로를 하면서 기술과 경력을 습득한 후 취업을 통한 자활을 도모하는 취업유도형 사업
시장진입형	자활기업 창업으로의 전환을 목표로 일반노동시장 진입이 가능한 사업

마지막으로 자활기업은 2인 이상의 수급자나 저소득계층이 조합이나 공동사업자의 형태로 공동창업하는 경우로써 빈곤탈피를 목적으로 하는 자활사업체를 의미한다. 이러한 자활기업은 세 가지의 설립요건이 충족되면 시 · 군 · 구청장의 자활기업 지정을 받아 다양한 지원을 받게 된다.

세부적인 자활기업 설립요건은 자활근로사업단을 거친 2인 이상의 수급자 또는 차상위자로 구성되어야 하고 조합 또는 부가가치세법상 1인 이상 사업자로 설립해야 한다. 단, 1인이 창업한 경우에는 개인 창업으로 보고 자활기업으로는 인정하지 않는다. 또한 조합 형태로 설립을 추진하더라도 사업자 등록을 해야 하며, 만약 사업자등록이 없는 경우에는 자활기업으로 인정하지 않는다.

이와 같은 자활기업 설립요건을 모두 갖춘 자활기업은 보장기관(시군구)에 인정을 받아야 하고, 보장기관은 인정된 자활기업의 사업안정을 위해 다음의 요건을 갖춘 경우 필요한 지원을 할 수 있다. 우선 자활기업 구성원 중 기초생활보장 수급자 및 차상위자가 1/3 이상이어야 하고 수급자는 반드시 1/5 이상이어야 한다. 그리고 모든 자활기업 참여자에 대해서는 노동관계법령상의 최저임금 이상의 임금이 지급되어야 한다. 그 외 창업설립교육 및 보수교육을 이수해야 한다.

이러한 인증 자활기업에 대해서는 지방자치단체마다 적립되어 있는 자활기금에서 사업자금을 융자받을 수 있고 국공유지에 대한 사업장, 작업장 무상임대, 각종 사업 우선위탁이나 생산물품에 대한 우선구매혜택이 주어진다. 자활기업이 일반 노동시장에서 지속성을 가질 수 있기 위해서는 이러한 공공영역의 다양한 지원은 필수적이라 할 수 있다.

(5) 사회서비스지원

지역자활센터는 장애인활동보조나 산모신생아도우미, 그리고 노인돌보미 등의 바우처사업을 위탁하여 운영하고 있다. 이러한 사회서비스사업은 자활사업 참여대상자들이 보유하고 있는 일반노동시장 진입 장벽요인 중의 하나인 가족 내 돌봄관련 욕구를 사회서비스 지원을 통해 해결한다는 측면과 사회서비스사업에 대한 참여를 통해 새로운 고용을 창출할 수 있다는 장점이 있다.

또한 지역이 자율적으로 지역사회에 요구되는 사회서비스를 설계할 수 있는 지역자율형 사회서비스 투자사업 등이 바우처사업의 근간을 이루고 있기 때문에 자활사업 참여자들의 고용창출과 자활장벽요인 감소를 위한 다양한 사회서비스를 개발한 수행이 필요하다.

(6) 그밖에 수급자 등의 자활을 위한 각종 사업

수급자나 차상위자의 자활사업 참여나 취업 · 창업으로 인해서 지원이 필요하게 된 가구에 대해서는 사회복지서비스 등 필요한 서비스를 연계한다. 또한 보건복지부가 시행하고 있는 근로빈곤층 자산형성지원사업 참여자에 대한 사례관리 및 자립역량교육을 지원한다.

4) 자활사례관리

자활사례관리는 자활사업 참여자를 대상으로 각종 자활프로그램 지원과 참여 과

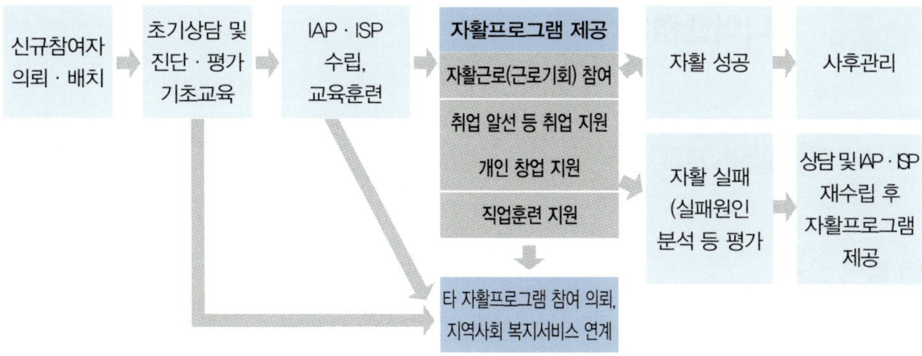

그림 10-1 • 자활사례관리

출처: 보건복지부 (2023a). 자활사업안내.

정에 대한 모니터링 및 사후평가 등 자립을 위해 수행하는 모든 과정을 의미한다. 특히 자활사업 참여자의 욕구와 적성, 능력을 바탕으로 개인별 자립경로(individual action plan)와 개인별 자활지원계획(individual service plan)을 수립하고 이를 바탕으로 한 전문적인 지원을 실시하게 된다. 또한 자활을 위해 필요한 사회서비스를 연계하고 이를 조정, 점검하며 사후관리 과정을 거치게 된다.

보다 구체적으로 살펴보면 자활사업 참여자들이 신규로 참여하게 되면 초기상담을 통해 진단, 평가를 수행하고 전반적인 기초교육을 실시하며 IAP와 ISP를 수립하게 된다. 이를 기반으로 하여 자활근로나 취업알선, 개인창업지원과 직업훈련 지원 등 적합한 자활프로그램을 제공하고 자활사업 외의 프로그램이 필요한 경우 의뢰하게 되며, 추가적으로 지역사회복지서비스를 연계하게 된다. 궁극적으로 자활에 성공하면 사후관리를, 자활에 실패하게 되면 다시 IAP와 ISP를 수립하고 자활프로그램을 제공하게 된다.

이러한 자활사례관리는 고용과 복지가 함께 이루어졌을 때 그 효과가 배가된다는 점을 강조한 접근으로 향후 지역자활센터의 핵심적인 기능으로 부각될 것으로 예상된다.

2. 시니어클럽

1) 시니어클럽의 개요

(1) 법적 근거

시니어클럽은 노인복지법 제23조 노인일자리전담기관의 설치운영 등과 관련하여 국가 또는 지방자치단체가 노인의 능력과 적성에 맞는 일자리지원사업을 전문적이고 체계적으로 수행하기 위한 노인일자리전담기관을 설치, 운영하거나 그 운영의 전부 또는 일부를 법인 · 단체 등에 위탁할 수 있다는 내용을 법적근거로 하고 있다.

(2) 시니어클럽의 설립목적

시니어클럽은 지역사회 내에서 일정 시설과 전문인력을 갖추고 지역사회가 보유한 다양한 자원을 활용하여 노인을 대상으로 한 일자리를 창출, 제공하는 것은 물론 지역사회 내에서 노인들이 일할 수 있는 여건을 만듦으로써 궁극적으로 노인들의 삶의 질 향상을 도모하는 것을 주요한 목적으로 한다(보건복지부, 2019b). 2023년 기준 전국적으로 199개의 시니어클럽이 운영되고 있다(한국시니어클럽협회, 2023).

(3) 운영원칙

구체적인 운영원칙으로는 노인일자리 창출 및 제공 과정에서 노인들이 보유한 고유성과 존엄성을 보장할 수 있도록 최대한 노력한다. 또한 독립된 행정체계 및 운영체계를 갖추고 자율적으로 운영될 수 있도록 하며, 노인들을 위한 상담, 교육, 훈련을 제공할 수 있도록 일정 규모의 시설을 확보하고 이와 같은 서비스 제공 과정에 지역사회 자원을 적극 활용한다(보건복지부, 2019b).

2) 노인일자리 및 사회활동지원사업

(1) 노인일자리 및 사회활동 지원사업의 개념

시니어클럽 등의 노인일자리기관에서 수행하고 있는 노인일자리 및 사회활동 지원사업은 노인들이 활기차고 건강한 노후생활을 영위할 수 있도록 다양한 일자리와 사회활동을 지원함으로써 궁극적으로 노인복지 향상에 기여하는 사업을 의미한다(보건복지부, 2023b)

(2) 노인일자리 및 사회활동 지원사업의 내용

노인일자리 및 사회활동 지원사업은 공익활동과 사회서비스형, 시장형사업단과 인력파견형사업단으로 크게 구분할 수 있다. 사업별 세부 내용은 다음과 같다(한국시니어클럽협회, 2023).

① 공익활동

노인이 자기만족과 성취감 향상 및 지역사회 공익증진을 위해 자발적으로 참여하는 각종 봉사활동이다. 독거노인이나 조손가정 노인, 거동불편 노인, 경증치매 노인 등 취약노인의 가정을 방문하여 일상생활을 안정적으로 유지할 수 있도록 안부 확인, 말벗, 생활안전점검 등 필요한 서비스를 제공하는 노노케어가 대표적 사업이다. 그리고 노인을 제외한 장애인과 다문화가정, 한부모가정 아동 등 취약계층에게 상담, 교육 및 정서적 지원 등 필요한 서비스를 제공하는 취약계층 지원과 복지시설, 공공의료시설 및 교육시설 등에서 지역사회에 필요한 공익서비스를 제공하기 위해 필요한 각종 사항을 지원하는 공공시설 봉사, 노인이 평소 가지고 있었던 경험과 지식, 삶의 지혜를 동세대나 아동청소년세대 등 지역공동체 구성원들과 공유하는 경륜전수활동으로 구성된다.

② 사회서비스형

사회서비스형은 노인이 보유하고 있는 경력과 활동역량을 통해 사회적 도움이 필요한 지역사회돌봄이나 안전 등의 영역에 서비스를 제공하는 일자리이다. 우선 가정 및 세대 간 서비스 유형으로는 보육교사를 보조하거나 돌봄서비스를 이용하는 아동의 등하교를 지원하고 급식지원, 한부모 가족아동보호, 새터민 등 정서지원을 통한 정착을 돕는다. 취약계층 전문서비스 유형에서는 실버장애인돌봄 서포터즈활동, 장애인보호시설 등 대상자 보조 및 지원, 장애인 이동보조 및 활동보조 등의 활동이 있고, 시설이용 노인에 대한 서비스, 노인맞춤돌봄서비스 업무보조, 시니어 금융업무지원, 소비피해예방, 시니어 학대피해아동지킴이 활동 등이 있다. 공공전문서비스 영역에서는 시니어 안전모니터링, 시니어 가스안전관리원, 시니어 소방안전지원 등과 일자리 영역에서의 활동 등이 있다. 그외 노인일자리 및 노인사회활동지원 영역에서는 노인일자리 담당자 업무지원 활동이 있으며 기타 영역으로는 지역 내 취약시설 또는 사회적 공헌유형 지원 등의 활동을 수행한다.

③ 시장형 사업단

노인에게 적합한 업종 중에 소규모 매장이나 전문 직종 사업단 등을 공동으로 운영하여 일자리를 창출하는 사업이다. 일정 기간 동안 사업비나 참여자 인건비 일부를 지원하고 추가 사업수익으로 연중 운영하는 노인 일자리를 의미한다.

구체적인 사업 내용으로는 먼저 식재료를 활용해서 식품 등을 제조하여 판매하는 식품제조 및 판매 유형, 일정한 시설을 갖추고 규격에 맞춘 공산품을 제작하여 판매하는 공산품제작 및 판매유형, 소규모 매장 및 점포를 운영하는 매장운영 유형, 유휴경지를 활용하여 농산물 등을 공동으로 경작하고 판매하는 지역영농 유형, 아파트단지 내 택배물품을 배송집하하고 지하철을 이용하여 각종 수하물 및 서류를 배달하는 운송유형, 마지막으로 기타 유형으로 사업 수익을 통해 향후 발전가능성이 있는 재화나 서비스를 제공하는 사업으로 구분된다.

표 10-3 • 노인일자리 및 사회활동지원사업

사업구분	내용	유형 또는 사업수행기관
공익활동	노인이 자기만족과 성취감 향상, 지역사회공익증진을 위해 참여하는 봉사활동	노노케어/취약계층지원/공공시설봉사/경륜전수활동
사회서비스형	노인의 경력과 활동역량을 활용하여 사회적 도움이 필요한 지역사회 돌봄과 안전 등에 서비스를 제공하는 일자리	가정 및 세대 간 서비스/취약계층전문서비스/공공전문서비스/노인일자리 및 노인사회활동지원/기타
시장형 사업단	노인에게 적합한 업종 중 소규모 매장 및 전문 직종 사업단 등을 공동으로 운영하여 일자리를 창출하는 사업	식품제조 및 판매/공산품제작 및 판매/매장운영/지역영농/운송/기타
취업알선형	수요처의 요구에 의해서 일정 교육을 수료하거나 관련된 업무능력이 있는 자를 해당 수요처로 연계하여 근무기간에 대한 일정 임금을 지급받을 수 있는 일자리	노인복지관이나 시니어클럽 등을 수행기관으로 선정하거나 매년 공모로 그외 수행기관을 선정
시니어인턴십	만 60세 이상자의 고용촉진을 위해 기업에 인건비를 지원하여 계속 고용을 유도하는 사업	4대 보험 가입 사업장 중 근로자 보호규정을 준수하는 기업 및 비영리 민간단체
고령자 친화기업	고령자가 경쟁력을 가질 수 있는 적합한 직종에서 다수의 고령자를 고용하여 운영할 기업을 지원	다수의 고령자를 고용하고 있고 추가 고용계획이 있는 기업 및 단체

④ 취업알선형

인력 수요처의 요구에 의해 일정 교육을 수료하거나 관련 업무능력이 있는 노인을 해당 수요처로 연계하여 근무기간에 일정 임금을 지급받을 수 있는 일자리를 의미한다. 구체적 사업으로는 각종 시험에 있어서 감독관을 파견하는 사업이나 가사도우미 파견사업, 지역 일손도우미 파견사업 등의 일회성 파견사업과 주유원, 경비원, 청소미화원 등의 지속파견사업이 있다. 이 유형은 수행기관에 대한 사업비는 지원하지만 참여 노인에 대한 인건비 지원은 없다는 특징이 있다.

⑤ 시니어인턴십

시니어인턴십 사업은 만 60세 이상자의 고용 촉진을 위해 기업에서 인건비를 지원하여 계속 고용을 유도하는 사업이다. 4대보험 가입 사업장 중 근로자의 보호규정을 준수하는 기업 및 비영리 민간단체 등이 참여하게 된다.

⑥ **고령자친화기업**

고령자가 경쟁력을 가질 수 있는 적합한 직종에서 다수의 고령자를 고용하여 운영할 기업을 지원하는 사업이다. 이러한 참여기업은 이미 다수의 고령자를 고용하고 있고, 추가 고용계획이 있어야 하며 개소당 일정금의 지원을 받게 된다.

3. 여성새로일하기센터

1) 여성새로일하기센터의 개요

(1) 법적 근거

여성의 경제활동 촉진과 경력단절예방법 제17조에 따르면 여성가족부장관과 고용노동부장관은 여성의 경제활동 촉진과 경력단절 예방에 필요한 정보제공, 경력단절예방프로그램지원, 취 · 창업정보 제공 및 상담, 직업교육훈련, 취업 후 직장적응지원, 복지서비스연계 등의 사업을 수행하기 위하여 여성경제활동지원센터(여성새로일하기센터)를 지정 · 운영할 수 있다.

(2) 여성새로일하기센터 현황

2022년 12월 말 기준 전국적으로 159개소의 여성새로일하기센터가 운영 중이다. 여성새로일하기센터는 경력단절여성의 취업을 지원하는 핵심적 전달체계로 혼인, 임신, 출산, 육아 등으로 경력이 단절된 여성에게 취업상담과 직업교육훈련, 인턴십 및 취업 후 사후관리 등 종합적인 취업지원 서비스를 원스톱으로 제공함으로써 여성의 경제활동 참여율을 높이려는 목적으로 설립되었다(여성가족부, 2023).

2) 여성새로일하기센터의 세부사업

여성새로일하기센터에서 수행하는 사업은 집단상담 프로그램과 직업교육훈련, 인턴십 지원 그리고 온라인 업무처리로 이루어진다(여성가족부, 2019).

(1) 집단상담 프로그램

집단상담 프로그램은 경력단절여성 등의 근로의욕을 고취하고 구직능력을 향상시키며 직업훈련 연계 및 취업알선 등의 취업지원서비스를 제공하는 것을 주요 내용으로 한다. 특별히 집단상담 프로그램은 혼인이나 임신, 출산, 육아와 가족구성원 돌봄 등의 이유로 인해 경제활동을 중단하였거나 경제활동을 한 적이 없는 여성 중에서 취업을 희망하는 여성이 주된 대상이다.

프로그램의 세부 내용은 경력단절여성과 결혼이민여성으로 구분되며 우선 경력단절여성의 경우 기본과정은 진로탐색을 통해 새로운 경력을 형성하고 취업준비를 할 수 있도록 지원하며 심화과정은 과거의 직업관련 경력을 바탕으로 신속히 재취업하기 원하는 경력단절여성의 경력설계를 컨설팅하게 된다. 결혼이민여성의 경우에는

표 10-4 • 집단상담 프로그램 내용

적용대상	프로그램명	프로그램 내용
경력단절여성	기본과정	진로탐색을 통해 새로운 경력을 형성하고 취업준비를 할 수 있도록 지원
	심화과정	과거 경력을 바탕으로 신속히 재취업하기 원하는 경력단절여성의 경력설계 컨설팅 지원
결혼이민여성	필수과정	결혼이민여성이 한국 사회에서 새롭게 직업진로를 설계하고 취업 기술을 익힐 수 있도록 지원
	선택과정	

필수과정과 선택과정으로 나뉘며 한국 사회에서 새롭게 직업진로를 설계하고 취업기술을 익힐 수 있도록 지원한다.

이러한 집단상담 프로그램을 수료한 후에는 여성새로일하기센터의 다른 취업지원 프로그램으로 연계하거나 취업이 시급한 참여자는 적합한 구인처에 취업을 알선한다.

(2) 직업교육훈련

직업교육훈련은 수요가 많아 취업 가능성이 높은 직종에 대한 훈련을 통해 경력단절여성의 취업관련 역량을 강화하고 지역사회 및 산업체 요구에 적합한 여성 인력을 양성하는 것을 주된 목적으로 한다. 훈련의 유형으로는 일반과정, 전문기술과정, 창업과정, 취업취약계층과정, 새일 역량과정으로 분류하고, 기업맞춤형 과정은 훈련 직종에 따라 일반기업맞춤형과 전문기술기업맞춤형 과정으로 분류한다.

우선 일반과정은 사무관리, 서비스, 재무회계 및 교육분야 등 여성 구인수요와 취업가능성이 높은 분야에 대해 인력양성과정을 개설한다. 전문기술과정은 IT, 건설, 기계, 제조 등 전문적인 지식과 기술이 필요한 훈련과정으로써 관련 전공 및 경력 또는 선수자격을 필요로 한다. 창업과정은 온 · 오프라인상에서 최대한 창업이 가능하도록 훈련과정을 설계, 운영한다. 특히 온오프라인 창업관련 전문 훈련기관과 협업을 통해 다양한 훈련 프로그램을 설계한다. 취업취약계층과정은 결혼이민여성, 장애여성, 북한이탈주민 과정에 한해 운영하며 결혼이민여성 교육과정 개설 시 다문화가족지원센터와 협력하여 공동으로 추진한다. 새일역량과정은 직업교육훈련생 또는 수료생, 기업채용예정자와 취업자를 대상으로 직업윤리, 직업의식, 직장 내 커뮤니케이션 등에 대한 기업체 파견교육을 지원하는 등 리턴십 지원 강화를 위한 과정으로 운영한다. 기업맞춤형 과정은 프로그램 설계 및 운영에 기업이 참여하고, 수료생들이 해당 기업에 채용 예정된 훈련 과정인 경우에 한해 운영한다.

표 10-5 ● 직업교육훈련 과정

훈련 유형	내용
일반과정	여성들이 선호하고 취업 용이한 분야의 인력양성과정
전문기술과정	전문적인 지식과 기술이 필요한 훈련과정으로 관련 전공 및 경력, 선수자격을 필요로 함
창업과정	온오프라인 상에서 최대한 창업이 가능하도록 훈련과정을 설계, 운영
취업취약계층과정	결혼이민여성, 장애여성, 북한이탈주민과정에 한해 운영
새일역량과정	기업채용예정자나 취업자를 대상으로 직업윤리나 직업의식, 직장 내 커뮤니케이션 등에 대한 교육을 실시
기업맞춤형 과정	프로그램 설계 및 운영에 기업이 참여하고 수료생들이 해당 기업에 채용 예정된 훈련과정인 경우에 한해 운영

(3) 새일여성인턴사업

새일여성인턴사업은 장기간 직장에서 이탈한 경력단절여성들이 각종 기업의 인턴근무 경험을 통해 자신감과 현장 적응력을 높임으로써 취업 후 직장에 잘 적응할 수 있도록 지원하는 프로그램이다. 세부적으로는 미취업 상태에 있는 경력단절여성 및 구직 희망여성을 대상으로 하는 새일여성 인턴과 국내에 거주하는 결혼한 이민여성으로서 미취업상태에 있는 결혼이민여성 중 구직 희망자를 대상으로 한 결혼이민여성 인턴으로 구성된다.

연계대상 기업은 4대 보험 가입 기업체로서 상시근로자 수가 5인 이상 1,000인 미만 기업체에 한한다. 단, 5인 미만의 기업이더라도 벤처기업이나 지식서비스산업 등의 경우 가능하며 소비향락업체나 파견직 근로자 등의 경우 인턴 연계대상 기업에서 제외된다.

(4) 온라인 업무처리

온라인 업무처리는 경력단절여성의 취업지원서비스 이용의 편의성을 위해 e새일시스템 홈페이지상 일자리 정보공개, 직업교육훈련과 새일여성인턴 온라인 신청,

온라인 상담, 새일센터 소식 등과 관련한 기능을 개설하고 운영하는 것이다. 특히 온라인으로 개설된 기능에 대한 신속하고 적절한 대응 및 관리를 통해 서비스 만족도를 높이고 사업운영 효율성 증진을 위해 노력하고 있다.

4. 장애인직업재활시설

최근 들어 지역사회통합돌봄 등 지역을 대상으로 한 다양한 정책변화에 따라 장애인이 지역사회에서 직업활동을 통한 삶을 살아갈 수 있도록 지원하는 전달체계의 중요성이 부각되고 있다. 그러한 측면에서 장애인직업재활시설은 지역사회를 기반으로 하여 지역의 다양한 자원을 활용한 장애인대상 일자리 지원기관이라는 점에서 매우 큰 의미를 가지고 있다.

1) 장애인직업재활시설의 개요

(1) 법적 근거

장애인직업재활시설은 장애인복지법 제58조에 따라 시설의 종류와 기능이 구분되고 장애인직업재활시설 설치 및 운영은 장애인복지법 제59조와 장애인복지법 시행규칙 제42조 내지 제43조에 의한다.

(2) 장애인직업재활시설의 목적

장애인직업재활시설은 장애인이 자신의 능력과 적성에 맞는 직업생활을 통해 인간다운 생활을 할 수 있도록 장애인직업재활과 관련한 제반 서비스 및 취업기회를 제공하고 궁극적으로 장애인의 자립과 자활을 도모하는 데 있다(보건복지부, 2023c).

2) 장애인직업재활시설의 종류

장애인직업재활시설의 종류와 기능은 장애인복지법 시행규칙 제 41조에서 상세히 다루어지고 있으며 장애인보호작업장, 장애인근로사업장, 장애인직업적응훈련시설로 구분된다(보건복지부, 2023c).

(1) 장애인보호작업장

장애인보호작업장은 낮은 직업능력을 보유한 장애인을 대상으로 직업적응능력 및 직무기능 향상훈련 등의 직업재활훈련 프로그램을 제공하고 보호가 가능한 조건에서 근로의 기회를 제공하며, 이에 상응하는 임금을 지급하고 향후 장애인 근로사업장이나 경쟁적 고용시장으로 옮겨갈 수 있도록 돕는 역할을 하고 있다. 2023년 기준 전국적으로 545개소가 운영 중에 있다(한국장애인직업재활시설협회, 2023).

(2) 장애인근로사업장

장애인근로사업장은 직업능력은 있지만 이동이나 접근성, 사회적 제약 등으로 취업이 어려운 장애인에게 근로기회를 제공하고 최저 임금 이상을 지급하며 경쟁적인 고용시장으로 옮겨갈 수 있도록 지원하는 역할을 하고 있다. 2023년 기준 전국적으로 57개소가 운영 중에 있다(한국장애인재활시설협회, 2023).

(3) 장애인직업적응훈련시설

직업능력이 극히 낮은 장애인에게 작업활동, 일상생활훈련 등을 제공하여 기초작업능력을 습득시키고, 작업평가 및 사회적응훈련 등을 실시하여 장애인보호작업장 또는 장애인근로사업장이나 그 밖의 경쟁적인 고용시장으로 옮겨갈 수 있도록 돕는 역할을 하고 있다. 2023년 기준 전국적으로 33개소가 운영 중에 있다(한국장애인재활시설협회, 2023).

생각해봅시다

01 지역사회 내 지역자활센터와 시니어클럽, 여성새로일하기센터, 장애인직업재활시설 수행기관 등을 직접 또는 홈페이지를 통해 방문하고, 현재 실시하고 있는 다양한 일자리관련 사업에 대해 살펴봅시다.

02 지역자활센터와 시니어클럽, 여성새로일하기센터와 장애인직업재활시설과 관련한 언론매체의 기사를 참고하여 현재 이들 기관 또는 사업에서 중요한 이슈가 무엇인지 살펴봅시다.

참/고/문/헌

보건복지부 (2004). 자활사업안내.
보건복지부 (2005). 자활사업안내.
보건복지부 (2007). 자활사업안내.
보건복지부 (2023a). 자활사업안내.
보건복지부 (2023b). 노인일자리 및 사회활동지원사업 운영안내.
보건복지부 (2023c). 2023년 장애인복지시설사업안내.
엄태영 (2013). 한국 자활사업의 과거, 현재 그리고 미래조망. **한국사회복지조사연구**, 36, 357-386.
여성가족부 (2023). 여성새로일하기센터 사업지침.
한국시니어클럽협회 (2023). http://www.silverpower.or.kr/business/public.php
한국장애인직업재활시설협회 (2023). http://www.kavrd.or.kr/kavrd/bbs/page.php?hid=sub03

Chapter 11

민간영역 지역사회복지조직

Community Welfare & Practice

1. 지역아동센터
2. 중증장애인 자립생활지원센터
3. 가족센터
4. 사회서비스 제공기관

Learning Objective

학습 목표

1. 지역아동센터의 개념과 사업에 대해 알 수 있다.
2. 중증장애인 자립생활지원센터의 개념과 사업에 대해 알 수 있다.
3. 가족센터의 개념과 사업에 대해 알 수 있다.
4. 사회서비스제공기관의 개념과 사업에 대해 알 수 있다.

Chapter 11

민간영역 지역사회복지조직

지역사회 내에서 민간영역이 중심이 되어 지역사회복지실천을 수행하는 조직은 아동부터 노인까지 그리고 비영리에서 영리조직까지 매우 다양하다. 지역사회복지실천 과정에서 이러한 민간영역 지역사회복지조직은 지역사회가 보유하고 있는 다양한 문제를 함께 해결해 나갈 수 있는 주요한 파트너로서 의미를 지닌다. 또한 지역사회가 필요로 하지만 현재 수행하고 있지 않은 서비스나 사업에 대해서는 지역사회복지실천가의 입장에서 이들 민간영역의 제공기관과 공동의 노력을 통해 새롭게 개발해야 한다.

이 장에서는 대표적인 민간영역 지역사회복지조직이라 할 수 있는 지역아동센터와 중증장애인 지원을 위한 중증장애인 자립생활지원센터, 가족안정성을 강화하고 가족관계 증진을 위한 건강가정 · 다문화가족지원센터, 그리고 지역자율형 사회서비스 투자사업을 중심으로 한 바우처영역을 담당하고 있는 각종 사회서비스 제공기관에 대해 살펴보겠다.

1. 지역아동센터

1) 설립목적

지역아동센터는 아동복지법상의 아동복지시설로서 방과후 돌봄이 필요한 지역사회의 아동에 대하여 보호와 교육, 건전한 놀이와 오락을 제공하고 보호자와 지역사회 연계를 통해 아동의 건전한 육성을 위한 종합적인 아동복지서비스 제공을 목적으로 한다. 이러한 지역아동센터는 전통적으로 빈곤지역의 공부방에서 비롯된 형태로 아동복지법상의 제도화를 통해 현재의 지역아동센터로 발전한 것으로 볼 수 있다.

2) 지역아동센터의 특징

지역아동센터는 소규모의 가정형태 이용시설로써 지역아동센터를 이용하는 아동들이 쉽게 접근할 수 있음으로 인해 정서적, 심리적 안정감을 제공하고 아동과 그 가족의 욕구를 파악하여 사례관리적 접근을 수행하고 있다. 또한 교육과 복지의 통합적인 서비스를 제공하고 아동에 대한 권리를 보호하는 다양한 활동을 실시하며 빈곤아동정책에 대한 제도적 개선의 노력을 기울이고 있다.

특별히 아동을 대상으로 하는 각종 서비스나 사업들은 제공되는 환경이 가정적 분위기가 중요하다는 측면과 가정의 교육과 복지역할을 보완해 준다는 점에서 지역아동센터는 지역사회 내에서 그 의의가 매우 크다.

3) 이용대상

지역아동센터는 만 18세 미만의 아동으로서 초등학교 및 중학교에 재학 중인 아동을 대상으로 하고 있다. 단, 지역아동센터 이용 중에 고등학교로 진학하는 아동이거나 18세 이상이지만 계속해서 지역아동센터를 이용하는 고등학생, 그리고 학교 밖 청소년으로서 18세 미만의 아동, 지역아동센터를 이용하는 아동의 형제, 자매가 미취학 또는 고등학생인 경우도 가능하다. 그외 지역적 특성으로 어린이집이나 유치원을 이용할 수 없는 미취확 아동이나 기타 지역특성이나 가구특성 등에 따라서 지역아동센터에서 돌봄이 필요하다고 시군구청장이 인정한 경우 이용아동으로 선정한다. 특별히 국민기초생활보장 수급자나 차상위계층, 의료급여 수급권자, 등록장애인이 있는 가구의 아동 또는 등록장애인아동, 다문화가족의 아동, 모자가족 또는 부자가족 아동, 조손가구 아동, 초중고 교육비 지원 대상자인 아동, 그외 자녀가 3명 이상인 가구의 아동은 우선돌봄아동으로 규정한다. 그리고 이들 아동에 대해서는 우선적민 보호를 위해 지역아동센터가 신고한 정원의 50% 이상은 우선돌봄아동이어야 한다(보건복지부, 2023c). 특별히 국민기초생활보장수급자나 차상위계층, 다문화, 장애인, 조손, 한부모 등 가족의 아동은 돌봄취약아동으로 규정하고 이들 아동에 대한 우선적인 보호를 위해 지역아동센터가 신고한 정원의 80% 이상을 돌봄취약아동으로 우선 선정해야 한다(보건복지부, 2020).

4) 지역아동센터의 역사

지역아동센터는 1980년대 빈민지역을 중심으로 한 민간 공부방에서 시작하였다. 이후 2004년 아동복지법상의 아동복지시설로 법제화되면서 2005년부터 정부보조금 지원을 통해 급속한 양적 확대가 이루어지면서 지역아동센터는 1,709개소로 늘어났고 이용 아동 또한 43,749명으로 증가하였다.

2009년도에는 지역아동센터에 대한 기관 평가가 시작되면서 서비스의 질적 향상을 도모하게 되었으며 2023년을 기준으로 4,244개의 지역아동센터가 운영 중에 있다(아동권리보장원, 2023).

5) 이용방법

지역아동센터를 이용하는 방법은 지역아동센터의 돌봄이 필요한 보호자나 읍 · 면 · 동장, 또는 지역아동센터가 돌봄서비스 제공을 시군구청에 신청하게 되면 시 · 군 · 구 담당부서에서 돌봄서비스 제공에 대한 자격을 확인하고 최종적으로 돌봄서비스 이용을 결정하게 된다. 특별히 신청과정에서 사회복지담당공무원은 지역사회의 다양한 기관들과 적극 협력하여 지역아동센터 이용이 필요한 아동을 적극적으로 발굴하는 찾아가는 복지를 수행한다.

돌봄서비스 이용이 결정되면 보호자는 빠른 시간 내에 지역아동센터에 돌봄서비스 결정통지서를 온오프라인으로 제출하면 지역아동센터는 시설정보시스템에 해당 아동을 등록, 보고하게 되고 시 · 군 · 구는 지역아동센터 이용을 승인하게 되고 지역아동센터의 돌봄서비스가 제공되기 시작한다. 이를 바탕으로 시 · 군 · 구 담당부서는 돌봄서비스 제공과 관련한 사후관리나 서비스 적정성을 확인하는 과정을 거치게 된다(보건복지부, 2023c).

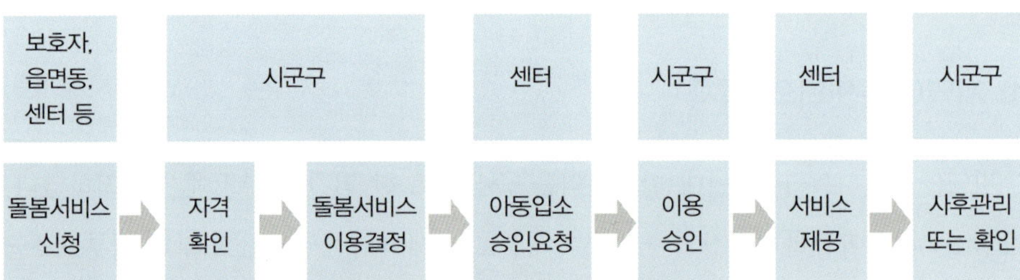

그림 11-1 • 지역아동센터 이용방법

6) 프로그램 내용

지역아동센터에서는 기본프로그램과 특화프로그램을 제공하고 있다. 기본프로그램으로는 보호, 교육, 문화, 정서지원, 지역사회영역으로 구성되고, 특화프로그램으로는 지역사회의 특성과 이용 대상자들의 특성을 고려한 맞춤형 운영프로그램을 제공하게 된다. 구체적인 프로그램의 예시는 다음과 같다.

(1) 보호프로그램

보호프로그램은 일상생활과 안전영역으로 나누어진다. 우선 일상생활영역은 지역아동센터에서의 일상생활 적응지도, 가정과 학교에서의 일상생활지도, 일상예절교육 등의 일상생활관리와 위생지도, 건강지도 등의 위생건강관리, 급식지도로 구분된다. 안전영역은 저녁 돌봄 과정에서의 생활안전지도와 안전귀가지도, 그리고 교통안전, 실종유괴 예방, 약물오남용 예방, 재난대비, 성폭력 예방 등의 5대 안전의무교육으로 구성된다. 특히 5대 안전의무교육은 최근 들어 각종 사고와 안전을 예방하기 위해 도입된 항목이다.

표 11-1 • 보호영역 프로그램

영역	세부영역	세부프로그램	프로그램 예시
보호	생활	일상생활관리	센터생활적응지도, 일상생활지도, 일상예절교육, 부적응아동지도 등
		위생건강관리	위생지도, 건강지도 등
		급식지도	급식지도, 식사예절교육 등
	안전	생활안전지도	저녁돌봄 등
		안전귀가지도	안전귀가지도, 생활안전지도 등
		5대안전의무교육	교통안전, 실종유괴 예방, 약물오남용 예방, 재난대비, 성폭력 예방 등

출처: 보건복지부 (2023c).

(2) 교육프로그램

교육프로그램은 학습과 특기적성, 성장과 권리영역으로 세분된다. 우선 학습은

숙제지도와 교과학습지도, 특기적성은 미술과 음악, 체육 등의 예체능활동과 진로지도, 적성교육으로 나누어진다. 성장과 권리의 경우 인성교육과 사회성 교육, 자치회의 및 동아리 활동으로 세분된다.

표 11-2 • 교육영역 프로그램

영역	세부영역	세부프로그램	프로그램 예시
교육	학습	숙제지도	숙제지도, 학교생활관리 등
		교과학습지도	수준별 학습지도, 온라인교육, 학습부진아 특별지도 등
	특기적성	예체능활동	미술, 음악, 체육지도 등
		적성교육	진로지도, 적성교육 등
	성장과 권리	인성 사회성 교육	인성교육, 사회성 교육 등
		자치회의 및 동아리활동	자치회의, 동아리활동 등

출처: 보건복지부 (2023c).

(3) 문화프로그램

문화프로그램은 체험활동과 참여활동으로 구성되며 체험활동은 공연 및 연극관람, 박물관 견학과 기타 체험활동, 캠프 및 여행 등이 있다. 그리고 참여활동은 각종 공연과 전시회, 체육대회 등의 행사로 지역아동센터를 이용하는 아동들 각자가 그동안 배운 다양한 능력을 발휘할 수 있는 참여기회를 가지는 것으로 볼 수 있다.

표 11-3 • 문화영역 프로그램

영역	세부영역	세부프로그램	프로그램 예시
문화	체험활동	관람 · 견학	공연 및 연극관람, 박물관 견학 등
		캠프 · 여행	체험활동, 캠프 및 여행 등
	참여활동	공연	공연 등
		행사	전시회, 체육대회 등

출처: 보건복지부 (2023c).

(4) 정서지원프로그램

정서지원프로그램은 상담과 가족지원으로 구성되며 상담은 연고자상담과 아동상담, 그리고 정서지원프로그램으로, 가족지원으로는 보호자교육과 부모소모임, 가정방문 등의 행사모임으로 구분된다. 특히 부모를 대상으로 한 각종 교육과 함께 부모들이 지역아동센터 운영에 직간접적으로 참여할 수 있도록 유도하고 있다.

표 11-4 ● 정서지원프로그램

<table>
<tr><th>영역</th><th>세부영역</th><th>세부프로그램</th><th>프로그램 예시</th></tr>
<tr><td rowspan="5">정서지원</td><td rowspan="3">상담</td><td>연고자상담</td><td>부모 및 가족상담, 연고자상담 등</td></tr>
<tr><td>아동상담</td><td>아동상담 등</td></tr>
<tr><td>정서지원프로그램</td><td>정서지원프로그램 등</td></tr>
<tr><td rowspan="2">가족지원</td><td>보호자교육</td><td>보호자교육 등</td></tr>
<tr><td>행사모임</td><td>부모소모임, 가정방문 등</td></tr>
</table>

출처: 보건복지부 (2023c).

(5) 지역사회연계 프로그램

지역사회연계 프로그램으로는 기관홍보 중심의 홍보와 자원봉사활동이나 결연후원 등의 인적연계, 그리고 전문기관연계 등을 중심으로 한 기관연계로 구성된다.

표 11-5 ● 지역사회연계 프로그램

<table>
<tr><th>영역</th><th>세부영역</th><th>세부프로그램</th><th>프로그램 예시</th></tr>
<tr><td rowspan="3">지역
사회
연계</td><td>홍보</td><td>기관홍보</td><td>기관홍보 등</td></tr>
<tr><td rowspan="2">연계</td><td>인적연계</td><td>자원봉사활동, 인적결연후원, 후원자관리 등</td></tr>
<tr><td>기관연계</td><td>지역조사와 탐방, 전문기관연계, 복지단체연계</td></tr>
</table>

출처: 보건복지부 (2023c).

2. 중증장애인 자립생활지원센터

1) 설치목적

중증장애인 자립생활지원센터는 장애인복지법을 설치 근거법으로 하고 있으며 중증장애인을 대상으로 한 포괄적인 자립생활 정보를 제공하고 각종 장애인 권익옹호 활동과 동료상담, 자립생활기술훈련 개인별 자립지원, 거주시설 장애인 탈 시설 자립지원 등의 서비스제공을 통해 궁극적으로 장애인들의 자립생활 역량을 강화시키고 지역사회에서의 다양한 사회참여 활동지원을 목적으로 한다(보건복지부, 2023a).

지역사회복지실천과 관련해서는 중증장애인 자립생활지원센터가 정상화의 이념을 바탕으로 장애인들이 지역사회에서 인간다운 삶을 살아갈 수 있도록 지원한다는 점에서 매우 중요한 의의를 지니고 있다.

2) 운영방향

중증장애인 자립생활지원센터는 시 · 군 · 구청장의 추천을 통해 시 · 도지사가 선정하게 되며 다음의 기본적인 운영방향을 가지고 있다(보건복지부, 2023a).

(1) 자립생활철학의 추구

센터의 모든 활동은 영리, 종교활동에 연관되거나 이용될 수 없고 자립생활 이념에 바탕을 두고 장애인의 자기선택권과 결정권이 최대한 존중될 수 있도록 해야 하며 장애인의 참여를 최우선으로 한다. 또한 장애인을 어떠한 활동에도 차별 없이 서비스를 제공해야 하며 센터 운영은 장애인을 중심으로 하여 의사결정, 서비스 제공, 운영규정이 마련되어야 한다. 특히 장애인 당사자들이 장애인에 대한 부분을 가장 잘 알고 있으므로 장애인들 간에 서로 지원하고 옹호하는 동료지원모델이 핵심적 원리로 작동될 수 있도록 해야 한다. 마지막으로 모든 장애인들은 동등하게 자립생활 지원 서비스에 접근할 수 있어야 한다.

(2) 서비스 대상

장애의 정도나 유형은 상관하지 않고 모든 유형의 장애인들과 그들의 가족에게 필요한 서비스를 제공한다.

(3) 개별 자립생활지원

장애인이 보유한 자립생활과 교육문화 등의 사회참여, 가족지원 등의 개별적 욕구에 대응해야 하고, 이를 위한 자원을 지역사회에서 동원하여 지속적이고 안정적인 서비스를 실시해야 한다. 아울러 시설생활 탈피가 가능한 장애인을 대상으로 재가사업을 적극적으로 수행해야 하며 자립생활이라는 목표달성을 위해 지역사회중심의 다양한 대응을 해야 한다. 특히 장애인들이 지역사회에서 생활하기 위해서는 시설에서의 생활보다 많은 비용과 사회적 노력이 소요됨을 인식해야 할 것이다.

(4) 지역사회 강화활동

지역사회가 장애인의 욕구를 충족할 수 있도록 지역사회의 공동체적 역량을 강화하는 활동을 수행해야 하고 비장애시민과의 연대를 통해 장애인과 비장애인간의 소통 활성화를 위한 노력을 기울여야 한다. 특히 지역사회 안에서 장애인이 보다 나은 삶을 살아가기 위해서는 비장애인들의 적극적인 관심과 지역사회 변화에 대한 동참이 필요하기 때문에 이러한 지역사회 강화활동은 매우 필수적이라 하겠다.

(5) 자원개발활동

자립생활서비스 개발과 제공 과정에 필요한 다양한 자원개발활동을 수행해야 한다. 앞서 언급한 바와 같이 지역사회에서 장애인들의 정상적인 삶을 위해서는 많은 사회적 비용이 필요하므로 이러한 자원개발활동은 적극적으로 이루어져야 할 것이다.

3) 사업내용

중증장애인 자립생활 지원센터는 모든 장애인을 서비스 대상으로 하며 시설거주 장애인, 탈시설 장애인, 재가장애인 등 자립생활을 희망하는 장애인을 우선 지원해야 한다. 주요 기능으로는 기본사업과 선택사업으로 구분된다.

(1) 기본사업

기본사업은 권익옹호지원과 동료상담, 개인별 자립지원, 그리고 거주시설 장애인 탈시설 자립지원으로 구성된다. 우선 권익옹호지원은 장애인이 경험할 수 있는 차별을 예방, 권리침해를 구제하고 제도 개선이나 정책제안, 장애인 권익향상 네트워크 등의 지역사회 역량강화 활동을 수행한다. 동료상담은 자립생활을 경험한 동료 장애인이 상담을 제공하게 되고 다양한 어려움에 대한 실제 대처방법이나 정보를 제공하게 된다. 또한 동료상담가를 양성하거나 동료상담프로그램을 개발한다. 개인별 자립지원은 자립생활지원계획을 수립할 수 있도록 지원하고 자립생활관련 모니터링 및 사후지원, 자립생활기술훈련을 지원하게 된다. 마지막으로 거주시설장애인 탈시설 자립지원은 탈시설 장애인 자립지원관련 계획을 수립하고 홍보하며 탈시설 전환 간담회 및 교육, 탈시설 관련기관 협력사업을 수행한다. 또한 자립생활체험홈 등의 자립지원시설을 관리하고 각종 자립생활 서비스를 지원한다.

(2) 선택사업

선택사업은 활동보조서비스나 이동서비스, 보장구지원, 주택개조와 자립생활주택 등의 주거서비스, 문화여가활동, 평생교육 및 문해교육, 응급안전서비스, 자립자원

발굴 등 자립지원서비스를 위한 다양한 지역사회서비스를 지원하게 된다. 이러한 선택사업은 센터 여건에 따라 특정 서비스를 1개 이상 제공하거나 제공하지 않을 수도 있다.

표 11-6 ● 중증장애인 자립생활지원센터 사업내용

<table>
<tr><th colspan="3">주요기능</th><th rowspan="2">주요사업(예시)</th></tr>
<tr><th>구분</th><th>대분류</th><th>중분류</th></tr>
<tr><td rowspan="7">기본 사업</td><td rowspan="2">권익옹호지원</td><td>차별예방 및 권리침해구제</td><td>• 차별대응 및 권리구제 지원
• 인권침해 긴급지원 및 자원연계
• 장애인권 및 권리옹호교육
• 차별 모니터링 및 구제활동</td></tr>
<tr><td>지역사회 역량강화 활동</td><td>• 제도, 서비스 개선 및 구축활동
• 정책제안 및 모니터링
• 장애인권익향상 네트워크 활동</td></tr>
<tr><td>동료상담</td><td>동료상담 및 동료상담가 지원</td><td>• 정보제공
• 개별 및 집단 동료상담
• 동료상담가 양성
• 동료상담프로그램 개발</td></tr>
<tr><td>개인별 자립지원</td><td>개인별 자립생활지원 및 자립생활기술훈련</td><td>• 개인별 자립생활지원 계획 수립 및 지원
• 모니터링 및 사후지원
• 자립생활기술훈련 지원</td></tr>
<tr><td rowspan="2">거주시설 장애인 탈시설 자립지원</td><td>탈시설 장애인 자립지원 기획 및 관리</td><td>• 탈시설 계획수립 및 홍보
• 탈시설 전환 간담회 및 교육
• 탈시설 관련기관 협력</td></tr>
<tr><td>자립생활체험홈(실) 운영지원</td><td>• 체험 홈 등 자립지원 시설 관리
• 자립생활 서비스 지원</td></tr>
<tr><td>선택 사업</td><td>지역사회 서비스지원</td><td>자립지원서비스</td><td>• 활동보조서비스
• 이동 서비스 및 보장구 지원
• 주거서비스(주택개조, 자립생활 주택 등)
• 문화여가활동
• 평생교육 및 문해교육
• 응급안전서비스
• 자립자원발굴(후원개발)</td></tr>
</table>

출처: 보건복지부 (2023a).

3. 가족센터

1) 설립목적 및 현황

가족센터는 건강가정기본법과 다문화가족지원법을 설치근거로 하며 2023년 기준 전국적으로 211개소가 설치되어 있다. 설립목적으로는 가족의 유형별로 이원화 되어 있는 가족지원서비스를 통합하여 한곳에서 가족 유형에 상관없이 다양한 가족에 대한 보편적이고 포괄적 서비스를 제공하는 것이다. 아울러 다문화가족의 안정적 정착과 가족생활 지원을 위해 가족 및 자녀교육, 상담, 통번역 및 정보제공, 역량강화 지원 등 종합적인 서비스를 제공함으로써 다문화가족들이 한국사회에 조속히 적응하고 사회경제적 자립지원을 도모하고자 한다(여성가족부, 2023a).

2) 사업방향

기존의 일반, 다문화 가족 중심에서 일반, 다문화, 한부모와 조손가족, 맞벌이가정, 1인가구, 북한이탈가족 등으로 지원대상을 대폭 확대하였다. 또한 운영시간에 있어서도 주간, 주중 중심에서 야간, 주말까지 지원시간을 확대하고 지역여건이나 수요자 특성에 맞는 맞춤형 서비스를 제공하는 것을 주요한 사업방향으로 설정하고 있다.

3) 사업내용

세부 사업영역으로는 가족관계와 가족돌봄, 가족생활, 가족과 함께하는 지역공동체 등 총 4개 영역으로 구분한다(여성가족부, 2023).

① 가족관계영역

가족관계영역에서는 올바른 부모역할 및 가족관계 개선, 가족의사소통, 가족구성원의 역량강화를 위한 맞춤형 서비스지원, 가족형태나 생애주기, 문제유형별 가족갈등과 문제해결, 성평등과 인권의식 고취를 위한 교육 · 상담 · 문화프로그램 등을 운영한다.

표 11-7 • 가족관계영역 사업

사업영역	기본사업	사업내용
가족관계	부모역할지원	자녀를 둔 부모의 생애주기 및 가족특성에 따른 부모됨의 의미, 부모역할 및 부모자녀 간 관계형성방법, 자아존중감 향상, 역량강화지원, 아버지역할지원
	부부역할지원	부부의 생애주기에 따른 양성평등한 부부역할지원
	이혼전후가족지원	18세 미만 자녀관점에서 이혼신청 가족 및 이혼전후 가족대상 가족기능 강화를 위한 상담 · 교육 · 문화서비스제공
	다문화가족관계향상지원	다문화가족 부부간의 성평등, 가족 간 성평등 인식 고취 등 성평등교육, 다문화이해교육 및 인권감수성 교육
	이중언어환경조성사업	영유아자녀를 둔 다문화가족 대상으로 이중언어 환경조성을 위한 이중언어 부모코칭, 부모자녀상호작용 프로그램, 이중언어 활용 프로그램을 지원
	다문화가족자녀성장지원	학령기 다문화가족 자녀 및 부모대상 부모, 자녀관계 향상프로그램 및 정체성 · 사회성 · 리더십개발을 위한 맞춤형 프로그램 지원, 기존 서비스 기관과의 연계
	가족상담	가족 내 다양한 갈등해결을 위해 부모자녀 간, 부부간 가족관계 개선, 다문화가족 및 비다문화가족 대상 가족상담제공
	면접교섭서비스	이혼 후 자녀를 양육하지 않는 부 또는 모가 자녀와 만날 수 있도록 면접교섭 서비스 제공
	조부모역할지원	손자녀를 돌보는 조부모에게 심리정서 상담 및 교육제공
	노부모 부양지원	장애, 질병 등을 보유한 노부모 부양가족에 대한 심리정서 상담, 부양가족간 소통 커뮤니티 운영, 노부모 케어교육 등 제공

② 가족돌봄영역

가족돌봄영역에서는 가족구성원의 일시적, 장기적 부재나 상황적인 위기로 인해 가족기능이 약화된 가족에 대해 돌봄서비스를 지원하고 가족유형의 특성에 따른 맞춤형 가족기능 강화 서비스를 운영한다.

표 11-8 ● 가족돌봄영역사업

사업영역	기본사업	사업내용
가족돌봄	가족희망드림지원	가족기능이 취약한 1인가구, 한부모, 조손가족 및 긴급위기가족 등에게 가족기능 및 역량강화를 도모할 수 있는 서비스 제공
	면접교섭서비스	이혼 후 자녀를 양육하지 않는 부 또는 모가 자녀와 만날 수 있도록 면접교섭서비스 제공

③ 가족생활영역

가족생활영역에서는 가족특성에 따른 각종 고충을 상담하고 생활정보를 제공하며 초기정착을 지원하는 등 맞춤형 가족생활프로그램을 운영한다.

표 11-9 ● 가족생활영역사업

사업영역	기본사업	사업내용
가족생활	맞벌이가정 일가정양립 지원	직장 내 고충 및 가정생활정보 등 맞벌이 가정의 일가정 양립 지원프로그램 운영
	다문화가족 초기정착지원	결혼이민자 한국어교육 등 입국 초기 결혼이주여성 및 그 가족을 대상으로 내외부 자원연계 등을 통한 다문화가족 초기정착지원
	결혼이민자 취업지원	결혼이민자 대상 취업기초 소양교육, 취업훈련 전문기관 연계, 자격증 및 면허증 반 운영 등 결혼이민자 대상 취업지원 서비스
	1인가구지원사업	1인가구를 대상으로 고독, 고립 예방과 문제 해결을 위한 심리정서상담 지원, 돌봄지원, 사회적 관계망 지원 및 사례관리
	다문화가족자녀 사회포용안전망	취학 전 다문화가족 자녀들에게 기본학습을 지원하고 학령기 다문화가족 자녀를 대상으로 상담 및 진로탐색 지원

④ 가족과 함께하는 지역공동체영역

가족과 함께하는 지역공동체영역에서는 양성평등한 가족문화나 지역사회공동체 문화, 가족친화 사회환경조성, 다문화인식개선 등 가족과 지역사회가 연계될 수 있는 다양한 프로그램을 운영한다.

표 11-10 ● 가족과 함께 하는 지역공동체영역사업

사업영역	기본사업	사업내용
가족과 함께하는 지역공동체	인식개선 및 공동체의식	다문화, 한부모, 조손, 북한이탈가족 등 다양한 가족의 특성을 이해하고 편견해소를 지원
	가족친화문화프로그램	가족캠프, 가족축제, 가족체험활동 등 가족구성원 전체가 참여하는 프로그램 운영
	가족봉사단	가족단위 자원봉사활동, 다문화가족 자조모임
	공동육아나눔터운영	육아공간 및 돌봄프로그램 제공, 이웃 간 자녀돌봄 품앗이 활동조성 지원
	다문화가족교류, 소통공간	다문화가족 자녀돌봄 및 성장지원, 결혼이민여성자조활동, 지역사회통합 등 다문화가족의 사회참여, 소통을 위한 공간지원
	가족사랑의 날	정시퇴근 문화 확산 등 캠페인, 매주 수요일 가족이 함께하는 프로그램, 지역사회연계 가족친화 프로그램 운영
	결혼이민자 정착단계별 지원패키지	한국생활 초기적응이 이루어진 결혼이민자를 대상으로 결혼이민자가 스스로 본인의 정착과정을 설계하고 관련 서비스 탐색, 실행계획수립 등을 수행할 수 있도록 지원
	찾아가는 결혼이민자 다이음사업	결혼이민자들이 지역사회 다문화활동가로 참여하여 유치원, 어린이집, 아동복지센터, 학교, 시설 등 다양한 지역공동체를 찾아가는 다문화 친화활동 지원
	다함께 프로그램	결혼이민자와 배우자, 배우자 부모 등 다문화가족 구성원 간 상호이해를 강화하고 다문화가족의 긍정적 정체성 형성과 문화공존 유도

4. 사회서비스 제공기관

1) 사회서비스의 등장 배경

우리나라의 복지제도는 짧은 시간 안에 폭발적 성장을 거치면서 다양한 영역과 대상을 아우르게 되었으나, 신사회적 위험에 대해서는 그 대응에 있어 미흡한 부분이 나타나게 되었다. 특히 돌봄이나 간병, 재활 등에서 전통적인 복지접근으로는 해결하기 어려운 새로운 복지욕구가 나타나게 되었으며, 이에 대한 전략적 접근으로 사회서비스가 등장하게 된 것이다. 이러한 사회서비스는 특히 고용 없는 성장의 시대에 새로운 일자리로서의 의미가 더해지면서 더욱 중요한 제도가 되고 있다.

여기서 사회서비스는 국가나 지방자치단체 및 민간부문의 도움이 필요한 모든 국민에게 복지와 보건의료, 교육, 고용, 주거, 문화, 환경 등의 분야에서 인간다운 생활을 보장하고 상담, 재활, 돌봄, 정보제공, 관련시설 이용, 역량개발, 사회참여 지원을 통해 국민의 삶의 질이 향상되도록 지원하는 제도로 사회보장기본법 내에 규정된다. 단, 이 장에서는 지역사회복지실천영역과 직접적으로 관련성을 지니는 지역자율형 사회서비스 투자사업으로만 국한지어 살펴보고자 한다.

지역사회복지실천 영역에서 지역자율형 사회서비스 투자사업은 지역사회의 다양한 복지욕구를 해소시킬 수 있는 주요한 서비스 공급처로서, 그리고 지역주민을 대상으로 한 새로운 일자리 창출처로서의 의의를 지니고 있다. 아울러 지역자율형 사회서비스의 운용형태가 그동안의 획일적인 중앙정부차원의 사회서비스 제공체계의 한계를 탈피하고 지역사회 특성과 주민의 다양한 욕구를 고려하여 자율적인 사회서비스를 마련한다는 취지이기 때문에 지역성을 가장 잘 반영한 사업으로 볼 수 있다.

2) 지역사회서비스 투자사업

(1) 지역개발형 사회서비스의 개념

지역개발형 사회서비스는 시 · 도 또는 시 · 군 · 구 지역의 사회서비스 수요와 공급 역량을 파악하여 자율적으로 지역맞춤형 사회서비스를 기획 · 개발하여 운영하는 것으로 시도지사 또는 시군구청장이 이러한 서비스의 개발 주체가 된다. 기본적으로 시 · 도 또는 시 · 군 · 구는 상위기관 승인을 받고(시 · 군 · 구는 시 · 도의 승인, 시 · 도는 보건복지부의 승인) 자율적으로 서비스를 기획 · 운영할 수 있으나 성과평가를 통한 효율적 사업운영을 해야 한다(보건복지부, 2023b).

(2) 지역개발형 사회서비스 이용

지역개발형 사회서비스 투자사업 이용을 위해서는 본인이나 부모, 그 밖의 관계인이나 담당공무원이 읍 · 면 · 동에 신청을 하게 되고 읍 · 면 · 동 담당자는 이용관련 상담과 욕구조사를 실시, 시 · 군 · 구 담당자는 소득조사를 하게 된다. 이러한 조사결과를 바탕으로 시 · 군 · 구 담당자는 이용자로 선정하여 대상자에게 이용통지를 하게 된다.

이용자로 선정된 경우 사회서비스이용권(바우처)이 지급되고 사회서비스 제공기관에 대해 일정부분의 자부담을 지급하게 되면 원하는 사회서비스를 제공받을 수 있다. 물론 사회서비스이용권(바우처)을 지급받지 못한 지역주민도 전액 자부담을 하게 되면 동일한 서비스 이용이 가능하다.

이때 서비스를 제공하는 기관은 이용자가 희망하는 곳을 선택할 수 있으며, 서비스지원기간은 최대 1년을 초과할 수 없고 지원기관이 종료되면 전액 자부담으로 이용해야 한다. 단, 서비스 효과의 극대화나 사회서비스 시장화를 위해 몇몇 사업에 대해서는 1년을 초과하여 연장이 가능하다.

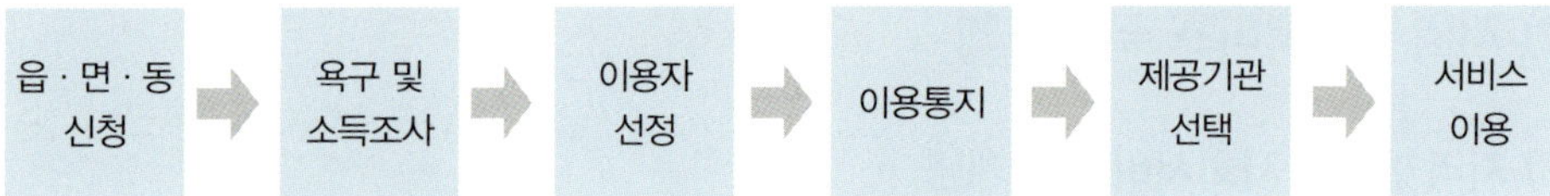

그림 11-2 ● 이용절차

(3) 사회서비스 제공기관

사회서비스 제공기관은 시 · 군 · 구에 일정기준을 충족한 경우 등록을 통해 운영이 가능한 등록제이다. 이는 사회서비스 이용자가 선택할 수 있도록 하고, 다양한 사회서비스 욕구에 대응하며 경쟁을 통한 우수 제공기관 육성을 위해서 가능하면 많은 제공기관이 설립되도록 하기 위해서이다.

제공기관 등록기준으로는 시설장비기준과 인력자격기준으로 나뉜다. 즉 대상 사업별로 시설과 장비에 대한 기준이 있고, 인력자격의 경우 서비스별 제공 계획에 따른 제공인력 자격기준에 적합해야 한다(보건복지부, 2023b).

3) 지역사회서비스 투자사업의 내용

지역사회서비스 투자사업은 지역사회의 특성을 고려하여 지방자치단체가 개발하고 이를 민간 사회서비스제공기관이 수행하는 구조이므로 규격화되어 있는 사업은 없다. 단, 보건복지부는 전국적으로 표준모델을 제시하여 보다 활발한 사회서비스 사업이 운용될 수 있도록 하고 있다.

여기서는 보건복지부(2023b)가 제시한 지역사회서비스 투자사업 중 지역사회서비스 투자사업 표준모델을 몇 가지 제시함으로써 사회서비스 사업의 내용에 대해 보다 이해의 폭을 넓히고자 한다.

(1) 영유아발달지원서비스

영유아발달지원서비스는 발달문제가 우려되는 영유아에게 운동, 언어, 인지, 정서, 사회성 발달을 중재할 수 있는 서비스를 제공하여 정상적인 발달을 지원하는 서비스이다.

(2) 아동청소년정서발달지원서비스

아동청소년정서발달지원서비스는 교육환경, 가족해체 증가로 인한 아동청소년의 정서·행동적 문제를 해결한다. 특히 음악 이론 및 실기교육과 각종 정서순화 프로그램을 제공한다.

(3) 아동청소년심리지원서비스

아동청소년심리지원서비스는 심리행동 문제를 조기에 발견하여 적절한 개입을 통한 문제행동을 감소시키고 정서행동장애로의 발전을 막아 정상적인 성장을 지원하는 서비스이다. 심리상담과 놀이, 언어, 인지, 미술음악 프로그램, 사회성 향상 프로그램과 부모훈련 등을 실시한다.

(4) 노인맞춤형 운동처방서비스

고령자 등의 건강취약계층을 대상으로 신체활동 지원을 통한 건강증진을 목적으로 한다. 개인별 맞춤 운동처방 프로그램과 수중, 유산소운동 등을 시행하게 된다.

(5) 장애인·노인을 위한 돌봄여행서비스

관광에 대한 높은 욕구가 있음에도 불구하고 신체적 특성으로 인한 활동제약 및 관광인프라 부족으로 양질의 서비스를 받지 못하는 장애인·노인을 위한 특화된 전문 돌봄여행 서비스를 제공한다.

(6) 장애인 보조기기 렌탈서비스

지체 및 뇌병변, 척수장애 아동 등에게 맞춤형 보조기기를 대여하고 이를 지속 관리함으로써 기기 구입에 따른 경제적 부담을 덜고 정상적인 신체발달을 지원한다.

(7) 시각장애인 안마서비스

노인성 질환자의 건강을 증진하고 시각장애인에게 일자리 제공을 목적으로 한다.

(8) 정신건강 토털케어서비스

정신질환자의 조기발견과 개입을 통해 입원을 예방하고 지역사회에서 적응하여 취업 및 자립생활을 할 수 있도록 한다. 초기상담과 위기상황에 대한 개입, 증상관리, 일상생활 및 사회적응, 취업지원을 하게 된다.

(9) 자살위험군 예방서비스

자살위험군에 대한 조기 선별검사와 사례관리 서비스를 제공하여 자살 예방을 목적으로 한다. 초기 선별검사와 사례관리, 집단상담과 대인관계 향상, 가족교육과 여가활동을 하게 된다.

(10) 아동청소년 비전형성 지원서비스

아동청소년 시기에 체계적인 사회문화활동과 자기주도력 향상 프로그램 참여를 통해 자기에 대한 긍정적 자아상과 미래비전을 형성하는 것을 목적으로 한다. 자존감 향상을 위한 라이프코칭, 리더십, 진로탐색, 자기주도학습 등을 수행한다.

(11) 장애인 · 산모 등 건강취약계층 운동서비스

장애인 · 산모 등 건강취약계층의 신체활동지원을 통해 의료비를 절감하고 건강을 증진한다. 세부적인 서비스 내용으로는 장애인 프로그램의 경우 혈액검사나 건강상담, 유산소운동, 수중운동, 놀이치유프로그램 등을 제공하고 산모프로그램의 경우 혈액검사, 건강상담, 라마즈교육, 임산부요가 등을 실시한다.

(12) 비만아동 건강관리 서비스

경도 이상 비만 혹은 허약아동과 부모에게 건강교육, 운동처방 및 운동지도 등을 통해 체질개선, 질병예방 등 건강한 성장을 지원한다. 세부적인 서비스 내용으로는 운동프로그램, 교육 및 상담서비스 제공, 기초검사 등으로 구성한다.

(13) 성인 심리지원서비스

성인의 심리정서지원, 건강성 회복을 통한 삶의 질 향상과 심리적 문제 예방을 통한 건강한 사회구성원으로서의 역할을 촉진한다.

(14) 보완대체의사소통기기 활용 중재서비스 표준모델

장애인의 의사소통문제를 발견하여 이를 보완하거나 대체할 수 있도록 보완대체의사소통기기를 활용함으로써 의사소통 능력의 증진 및 사회활동의 참여를 지원하는 서비스이다.

생각해봅시다

01 지역사회 내 지역아동센터, 중증장애인 자립생활지원센터, 가족센터, 그리고 지역사회서비스 투자사업 제공기관 등을 직접 또는 홈페이지를 방문하여 실시되고 있는 다양한 사업에 대해 살펴봅시다.

02 지역아동센터와 중증장애인 자립생활지원센터, 가족센터, 지역사회서비스 투자사업과 관련한 언론매체의 기사를 참고하여 현재 이들 기관 또는 사업에 있어서 중요한 이슈가 무엇인지 살펴봅시다.

참 / 고 / 문 / 헌

보건복지부 (2023a). 2023년 장애인복지사업안내.
보건복지부 (2023b). 2023년도 지역사회서비스 투자사업 안내.
보건복지부 (2023c). 지역아동센터 지원 사업안내.
아동권리보장원 (2023). https://www.ncrc.or.kr/ncrc/main.do
여성가족부 (2023). 2023년 가족사업안내.

Chapter 12

공공영역 지역사회복지조직

Learning Objective

학습 목표

1. 희망복지지원단의 개념과 사업에 대해 알 수 있다.
2. 드림스타트의 개념과 사업에 대해 알 수 있다.
3. 지역사회보장협의체의 개념과 지역사회보장계획에 대해 알 수 있다.

Chapter 12

공공영역 지역사회복지조직

지역사회복지실천영역에서 공공영역이 중심이 된 조직들이 늘어나고 있다. 공공영역 사례관리의 핵심이 되고 있는 희망복지지원단과 아동대상 사례관리 기관인 드림스타트, 그리고 지역사회보장체계에 대한 전반적인 계획수립과 이의 수행을 담당하고 있는 지역사회보장협의체를 예로 들 수 있다.

따라서 이 장에서는 지역사회복지실천영역에서 이러한 공공영역 중심의 지역사회복지조직이 차지하고 있는 역할은 무엇이고, 다양한 기존의 민간영역 지역사회복지조직과는 어떠한 관계를 지녀야 하는지에 대해 살펴본다.

1. 희망복지지원단

1) 설치배경

희망복지지원단은 기초 지방자치단체를 중심으로 한 공공영역의 통합사례관리를 위해 만들어진 조직이다. 지속적으로 공공영역의 복지제도가 폭발적으로 성장했음에도 불구하고 복지혜택을 받지 못하는 사각지대가 발생하고 실질적인 주민들의 복지체감도가 낮았던 상황을 사례관리기법 적용을 통해 극복하고자 통합적 서비스 제공을 목적으로 하고 있는 것이다(류애정, 2013).

따라서 시 · 군 · 구별로 설치된 희망복지지원단을 중심으로 지역사회의 공공, 민간자원과 서비스 공급체계를 바탕으로 복잡하고 다양한 욕구를 보유한 지역사회주민들을 대상으로 하여 필요 서비스를 통합적으로 제공하고 이를 지속적으로 모니터링하는 통합 사례관리사업을 펼치고 있는 것이다.

2) 희망복지지원단 추진내용

(1) 희망복지지원단의 개요

희망복지지원단은 지역주민이 보유한 각종 욕구에 대해 맞춤형 통합서비스 체계 구축을 목적으로 2012년 230개 시 · 군 · 구에서 시작되었다. 특히 복합적인 욕구에 대해 통합사례관리를 제공하고 지역 내 다양한 자원을 발굴하여 제공하며 각종 방문형 서비스 사업 등을 총괄, 관리함으로써 지역중심 통합서비스 제공의 핵심적 역할을 수행하고 있는 것이다. 이를 통해 찾아가는 보건복지서비스를 구현하고 지역주민의 복지체감도 향상, 빈곤층의 탈빈곤 및 빈곤예방과 전체 지역주민의 다양한 복지수요에 능동적으로 대응하고자 한다(보건복지부, 2023a).

(2) 세부 업무내용

세부적인 업무내용으로는 기초 지방자치단체의 읍 · 면 · 동 주민센터에서 발굴한 대상자에 대해 초기상담을 실시하고 통합사례관리체계 내에서 지역사회의 복지자원을 바탕으로 대상자 욕구충족을 위한 맞춤형 서비스를 제공한다. 구체적인 희망복지지원단의 업무수행체계는 [그림 12-1]과 같다.

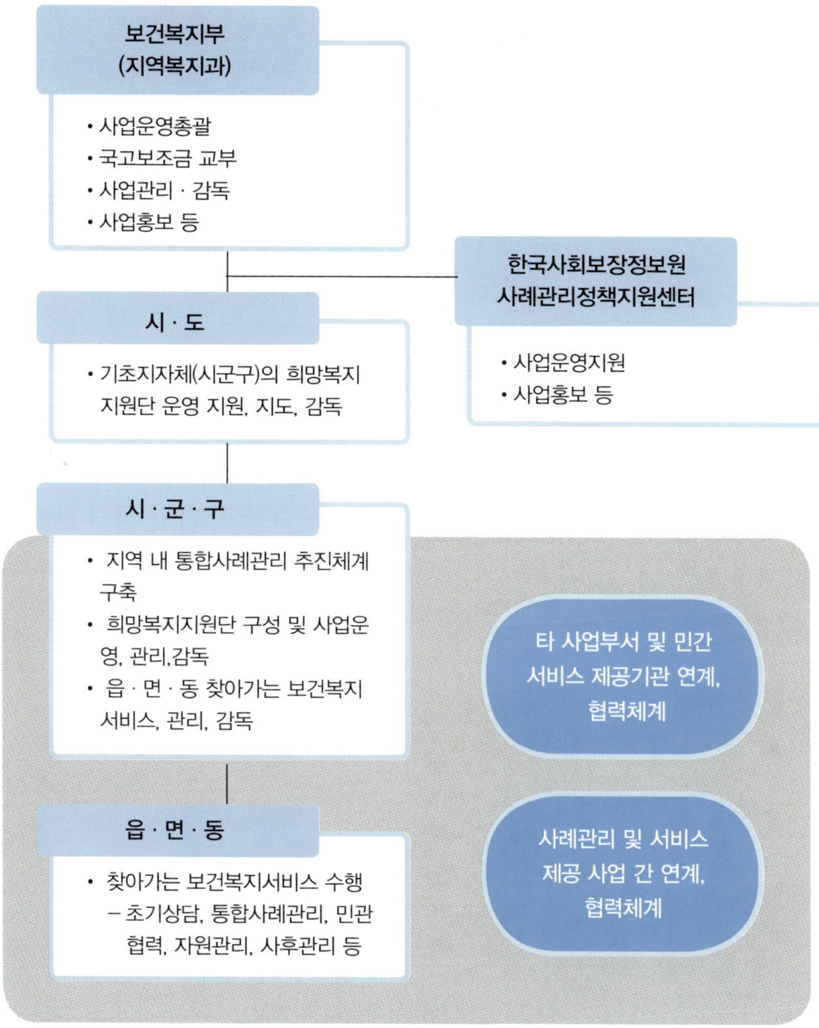

그림 12-1 ● 희망복지지원단 업무수행체계도

출처: 보건복지부 (2023a).

희망복지지원단의 주 사례관리자라 할 수 있는 통합사례관리사의 업무내용을 좀 더 살펴보면, 각 읍 · 면 · 동에서 의뢰한 통합사례관리가 필요하다고 판단되는 대상자에 대한 접수업무와 욕구조사를 실시하여 서비스 제공계획을 수립하게 된다. 또한 전반적인 서비스 제공계획에 따라 해당 서비스 제공기관에 대한 의뢰를 실시하고 이를 점검하며 사례관리관련 종결업무를 수행하게 되는 것이다.

이 과정에서 읍 · 면 · 동 담당자의 경우 통합사례관리대상을 발굴하여 초기상담을 실시하여 희망복지지원단에 의뢰하고 통합사례관리가 종결된 가구에 대해서는 사후관리업무를 담당한다.

3) 통합사례관리의 절차

희망복지지원단의 핵심 업무인 통합사례관리는 대상자 발굴에서부터 사후관리까지 총 10단계로 이루어져 있다. 보다 구체적인 내용을 살펴보면 다음과 같다(보건복지부, 2023a).

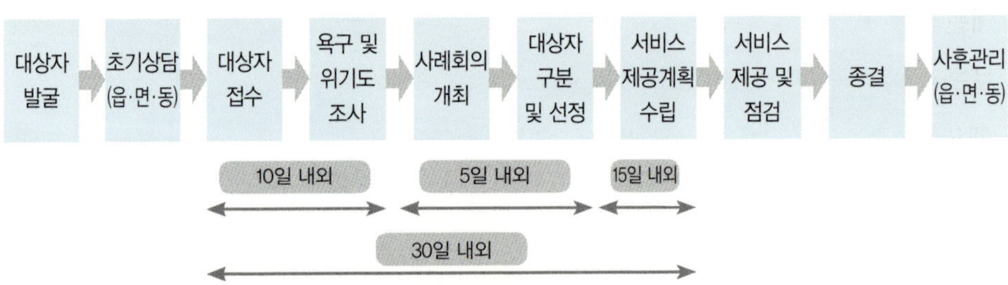

그림 12-2 • 통합사례관리의 절차

출처: 보건복지부 (2023a).

(1) 대상자접수

통합사례관리가 필요하다고 판단되는 가구의 해당 읍 · 면 · 동에서 초기상담을 통해 희망복지지원단에 의뢰할 대상가구를 접수한다. 만약 읍 · 면 · 동을 통한 대상자 의뢰과정을 거치지 않고 곧바로 희망복지지원단으로 의뢰된 가구에 대해서는 특별한 사항 외에는 다시 읍 · 면 · 동에 해당 사례를 전달하여 초기상담을 할 수 있도록 한다. 여기서 특별한 사항이라 함은 정신질환으로 응급입원이 필요하거나 학대 등으로 분리조치가 요구되는 사례, 그리고 노숙과 부랑 등의 긴급 주거지원이 필요한 경우를 말한다.

(2) 욕구 및 위기도 조사

읍 · 면 · 동으로부터 접수한 통합사례관리 대상가구를 집중적인 사례관리 가구와 단순 서비스 연계가구로 구분하기 위해 심층조사를 실시한다. 욕구조사 외에 욕구별 위기도 조사를 함께 실시함으로써 이후 개입계획 수립을 위한 정보로 활용한다. 이러한 위기도 조사는 현재의 해당 통합사례관리 필요 대상가구의 위기 정도를 파악할 뿐만 아니라 사례관리를 종결할 때 적정성의 판단자료로 사용한다. 이러한 욕구조사는 읍 · 면 · 동으로부터의 접수 이후 10일 이내에 실시하게 되어 있다.

욕구조사 실시 전 대상 가구의 특성을 고려하여 주 사례관리자를 지정하고, 주 사례관리자는 방문상담과 행복e음을 통한 서비스 수혜이력 및 자산현황 등의 기본 정보를 파악한다. 실제 욕구조사 과정에서는 대상가구의 주관적 욕구와 전문가 판단을 활용한 전반적 문제를 파악하게 된다.

(3) 사례회의 개최

사례회의는 대상자 구분과 선정, 사례관리가구에 대한 서비스제공계획 수립과 종결 때까지 수시로 실시하게 되고 대상가구의 욕구변화와 문제해결 정도, 서비스 제공점검, 개입방법, 종결 등을 논의하기 위해서 수시로 개최가 가능하다.

사례회의에 참석하는 대상은 통합사례관리 조정자와 사례관리자는 반드시 참석하고 대상자를 의뢰한 읍 · 면 · 동 담당공무원과 자활관련 사례인 경우 자활사업팀, 그 외 보건소나 민간 서비스 제공기관이 참여할 수 있다. 또한 전문적인 슈퍼비전이 필요한 경우 외부 전문가 참석도 가능하다.

(4) 대상자 구분 및 선정

사례회의에 따라 대상가구를 사례관리가구와 서비스연계가구로 구분하여 선정하고 사업대상에서 아예 제외할 대상도 결정하게 된다. 대체로 대상가구의 특성이나 활용할 수 있는 자원을 고려하여 개입기간이 1개월 이상 소요될 것이 예상되면 사례관리가구로, 1개월 미만이 예상되면 서비스연계 가구로 분류한다.

하지만 개입기간 외에도 서비스 제공이 복합적으로 이루어져야 하면 사례관리가구로, 단순서비스 연계가 필요하면 서비스 연계가구로 분류할 수 있다. 그 외에 통합사례관리 사업이 필요하지 않다고 판단되거나 대상자의 거부나 연락두절로 욕구조사를 실시하지 못한 경우에는 미선정으로 처리하여 서면으로 그 이유를 통보하게 된다. 그리고 대상가구의 주된 대상자가 12세 이하의 아동인 경우 이후 언급하게 될 아동사례관리사업인 드림스타트사업으로 의뢰한다.

(5) 서비스 제공계획 수립

사례회의 결과 선정된 사례관리가구에 대해 장단기 개입목표 및 서비스 제공계획을 수립하게 된다. 사례관리 가구로 결정된 후 15일 내외에서 서비스 제공계획을 수립하게 되며 단기목표는 서비스 제공 이후 3~6개월 내에 달성이 가능한 목표를, 장기목표는 6개월부터 1년 이상의 개입이 필요한 경우를 의미하게 된다. 이때 통합사례관리자는 서비스 이용대상자에게 전반적인 서비스 제공과 관련한 계획을 상세하게 설명하고 서면의 방법으로 이용 동의를 구한다.

(6) 서비스 제공 및 점검

서비스 제공 및 점검 단계는 사례관리대상가구에 대해 서비스 제공계획을 바탕으로 한 서비스를 제공하고 이행상황과 대상가구의 환경, 욕구변화를 점검하는 과정이다. 여기서는 공공과 민간기관이 제공하는 서비스뿐만 아니라 주 사례관리자가 제공하는 직접서비스도 포함된다.

구체적인 수행방안으로는 주 사례관리자는 서비스 제공계획을 바탕으로 사례관리대상가구에게 필요한 서비스 의뢰 내용을 상세히 기술하여 해당 서비스 제공기관에 요청함으로써 불필요한 조사과정이 다시 이루어지지 않도록 하며 욕구에 부합하는 서비스가 제공되도록 해야 한다.

서비스 점검 과정에서는 이미 수립된 목표를 고려하여 긍정적인 변화가 나타났는지, 서비스의 양과 질은 적절한지, 서비스 제공계획에 대한 변화가 필요한지, 제공되는 서비스에 대해 해당 사례관리대상 가구가 전반적으로 만족하고 있는지를 파악한다.

(7) 종결

종결의 상황은 사례관리대상자의 개입목표가 달성한 경우이거나 아예 거부 또는 전출, 사망과 같은 여건이 변화하여 더 이상 사례관리 개입이 불가능한 경우로 구분된다. 종결 과정은 사례관리대상가구의 위기 정도를 측정하고, 서비스 제공계획을 바탕으로 한 목표 달성 정도나 사후관리 계획을 담은 종결 심사서를 작성하여 사례회의를 거쳐 최종적으로 종결사례를 평가한다. 종결 이후에는 행복e음에 사례종결을 등록하고 통합사례관리팀장의 승인을 얻게 되면 결국 통합사례관리대상으로서 종결된다.

(8) 사후관리

통합사례관리가구에 대한 개입 종결이 결정된 후 일정기간을 두고 대상가구의 변화가 지속적으로 나타나고 있는지를 모니터링하게 된다. 만약 사후관리 과정에서 통합사례관리와 관련한 새로운 문제나 욕구가 생기는 경우 재개입 필요성을 판단하여 위험한 상황을 예방하게 된다.

이러한 사후관리는 읍 · 면 · 동 담당자를 중심으로 이루어지며 희망복지지원단은 읍 · 면 · 동 담당자의 사후관리 수행 정도를 모니터링한다. 사후관리 주기는 종결 후 6개월 단위로 1회씩 2번 실시하고, 단순서비스연계가구는 1회만 하게 된다.

2. 드림스타트

1) 드림스타트의 개념과 추진배경

드림스타트는 아동복지법을 설치 근거법으로 하며 취약계층 아동들을 대상으로 한 맞춤형 통합서비스를 제공함으로써 아동의 건강한 성장과 발달을 도모하고, 공평한 출발의 기회를 보장하여 건강하고 행복한 사회구성원으로 성장할 수 있도록 지원하는 사업이다.

이러한 드림스타트는 가족해체현상과 사회양극화 등의 현상으로 인해 빈곤한 아동의 문제가 심각한 사회문제로 대두됨에 따라 빈곤아동에 대한 사회투자적 가치의 중요성이 강조되면서 추진되었다. 특히 빈곤아동과 이들의 가족을 대상으로 한 통합사례관리방법을 통해 모든 아동들이 공평한 출발의 기회를 가질 수 있도록 보장하는 것을 중요한 배경으로 한다(보건복지부, 2023b).

2) 사업대상과 현황

드림스타트는 만 12세 이하(초등학생 이하) 취약계층 아동 및 가족, 임산부를 대상으로 한다. 국민기초생활보장수급자 또는 차상위계층, 한부모가정은 기본대상으로 하고 사회적으로 취약한 법정한부모 외 한부모가정, 다문화, 조손가정은 농산어촌 기초단체만 적용하며 반드시 사례회의를 거쳐 특화대상으로 지원환다. 단, 만 13세 이상의 초등학교 재학아동이나 만 12세 이후 위기, 집중사례관리 아동 중 지속 사례관리가 필요한 아동은 추가적으로 지원이 가능하다. 시 · 군 · 구 단위를 사업실시 지역으로 하는 드림스타트는 2007년 16개소에서 시작하여 2023년 기준 229개 시군구로 대폭 확대되었다(보건복지부, 2023b).

3) 드림스타트의 조직구성

드림스타트는 시 · 군 · 구청장이 운영에 대한 책임을 지고, 드림스타트 전담공무원과 아동통합사례관리사로 조직이 구성되어 있다. 특히 아동통합사례관리사는 취약계층 아동에 대한 통합서비스지원사업 수행을 위한 민간 전문인력으로서 보건, 복지, 보육분야별로 지역별 4명을 기본으로 배치하고 사례관리사 1인당 사례관리 아동 수 기준인 50~70명을 고려하여 최대 7명까지 활동할 수 있다.

4) 주요 업무

(1) 지원기구 구성 및 운영

드림스타트를 지원할 수 있는 다양한 지원기구를 구성하고 이의 운영을 통해 전반적인 사업운영에 대한 자문과 지원을 받게 된다. 지원기구로는 전반적인 자문기구인 운영위원회와 아동복지기관 간 정보공유 및 서비스 연계를 위한 아동복지기관협의체, 그리고 사례관리 및 업무능력 향상을 위한 슈퍼비전 체계, 마지막으로 사업운영과 관련한 노하우 및 우수사례를 공유하는 멘토 · 멘티 체계를 들 수 있다. 보다 구체적인 지원기구의 내용과 운영방식을 살펴보면 〈표 12-1〉과 같다.

표 12-1 ● 드림스타트 지원기구

지원 기구명	내용	운영
운영위원회	드림스타트관련 전반적인 자문	연 1회 이상 운영
아동복지기관 협의체	아동복지기관 간 정보공유 및 아동복지서비스 연계조정	분기별 1회 이상 운영
슈퍼비전	사례개입, 서비스기획, 자원관리 등에 대한 외부 전문가의 지도, 원조	연 4회 이상 운영
멘토 · 멘티체계	멘토지역 사업운영과 관련한 우수사례를 멘티지역 및 그 외 시 · 군 · 구와 공유	연 1회 이상 운영

(2) 아동통합사례관리

아동통합사례관리는 아동의 양육환경과 발달을 고려한 전문화된 서비스를 지원하고 지역사회 내 다양한 기관들과의 팀(team)적 접근을 통해 취약계층 가족문제를 해결하는 것을 목표로 한다. 이러한 통합사례관리는 접수, 사정, 계획, 실행, 점검, 종결 등 총 여섯 단계의 과정을 거친다(보건복지부, 2019b).

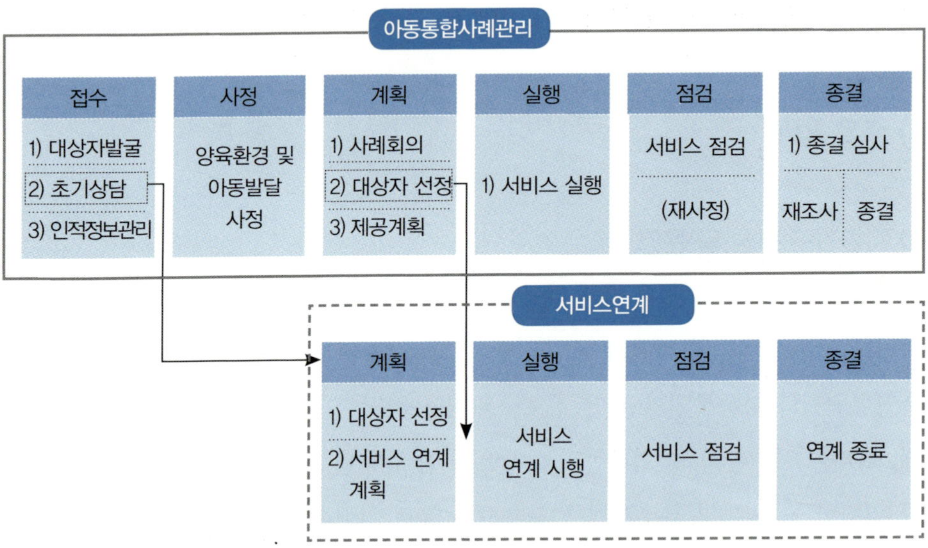

그림 12-3 ● 드림스타트 아동통합사례관리 과정

출처: 보건복지부 (2023b).

① 접수

접수 과정에서는 드림스타트의 통합사례관리가 필요한 대상자를 발굴하는 대상자 발굴과 대상자의 가정을 방문하여 다양한 정보를 파악하는 초기상담, 그리고 대상자 가구의 현황 등 생활관련 정보를 파악하고 수집하는 인적정보관리 내용으로 구성된다. 특별히 대상자 발굴방법과 관련해서는 행복e음 내 취약계층 아동 중에 가정 방문을 통해 드림스타트가 자체적으로 발굴하거나 희망복지지원단, 지역아동센터, 아동보호전문기관, 어린이집 등 관련기관이 드림스타트로 의뢰하여 접수하는 방법, 그리고 개별적으로 대상자 본인이나 주변 지인이 접수하는 방법이 있다.

② 사정

사정 과정에서는 아동과 가족을 대상으로 한 욕구를 파악하는 욕구조사와 양육환경 및 아동발달을 사정하게 된다.

③ 계획

계획 과정에서는 수집된 다양한 정보를 바탕으로 사례회의를 실시하고 통합사례관리 전 과정에 대한 조정과정을 거치고, 사정 및 사례회의를 바탕으로 사례관리 대상자로 최종 확정하게 된다. 이후 대상자에 대한 장단기 목표를 설정하고 이를 위한 서비스 제공계획을 수립하게 된다.

④ 실행

실행 과정에서는 서비스계획에 근거하여 지역사회 내 다양한 자원과 연계하여 대상자에 대한 통합적인 서비스를 제공하게 된다.

⑤ 점검

점검 과정에서는 대상자에게 제공된 서비스의 적절성 등 서비스에 대한 종합적인 점검을 실시하게 되고 양육환경과 아동발달을 재사정하게 된다.

⑥ 종결

종결 과정에서는 통합사례관리의 전 과정을 마무리하게 되고 종결 여부를 결정한다. 종결 이후에는 대상자의 상황이 유지되는 정도를 지속적으로 모니터링하게 되고 재개입 여부를 판단하게 된다.

(3) 자원관리

자원관리는 드림스타트의 대상아동과 가정에게 맞춤형 서비스 제공을 위하여 지역사회의 다양한 자원을 파악하고 체계적으로 관리하는 것을 말한다. 특히 자원관련 정보를 명확히 관리하기 위하여 자원정보 표준화의 과정을 통해 동일한 기준으로 관리함으로써 효율성을 기하게 된다. 이러한 자원관리는 자원개발과 자원등록, 자원 현행화와 자원 활용의 네 가지 단계를 거치게 된다.

우선 자원개발은 지역사회 내 부족한 서비스 내용을 홍보하고 이를 보유한 기관이나 개인의 참여를 유도함으로써 새로운 자원으로 개발하게 된다. 이를 자원등록과정을 거쳐 행복e음에 등록하게 된다. 자원 현행화 과정은 지역의 자원관리자가 복지자원에 대해 정기적으로 조사하고 최신의 정보로 갱신하는 것으로, 자원활용 과정을 거쳐 대상자에게 자원이 제공된다.

그림 12-4 • **자원관리 과정**

(4) 아동복지서비스 통합 및 조정

아동복지서비스 통합 및 조정은 희망복지지원단을 찾아가는 복지전담팀 등 아동대상 타사업과의 협력을 통해 사례관리의 전반적인 질적 수준을 향상시키고자 하는 접근이다. 특히 이러한 조정 과정을 통해 대상자에 대한 서비스 현황을 파악하고 서비스 중복제공을 방지하고자 한다.

그 외 다른 공공 사례관리사업과도 연계가 가능하다. 가구원 중 근로능력이 있는 경우 시 · 군 · 구 자활지원과로 연계하여 자활 사례관리에 의뢰할 수 있고 지속적인 건강관리가 필요한 대상자의 경우에는 보건소 방문건강관리팀의 방문건강 사례관리에 의뢰가능하다. 또한 아동정신건강관련 욕구(ADHD, 우울 등)가 있는 경우 정신건강복지센터의 정신건강 사례관리로, 알코올이나 도박, 인터넷, 마약 등 중독에 대한 전문적 상담이나 관리가 필요한 대상자가 있는 경우 중독관리통합지원센터의 중독 사례관리로 의뢰할 수 있다. 드림스타트가 의뢰하는 것 외에도 위에서 언급한 각종 기관들이 드림스타트로 아동을 의뢰할 수도 있으며 이 경우에는 가정방문을 통한 초기상담 및 사정을 실시하여 드림스타트 대상자 선정 여부를 결정하게 된다.

3. 지역사회보장협의체

1) 추진배경

지역사회보장협의체는 지방분권의 흐름과 지역사회 특성에 맞는 사회보장체계의 요청 속에서 중앙정부차원의 획일적 접근을 벗어나 지역사회 중심의 사회보장계획 수립과 이의 운영을 위한 실질적인 지역사회 내 네트워크 구축, 적극적인 자원발굴을 위해 추진되었다. 특히 사회복지사업법상의 지역사회복지협의체가 사회보장급여의 이용 · 제공 및 수급권자 발굴에 관한 법률이 제정됨에 따라 지역사회보장협의체로 확대 개편되면서 더욱 그 역할이 기대된다.

2) 목적

지역사회보장협의체는 다음의 네 가지를 주요한 목적으로 하고 있다(보건복지부, 2023c). 우선 지역사회보장협의체는 지역사회보장계획을 수립하고 집행, 평가하는 등 지역사회보장 증진을 위한 과정에서 민관협력의 구심점으로 민간의 참여기반을 마련함으로써 찾아가는 보건복지서비스 제공에 기여한다. 특히 찾아가는 보건복지서비스를 통합적으로 제공하는 지역사회보호체계를 구축하여 운영한다. 둘째, 기존의 공급자 중심방식에서 탈피하여 수요자 중심의 통합적인 사회보장급여 제공을 위한 원스톱 복지제공체계를 구축한다. 보건의료와 사회복지 위주의 서비스가 아닌 고용, 주거, 교육, 문화, 환경관련 서비스 제공자 간 연계를 통해 수요자의 다양하고 복합적인 욕구에 대응토록 한다. 셋째, 지역사회의 다양하고 잠재적인 복지자원을 발굴, 확충하고 복지자원과 지원대상자에 대한 정보를 공유하여 서비스 제공의 중복, 편중, 누락을 방지한다. 마지막으로 민관 협력을 통해 사각지대를 발굴하고 지원을 강화하기 위한 주민네트워크를 조직한다. 읍 · 면 · 동 지역사회보장협의체 중심으로 마을 내 취약계층 발굴을 위한 역할을 수행하면서 필요한 자원을 적절히 연계한다.

3) 지역사회보장협의체의 운영 원칙

지역사회보장협의체는 다음과 같은 내용을 운영 원칙으로 설정하고 있다(보건복지부, 2023c).

(1) 지역성

지역사회보장협의체는 지역사회주민의 복지욕구와 자원을 고려하여 현장 밀착형 서비스를 제공할 수 있는 체계를 마련한다. 아울러 보편적인 복지사업 외에 지역사회의 특성을 고려한 지역고유사업을 추진한다. 이를 위해서는 지역사회의 복지관련 욕구에 대한 정확하고 지속적인 파악의 과정이 필요하며 욕구가 반영된 사업개발의 노력이 필요하다.

(2) 참여성

지역사회복지문제 해결을 위해 지역사회 내 다양한 분야의 대표성을 가진 관계기관과 법인, 단체, 시설 등의 적극적이고 자발적 참여를 이끌어낸다. 또한 각종 지역사회 복지문제 해결을 위해 지역주민의 자발적 참여가 중요하며 이러한 다양한 주민 및 조직들을 활용하여 복지사각지대 및 자원을 발굴하고 서비스 제공 및 연계를 확대한다.

(3) 협력성

지역사회보장계획 수립과 집행, 평가를 위해 네트워크를 바탕으로 하여 민주적이고 합리적인 방법으로 지역사회보장협의체를 운영한다. 특히 협의적인 의사결정, 상생적 조직관계 유지, 지역사회공동체 형성, 사회적 자본 확대 등을 주요하게 고려한다.

(4) 통합성

지역사회 자원을 활용하고 지역 내 기관과의 연계와 협력을 통해 수요자가 지니고 있는 복잡하고 다양한 욕구에 부응하는 통합적 서비스를 제공한다. 이를 통해 삶의 각 영역을 포괄하는 보건, 복지, 문화, 고용, 주거, 교육 등의 서비스가 지역사회 내에서 적절히 제공될 수 있도록 한다.

(5) 연대성

자체적 해결이 어려운 문제는 주민들 간의 연대를 통해 해결하거나 인근 지역과의 협력을 통해 복지자원 공유방법을 활용한다. 구체적으로 공공부분을 보완하는 사회복지법인 외에도 비영리 민간시민단체나 조직의 각종 지역사회복지활동 참여, 그리고 가족과 이웃을 통한 복지욕구 충족 등 지역사회의 각종 주체들의 적극적 연대가 중요하다.

(6) 예방성

지역주민이 보유하고 있는 복합적인 복지문제를 조기에 발견하고 사후치료가 아닌 예방이 가능하도록 노력한다. 이러한 예방적 특성은 지역사회보장협의체의 각종 자체 기획사업 내에서도 적절히 반영되어야 한다. 즉 지역사회의 각종 문제를 발견하고 분석하고 다양한 방법을 활용한 지역사회 욕구조사를 통해 사업을 기획하고 실행해야 하는 것이다.

4) 지역사회보장협의체의 주요 역할

시 · 군 · 구의 지역사회보장협의체는 대표협의체와 실무협의체, 실무분과, 그리고 읍 · 면 · 동 단위의 지역사회보장협의체로 구성된다. 우선 대표협의체는 지역사회보장을 증진하고 사회보장관련 서비스를 제공하는 관계기관과 법인, 단체, 시설과 연계협력을 강화한다. 그리고 지역사회보장계획 수립과 시행, 평가, 지역사회보장조사, 사회보장급여제공 등에 대한 심의와 자문역할을 수행한다.

실무협의체는 협의체 업무를 효율적으로 수행하기 위해 설치하고 공동사업개발 및 건의, 지역사회서비스 제공 및 연계협력에 대한 협의, 대표협의체 심의안건 사전검토 등의 역할을 수행한다.

실무분과는 지역사회보장관련 기관, 법인, 단체, 시설 간 연계와 협력을 강화하고 분야별 사례회의, 서비스 제공 및 연계 등의 역할을 수행한다.

마지막으로 읍 · 면 · 동 단위 지역사회보장협의체는 관할 지역 내 사회보장대상자 및 자원을 발굴하고 서비스 연계지원, 지역사회보호체계 구축 및 운영의 역할을 담당하게 된다.

5) 지역사회보장계획

사회복지사업법상의 지역사회복지계획이 사회보장급여의 이용 · 제공 및 수급권자 발굴에 관한 법률에 따른 지역사회보장계획으로 전환되었으며 2023년부터 2026

년까지 제5기 지역사회보장계획이 마련되어 있다. 시 · 도 및 시 · 군 · 구 단위로 수립되며 그 내용을 살펴보면 다음과 같다.

(1) 시 · 군 · 구 지역사회보장계획

- 지역사회보장 수요의 측정, 목표 및 추진전략
- 지역사회보장의 목표를 점검할 수 있는 지표(이하 "지역사회보장지표"라 한다)의 설정 및 목표
- 지역사회보장의 분야별 추진전략, 중점 추진사업 및 연계협력 방안
- 지역사회보장 전달체계의 조직과 운영
- 사회보장급여의 사각지대 발굴 및 지원방안
- 지역사회보장에 필요한 재원의 규모와 조달방안
- 지역사회보장에 관련한 통계 수집 및 관리방안
- 지역 내 부정수급 발생 현황 및 방지대책
- 그 밖에 대통령령으로 정하는 사항

(2) 시 · 도 지역사회보장계획

- 시 · 군 · 구의 사회보장이 균형적이고 효과적으로 추진될 수 있도록 지원하기 위한 목표 및 전략
- 지역사회보장지표의 설정 및 목표
- 시 · 군 · 구에서 사회보장급여가 효과적으로 이용 및 제공될 수 있는 기반 구축방안
- 시 · 군 · 구 사회보장급여 담당 인력의 양성 및 전문성 제고방안
- 지역사회보장에 관한 통계자료의 수집 및 관리방안
- 시 · 군 · 구의 부정수급 방지대책을 지원하기 위한 방안
- 그 밖에 지역사회보장 추진에 필요한 사항

6) 지역사회보장계획 수립 과정

(1) 시 · 군 · 구 지역사회보장계획 수립 과정

시 · 군 · 구 지역사회보장계획 수립 과정으로는 먼저 지역사회의 사회보장관련 실태와 주민인식 등에 대한 지역사회보장욕구조사를, 그리고 지역사회의 사회보장자원조사를 실시한다. 두 번째로 지역사회보장계획의 주요 내용을 바탕으로 지역사회보장계획안을 만들어 20일 이상 지역주민의 의견을 수렴하거나 공청회 등을 거치게 된다. 이를 지역사회보장협의체에서 심의하게 되고 시행년도의 전년도 9월 30일까지 시 · 도지사에게 제출한 후 시 · 군 · 구청장은 지역사회보장계획 시행하게 되며 보건복지부장관 및 시 · 도지사는 시 · 군 · 구의 지역사회보장계획 실행결과를 평가하게 된다. 구체적인 시 · 군 · 구 지역사회보장계획의 수립 과정을 살펴보면 [그림 12-5]와 같다.

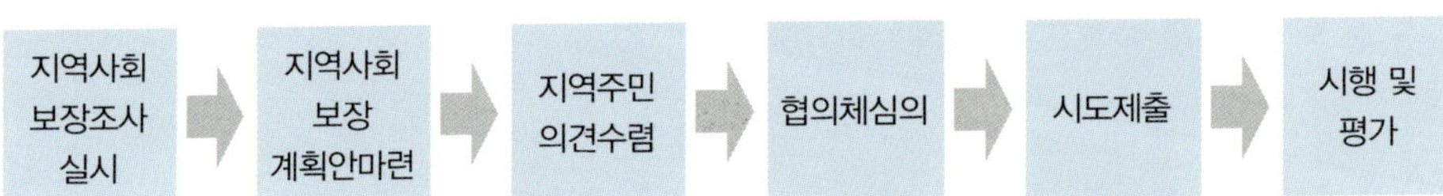

그림 12-5 ● **시 · 군 · 구 지역사회보장계획 수립 과정**

(2) 시 · 도 지역사회보장계획 수립 과정

시 · 도의 지역사회보장계획 수립 과정은 위에서 언급한 시 · 군 · 구의 과정과 시 · 도를 대상으로 한다는 것과 지역주민 의견수렴 과정 없이 바로 시 · 도의 사회보장위원회 심의를 받는 것, 그리고 보건복지부 제출일이 시행년도의 전년도 11월 30일까지라는 것 외에는 대부분 시 · 군 · 구 지역사회보장계획 수립 과정과 동일하다(그림 12-6 참조).

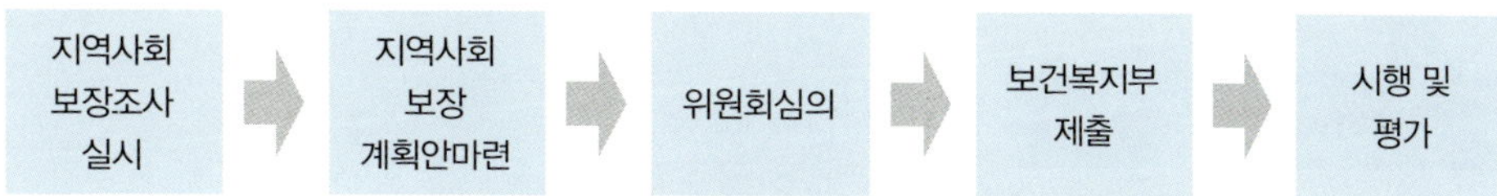

그림 12-6 • 시 · 도 지역사회보장계획 수립 과정

7) 지역사회보장 균형발전

시 · 도 및 시 · 군 · 구 간에는 다양한 요인으로 인해 사회보장수준의 차이가 매우 크다. 따라서 보건복지부 및 시도는 사회보장수준의 차이를 최소화하기 위해 다양한 조치를 취해야 한다. 특히 보건복지부는 시 · 도 및 시 · 군 · 구의 사회보장 추진현황을 분석하고 지역사회보장계획을 평가하며 지역 간 사회보장의 균형적 발전을 지원하기 위해 지역사회보장균형발전지원센터를 설치, 운영하고 있다.

생각해봅시다

01 지역사회 내 희망복지지원단, 드림스타트, 지역사회보장협의체 등을 직접 또는 홈페이지를 방문하여 현재 실시되고 있는 다양한 사업에 대해 살펴봅시다.

02 희망복지지원단, 드림스타트, 지역사회보장협의체와 관련한 언론매체의 기사를 참고하여 현재 이들 기관 또는 조직에 있어서 중요한 이슈가 무엇인지 살펴봅시다.

참 / 고 / 문 / 헌

류애정 (2013). 공공영역 사례관리자의 역할수행에 대한 실증적 분석: 희망복지지원단을 중심으로. **한국지역사회복지학**, 44, 181-201.

보건복지부 (2023a). 2023 희망복지지원단업무안내.

보건복지부 (2023b). 2023 드림스타트사업안내.

보건복지부 (2023c). 2023년도 지역사회보장협의체운영안내.

Chapter 13

사회적 경제조직

1. 사회적 경제
2. 소셜 비즈니스와 커뮤니티 비즈니스
3. 사회적 기업
4. 마을기업
5. 협동조합

Learning Objective

학습 목표

1. 사회적 경제의 개념에 대해 알 수 있다.
2. 사회적 경제를 실현하는 다양한 사회적 경제조직인 사회적 기업과 마을기업, 협동조합 등에 대해 알 수 있다.

Chapter 13

사회적 경제조직

최근 들어 지역사회 안에 사회적 기업이나 마을기업 등의 사회적 경제조직이 급속도로 확대되고 있다. 이러한 사회적 경제조직은 조직 내에 새로운 일자리가 창출됨으로써 지역사회주민들의 경제적 욕구를 충족시켜 주고 있다는 점과 함께 다양한 사회적 문제를 해결하기 위하여 각종 사회서비스나 제품을 생산하고 있다는 점에서 지역사회복지실천차원의 중요한 의의를 지닌다.

이 장에서는 사회적 경제의 개괄적 내용과 함께 대표적인 사회적 경제조직이라 할 수 있는 사회적 기업과 마을기업, 그리고 협동조합에 대해 살펴본다.

1. 사회적 경제

1) 사회적 경제의 개념

자본주의는 우리에게 분명 풍요라는 선물을 제공해 주었지만, 실업이나 빈곤, 돌봄 부족 등 많은 부작용도 함께 선사해 주었다. 따라서 서구에서는 오래전부터 자본주의 시장경제의 대안모델로 사회적 경제의 개념이 등장하게 되었고, 최근 우리나라에서도 활발한 사회적 경제조직이 등장하면서 다양한 사회문제 해결에 긍정적 기대를 걸고 있다.

사회적 기업이나 마을기업, 협동조합 등의 사회적 경제조직 설립건수가 지속적으로 증가하고 있는 점이 이러한 상황을 대변해 주고 있다. 하지만 사회적 경제조직은 사회문제를 해결한다는 사회적 측면과 자생력을 가져야 한다는 경제적 측면이 동시에 고려되어야 하기 때문에 많은 어려움이 예상되기도 한다.

이러한 사회적 경제개념은 연구자마다, 그리고 국가마다 매우 다양하게 활용되고 있기 때문에 한마디로 정의하기는 쉽지 않지만, 유럽 사회적 경제(Social Economy Europe)에서 제시하고 있는 사회적 경제 기본원칙을 통해 간접적으로나마 살펴볼 수 있다. 유럽 사회적 경제(SEE)는 지난 2000년 협동조합과 공제조합, 민간단체 등으로 구성된 유럽 상설회의가 2008년에 명칭을 변경한 것으로 유럽의 사회적 경제 대표기구이다.

먼저 사회적 경제는 자본보다 사람과 사회적인 목적을 우선시함으로써 자본주의가 지니고 있는 이윤추구를 가장 중요한 가치로 지니고 있다는 점에서 근원적인 차별성을 가진다. 그리고 조직 구성원은 타의에 의한 수동적 참여가 아니라 자발적이고 개방적 참여가 가능해야 하고 구성원들에 의해 조직이 민주적으로 통제되어야 한다. 또한 공공기관으로부터는 독립적이어야 하고, 다양한 관련 조직들과의 연대도 중요하다. 그 외에 사회적 경제조직에서 발생한 이익은 조직의 지속적 발전과 함께 조직 구성원과 사회의 이익을 위해 사용되어야 한다(SEE, 2015).

결국 이러한 유럽 사회적 경제 기본 원칙을 바탕으로 사회적 경제를 개념화하면 정부와 시장이 아닌 제3의 영역이 주체가 되어 기업이 지니고 있는 주요한 가치인 이윤추구 외에도 조직구성원과 지역사회의 이익을 함께 고려하며, 조직운영 과정에서는 정부로부터 독립적이고 민주적이며 이익배분 과정에서는 자본보다 인간과 사회를 우선적으로 하는 것을 의미한다.

2) 사회적 경제의 역사

사회적 경제의 역사는 사회적 경제가 어떠한 과정으로 시작되었는지, 그리고 복지국가가 확대되면서 사회적 경제가 위축되는 과정, 마지막으로 사회적 경제가 다시 주목받게 되는 내용으로 설명할 수 있다.

(1) 사회적 경제의 시작

사회적 경제의 시작은 19세기 유럽의 상황과 맥을 같이 한다. 면화를 활용한 지역사회 기반 소규모 가내 수공업이 직물산업의 발전에 따라 대부분 자취를 감추게 되고, 대량생산 탈 숙련노동력을 기반으로 한 생산 시스템이 자리 잡으면서 많은 노동자들은 일자리를 찾아 자신들의 거주지를 떠나 도시로 집중하게 된다. 대규모의 인구가 도시로 집중되면서 자연스럽게 실업의 문제가 발생하게 되었고 이와 동시에 주택상황의 열악함, 위생문제와 의료문제가 확대되기에 이른다. 그러한 어려움에 대한 사회적 대응방식으로 세 가지의 새로운 움직임이 나타나게 되었는데, 바로 협동조합과 공제조합, 그리고 다양한 민간단체가 출현하게 된 것이다(김성기 외, 2014).

먼저 제분업자와 제빵업자가 소비자들을 대상으로 불량 밀가루와 빵 등을 공급함으로써 도시 빈민들의 삶이 더욱 열악해졌다. 따라서 이러한 상황을 개선시키기 위해 1844년에 28명이 1파운드씩 모아 밀가루 등을 판매하는 가게를 설립하게 되었는데, 이것이 세계 최초의 성공한 협동조합인 로치데일 선구자조합이다. 이 조합은 현재의 소비자 협동조합의 기원이라 할 수 있으며 자본가들이 독점함으로써 나타나는 다양한 문제들을 협동조합방식으로 해결하려는 움직임으로 볼 수 있다.

두 번째는 오늘날의 사회보험형태라 할 수 있는 공제조합으로 가족 구성원 중에 갑작스럽게 사망하게 되거나 장애가 발생하는 경우, 그리고 실직 등의 상황에 대해 가족만의 힘으로 해결하기 어려워지자 이에 공동으로 대응하기 위한 방식으로 시작되었다. 실제 사례도 영국의 한 술집에 돈통(money box)을 마련하고 평소에 소액의 돈을 모아두었다가, 조합원들의 질병 시 치료비를 지급하거나 사망에 따른 가족 위로금을 전달하는 데서 출발하였다. 1800년 초반 영국의 총 노동 인구수가 900여만 명이었던 것에 반해 7,200여개 공제조합의 조합원 수가 65만 여명에 이르렀던 것은 활발했던 공제조합 활동의 상황을 보여주는 사례이다.

마지막으로 민주주의와 자유 개념의 확대로 인해 권력으로부터의 탄압을 벗어나려는 시도로 다양한 민간단체가 결성되기에 이른다. 이러한 민간단체는 개인의 자유 확대가 조직적인 결사체의 움직임으로 이어진 것으로 볼 수 있으며, 자연스럽게 사회적 경제조직의 확대에 긍정적 영향을 주었다.

결국 협동조합과 공제조합, 그리고 각종 민간 결사조직의 확대는 사회적 경제개념이 확대되는 데 기반이 되었으며, 개인적인 노력으로 극복하기 어려웠던 자본주의 사회의 다양한 부작용들을 조직적으로 해결하려는 움직임의 시작이 되었다.

(2) 사회적 경제의 위축

복지국가가 성립되면서 사회적 경제영역은 다소 위축되기에 이른다. 왜냐하면 사회적 경제영역이 해오던 일의 상당 부분을 복지국가가 대신하였기 때문이다.

협동조합의 경우 시장경제가 확대되면서 자연스럽게 시장경제 안으로 통합되어 일반 기업들과 경쟁해야 하는 상황에 놓이게 되었고, 공제조합은 다양한 사회보험이 확대, 발전하면서 그 역할이 축소되었으며 각종 민간단체는 그동안의 역할들을 국가에게 내어주고 국가의 손길이 미치지 못하는 영역에서 활동하기에 이른다. 결국 사회적 경제의 주요한 영역이라 할 수 있는 협동조합과 공제조합, 민간단체의 활동들은 복지국가가 확대됨에 따라 각종 국가의 사회복지제도로 포함되었거나 활동영역에 있어서도 국가의 영역이 아닌 곳으로 국한되기에 이르렀다.

(3) 사회적 경제의 재등장

사회적 경제조직들이 해오던 역할을 국가의 복지제도로 대신하던 것들이 생산체제가 변화됨에 따라 사회적 경제 개념이 재등장하게 된다. 즉, 비숙련노동 중심의 대량생산체제가 숙련노동 중심의 다품종 소량생산체제로 전환되면서 비숙련노동자에 대한 고용감소로 이어져 노동력 과잉공급에 따라 임금이 하락되고 실업문제가 심화되기에 이른다. 또한 국가의 획일적인 행정체제는 다양한 국민들의 삶의 욕구를 충분히 반영하지 못하게 되고, 저성장 및 저출산 고령화 상황은 국가 재정부족의 문제를 발생시켜 그동안의 국가역할을 축소시켜야 할 상황에 놓이게 되었다.

이렇듯 시장과 국가의 실패는 새로운 일자리 창출과 국민들의 다양한 삶의 욕구 충족을 위한 새로운 대안을 모색하게 되었으며 이에 사회적 경제 영역이 그 역할을 감당할 수 있다는 기대감을 불러일으키게 되면서 다시 등장하게 되었다.

3) 사회적 경제조직의 영역

사회적 경제 개념에 바탕을 둔 한국의 사회적 경제조직의 영역으로는 사회적 기업과 마을기업, 자활기업과 협동조합, 그리고 농촌공동체회사로 구분해볼 수 있다(김성기 외, 2014). 여기서는 이들 조직에 대한 개괄적인 내용을 제시하였다.

(1) 사회적 기업

사회적 기업은 2007년 제정된 사회적 기업 육성법이 설치 근거법이며 이 법에서 사회적 기업은 취약계층을 대상으로 한 일자리를 마련하거나, 다양한 사회서비스를 제공하는 등의 지역사회 공헌적 활동을 통해 지역사회주민의 삶의 질을 향상시키는 등의 사회적 목적과 재화 및 서비스를 생산, 판매하는 경제적 목적을 구현하는 기업 중 일정 요건을 충족함으로써 인증받은 조직을 의미한다. 단, 개인사업자나 정부, 지방자치단체 등의 공공기관 출자조직은 사회적 기업인증을 받지 못한다. 사회적 기업 인증조건을 아직까지 충족하지 못한 경우에는 지방자치단체의 사회적 기업 육성 및 지원에 관한 조례 등에 따라 예비 사회적 기업으로 인증받아 활동하게 된다.

(2) 마을기업

마을기업은 마을 주민들의 주도적 참여를 바탕으로 지역사회가 보유한 다양한 자원을 활용한 수익사업으로 지역공동체 정신을 강화하면서 지역주민에게 소득과 일자리를 제공하여 지역사회발전에 기여하는 기업을 의미하며 커뮤니티 비즈니스사업을 기원으로 볼 수 있다. 지역주민 5인 이상의 출자를 바탕으로 법인의 형태를 가지고 있어야 하며 지역주민참여가 70% 이상이 되어야만 마을기업으로 인증받을 수 있다.

(3) 자활기업

자활기업은 국민기초생활보장법상에 근로능력을 보유한 저소득계층이 자립자활을 할 수 있도록 자활 능력을 배양하고 여기에 필요한 다양한 기능을 습득할 수 있는 지원을 목적으로 설립된 조직을 말한다. 1인 이상의 수급자나 저소득계층이 개인사업체나 조합, 공동사업자 형태로 사업을 운영하고 있으며, 기초생활보장수급자가 1/3 이상이거나 2인 이상의 인원이 일정 정도 이상의 인건비를 배분하고 있을 때 정부로부터 자활기업으로 인증받아 공공기관의 우선구매혜택이나 작업장 및 사업장을 위한 국공유지 무상임대 등의 다양한 추가지원을 받게 된다.

(4) 협동조합

2012년 협동조합 기본법이 제정됨에 따라 형성된 다양한 조직을 사회적 경제 개념에서의 협동조합이라고 부른다. 물론 그 이전에 설립된 신용협동조합이나 농업협동조합, 산림조합 등 다양한 협동조합들도 있으나, 이러한 형태는 특별법상의 협동조합이라고 부르며 다소 넓은 의미의 사회적 경제조직으로 포함할 수 있다.

(5) 농촌공동체회사

농림축산식품부의 농촌공동체회사 육성사업에 의해 농촌의 자립기반 구축을 목적으로 농촌에 거주하고 있는 농민들이 주체가 되어 농촌이 보유하고 있는 다양한 자원을 활용한 지역기업이나 주민주도의 지역 활성화 사업을 농촌공동체회사라고 한다.

2. 소셜 비즈니스와 커뮤니티 비즈니스

사회적 경제조직의 대표적 유형이라 할 수 있는 사회적 기업과 마을기업은 각각 소셜 비즈니스모델(social business model)과 커뮤니티 비즈니스모델(community business model)을 중요한 기본 개념으로 하고 있다. 따라서 여기서는 이 두 가지 모델에 대해 상세히 살펴봄으로써 사회적 기업과 마을 기업이 상황에 따라 다르게 사용되어야 함을 제시해 보고자 한다(양세훈, 2012).

1) 기본적인 개념

소셜 비즈니스는 환경오염이나 빈곤문제 등 다양한 사회적 문제를 비즈니스 방법을 활용하여 해결하려는 움직임을 의미한다. 특히 소셜 비즈니스를 통해 해결하려는 문제는 사회적인 과제여야 하며 이 과정에서 생산한 각종 상품과 서비스를 판매함으로써 사회문제를 널리 알리는 접근도 중요하다.

소셜 프로모션(social promotion)이라는 개념으로 설명할 수 있는 사회적 인식 확대는 결국 사회적 문제해결을 위해 생산한 상품과 서비스가 판매되기 위해서는 많은 사람들이 그러한 사회적 문제에 대해 잘 인식하고 있어야 하며, 그 결과 사회적 문제도 해결되고 사회적 기업도 자생할 수 있는 성과를 거둘 수 있게 되는 것이다.

이에 반해 커뮤니티 비즈니스는 기본적으로 지역사회가 주도적으로 지역주민의 고용과 지역발전에 목적을 두고 운영하는 사업체를 말하며 정부나 기업이 제공하는 상품과 서비스와는 다르게 주민 스스로의 활동이 가장 중요한 측면이다. 특히 일정 지역을 중심으로 사업을 전개해 나간다는 것과 지역주민이 운영의 주도권을 확보해야 하며 수익 일부를 지역사회에 환원하는 등의 지역사회 공헌적 접근도 중요하다. 이러한 커뮤니티 비즈니스의 명칭은 1970년대 영국 스코틀랜드에 위치한 커뮤니티 비즈니스 스코틀랜드라는 중간조직을 그 기원으로 한다.

2) 소셜 비즈니스와 커뮤니티 비즈니스의 차이

추구하는 목적에 있어서 소셜 비즈니스는 사회적 문제의 해결이 가장 중요한 부분이지만, 커뮤니티 비즈니스의 경우 지역사회 문제 발생을 예방하거나, 해결을 위한 커뮤니티를 만드는 것이 중요하다. 그리고 각각의 특징으로는 소셜 비즈니스의 경우 누군가의 문제를 당사자가 아닌 타인에 의해서 해결해도 아무 상관이 없으나, 커뮤니티 비즈니스는 지역사회의 문제를 지역주민들 스스로가 해결할 수 있는 주민 자생력을 생성하는 것이 중요하다.

결국 소셜 비즈니스는 사회적 문제 실현을 위한 사회성과 이를 위한 수익적 측면이 중요하고, 커뮤니티 비즈니스는 지역사회를 기반으로 한 주체적 측면이 강조점이다.

표 13-1 ● 소셜 비즈니스와 커뮤니티 비즈니스의 차이점

구분	목적	특징	강조점
소셜 비즈니스	사회적 문제해결	문제해결 자체	사회성과 수익성
커뮤니티비즈니스	커뮤니티 형성	지역주민 자생력	지역사회기반 주체적 측면

3. 사회적 기업

1) 사회적 기업의 개념

사회적 기업은 사회적인 목적을 추구하고 있지만 재화나 서비스를 생산하고 판매하는 기업의 형태를 동시에 가짐으로써 현재 존재하는 조직 유형 구분방식으로는 영리기업과 비영리기업의 중간 형태라 볼 수 있다. 사회적 기업의 설치 근거법이라 할 수 있는 사회적 기업 육성법에서는 사회적 기업을 취약계층을 대상으로 한 사회서비스나 일자리를 제공하여 지역주민의 삶의 질을 향상하는 등의 사회적 목적을 추구하면서 재화나 서비스를 생산, 판매하는 기업으로 고용노동부 장관의 인증을 받은 기관으로 정의하고 있다.

그리고 사회적 기업으로 인증받기 이전 단계로는 예비사회적 기업으로 지정하고 있다. 예비사회적 기업은 지역형과 부처형으로 구분되는데, 먼저 지역형 예비사회적 기업은 사회적 목적을 실현하고 영업활동을 바탕으로 수익을 창출하는 등 사회적 기업 인증을 위한 최소한의 법적 요건을 갖추고는 있으나 아직까지 수익구조 등의 요건이 충분하지 않은 기업을 지방자치단체의 장이 향후 보완을 하게 되면 사회적 기업 인증이 가능하다고 판단되는 경우 지역형 예비사회적 기업으로 지정하게 된다. 부처형 예비사회적 기업은 최소한의 사회적 기업 인증을 위한 요건을 갖추고 있는 기업을 대상으로 정부 부처 소관분야별로 특화된 사업을 육성하기 위해 별도의 지정요건을 정하여 부처형 예비사회적 기업으로 지정한 기업을 말한다. 이러한 예비사회적 기업은 지역형의 경우 지역마다의 조례나 규칙이, 부처형은 정부 지침이 근거법령이 된다. 2023년 기준 예비사회적 기업으로 인증받은 기업은 총 1,389개소이다(사회적기업통합정보시스템, 2023).

2) 사회적 기업의 유형

2023년 기준 우리나라의 사회적 기업 수는 3,674개소이다(한국사회적기업진흥원, 2023b). 이러한 사회적 기업은 총 다섯 가지 유형으로 구분할 수 있다. 우선 일자리 제공형은 사회적 기업의 목적이 취약계층 고용을 위한 일자리 창출인 경우를 말하고, 사회서비스 제공형은 각종 사회서비스가 필요한 취약계층에게 해당 사회서비스를 직접 제공하는 것을 목적으로 하고 있으며 주로 돌봄과 관련 사회적 기업이 여기에 속한다. 지역사회공헌형의 형태는 조직의 목적이 지역사회에 필요한 다양한 사회공헌적 활동에 초점이 맞춰져 있는 경우이며, 혼합형은 일자리제공과 사회서비스 제공이 혼합된 경우를 의미하는데 결식아동을 위한 도시락 제조 과정에 취약계층을 활용하게 되면 일자리 창출과 사회서비스가 동시에 이루어지게 되므로 혼합형에 속하게 된다. 마지막으로 창의 · 혁신형은 사회적 목적 실현 여부를 계량화하기가 어려운 경우를 말한다.

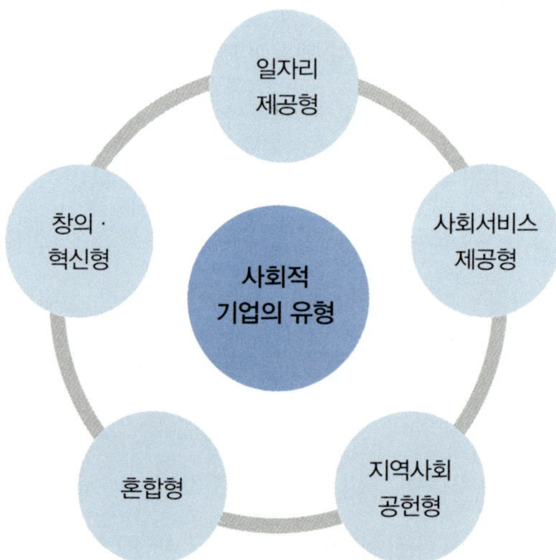

그림 13-1 • 사회적 기업의 유형

3) 사회적 기업의 인증

사회적 기업으로 활동하기 위해서는 고용노동부로부터 사회적 기업으로 인증을 받아야 하는데, 이와 관련한 인증요건은 다음과 같다(고용노동부, 2023). 사회적 기업으로 인증받기 위해서는 사회적 기업 육성법 등에 따라 사회적 기업으로서 갖추어야 할 각종 요건과 기준에 부합하는지 검토하는 사회적 기업 인증제도 절차를 준수해야 한다. 이러한 사회적 기업의 인증제도는 부적절한 사회적 기업 출현을 방지함으로써 사회로부터 사회적 기업에 대한 신뢰를 확보하고 경영과 관련한 일정 요건을 갖추게 하여 지속가능한 기업으로 육성하며 인증받은 사회적 기업을 대상으로 각종 지원을 통해 초기 성장기반을 마련하는 것을 목적으로 한다. 먼저 조직형태는 민법에 따른 법인이나 조합, 상법상의 회사, 특별법에 따라 설립된 법인이나 비영리 민간단체 등의 조직형태를 갖추어야 한다. 또한 자원봉사자로만 구성된 경우는 사회적 기업으로 인증을 받을 수 없고, 유급근로자를 고용하여 재화나 서비스를 생산, 판매해야 하며 취약계층을 대상으로 한 사회서비스 제공이나 일자리를 창출하여 지역사회에 공헌하는 사회적 목적을 실현해야 한다. 아울러 사회서비스 수혜자나 사회적 기업 활동

표 13-2 • 사회적 기업 인증

인증항목	내용
조직형태	민법에 따른 법인이나 조합, 상법상 회사, 특별법에 따라 설립된 법인이나 비영리민간단체 등
고용	유급근로자 고용하여 재화나 서비스 생산, 판매
조직목적	취약계층대상 사회서비스 제공, 취약계층 활용 일자리 창출 등의 사회적 목적 실현
의사결정	서비스 수혜자나 근로자 등이 참여하는 의사결정구조
수입	영업활동을 통한 수입이 노무비의 50% 이상
정관	사회적 기업육성법 제9조에 명시한 내용을 적은 정관이나 규약을 갖추어야 함
이윤활용	배분가능한 이윤이 발생한 경우 2/3 이상을 사회적 목적을 위해 사용해야 함

에 대한 참여 근로자가 사회적 기업의 각종 의사결정구조에 적극적으로 참여할 수 있어야 하며, 사회적 기업이 영업활동을 통해 얻는 수입은 총 노무비용의 50% 이상이 되어야 한다. 그리고 사회적 기업 육성법 제9조에 명시된 것과 같은 정관이나 규약을 갖추어야 한다. 마지막으로 배분가능한 이윤이 발생한 경우 이윤의 2/3 이상을 사회적인 목적으로 사용해야 한다.

이러한 인증요건을 갖춘 사회적 기업 인증희망 조직은 사회적 기업 인증신청을 할 수 있으며, 고용노동부의 사회적 기업 인증계획 공고에 따라서 지역별로 지정되어 있는 사회적 기업 지원기관이나 한국 사회적 기업진흥원의 상담과 컨설팅 이후 한국 사회적 기업진흥원에 인증을 최종적으로 신청할 수 있다. 신청 시기는 별도로 정해져 있지 않으며, 언제든 인증조건을 갖춘 경우 신청이 가능하다.

4. 마을기업

1) 마을기업의 개념

마을기업은 지역주민들이 지역이 보유하고 있는 각종 자원들을 활용한 수익사업으로 지역사회 문제를 해결하고, 지역주민을 위한 소득과 일자리를 창출하여 지역공동체 이익을 실현하기 위해 설립, 운영하는 마을단위의 기업을 의미한다. 여기서 지역주민이란 동일한 생활권 속에서 공동의 목표와 가치를 가지고 상호 교류하는 구성원으로, 지역자원은 지역에 존재하는 유무형의 인적 · 물적자원을, 그리고 지역문제는 지역사회에 충족되지 않은 요구사항이나 지역주민들의 삶의 질 향상을 위해 필요한 상황으로 정의할 수 있다. 2022년 12월 말 기준 인증 마을기업은 전국적으로 1,770개소가 있다(행정안전부, 2023).

2) 마을기업의 운영원칙

마을기업은 공동체성과 공공성, 지역성, 기업성이라는 운영원칙이 있으며 마을기업 설립과 운영과정에서는 이러한 운영원칙이 잘 고려되어야 한다. 구체적인 운영원칙의 내용으로는 다음과 같다.

(1) 공동체성

마을기업을 구성하고 운영하는 과정에서 있어서는 무엇보다도 공동체를 중심으로 구성원들이 자발적으로 참여해야 한다. 운영과정에서는 민주적이어야 하고 구성원 간 상호 신뢰를 바탕으로 공동체성을 회복하고 지역사회통합에 기여해야 한다. 여기서 사회통합의 의미는 시장경제로 인해 발생한 양극화나 사회적 배제와 같은 부정적 문제를 공동체적 결속력과 연대성, 공동체 구성원 간 상호교류 등을 바탕으로 극복하여 통합하는 과정을 의미하고 있다.

(2) 공공성

마을기업은 비록 기업의 일종이지만 호혜와 협력을 기반으로 하여 지역사회 내에서 다양한 사회공헌 및 상생활동을 통해 공익적, 공공적 가치를 창출할 수 있어야 한다. 이러한 사회적 가치는 마을기업을 사회적경제조직의 한가지 유형으로 볼 수 있는 이유이기도 하다.

(3) 지역성

마을기업은 지역을 기반으로 활용하는 지역주민들이 주도하여 지역사회 문제를 해결하기 위한 다양한 사업계획을 수립하고 지역사회 내에서 생산과 소비, 분배가 이루어지는 선순환구조를 통해 지역사회 활성화에 기여할 수 있어야 한다. 따라서 마을기업 설립 및 운영과정에서는 지역의 각종 자원을 활용할 수 있어야 하고 마을

기업 설립목적도 지역사회의 다양한 사회문제 해결과 높은 연관성을 가지고 있어야 한다.

(4) 기업성

마을기업도 궁극적으로는 기업의 한 형태이므로 시장경쟁력이 있는 사업계획을 수립하고 안정적인 매출과 수익창출을 통해 지속가능성을 확보할 수 있어야 하며, 이러한 과정이 궁극적으로 지역경제 활성화에 기여할 수 있어야 한다.

3) 마을기업의 요건

마을기업은 마을기업 운영원칙을 바탕으로 한 마을기업 선정요건과 마을기업 운영과정에서 준수해야 할 요건이 있으며, 이와 관련한 구체적 내용은 다음과 같다(행정안전부, 2023).

(1) 공동체성관련 요건

마을기업은 공동체가 주도하여 출자과정을 통해 마을기업을 설립해야 하고, 기업을 설립하고 운영에 있어 공동체가 적극적으로 참여, 결정해야 한다. 마을기업으로 지정되기 위해서는 마을기업의 모든 회원이 마을기업으로 지정받고자 신청한 법인에 출자해야 하고, 최소 출자 회원은 5인 이상이 되어야 한다. 그리고 마을기업 회원은 마을기업의 목표와 가치를 공유하고 공동체의 일원으로서 마을기업 계획 및 운영과정에 자발적으로 참여해야 하며 사업계획 및 운영의 방침을 민주적 절차에 의해서 스스로 결정해야 한다. 그리고 마을기업 설립 전에는 회원 5명 이상이 입문관련 교육을 이수해야 한다.

설립 후에는 최소 5인 이상의 출자 회원이 유지되어야 하고, 마을기업 목표와 가치를 내재화하고 회원은 공동체의 일원으로 마을기업의 계획수립 및 운영에 적극 참여해야 하며 운영과정은 투명성과 공정성, 민주성을 확보해야 한다.

(2) 공공성관련 요건

마을기업은 설립 목적이 지역사회의 다양한 문제를 해결하고 지역사회에 공헌해야 하며 지역과 상생해야 한다. 이를 위해 마을기업 회원은 개인 이익보다는 마을기업 이익을 우선으로 하고 마을기업은 마을과 지역사회 전체의 이익실현을 통해 상생토록 해야 한다. 또한 지역의 다양한 욕구를 충족하고 지역사회 주민 전체의 삶의 질 향상을 위해 노력해야 하며 특별히 지역 일자리 및 소득창출에 노력해야 한다. 이를 위해 마을기업은 기업활동을 통해 지역사회 발전에 이바지하고 마을공동체를 활성화하도록 노력해야 하며 사업계획 내에 지역사회공헌활동의 내용이 반드시 포함되어져야 한다. 그리고 마을기업을 설립하는 과정에는 지역사회 주민이나 지역의 다양한 이해관계자로부터 의견을 수렴하고 반영토록 해야 하며 마을기업은 정치적으로 중립성을 지켜야 한다.

마을기업 설립 후에는 일자리의 질이나 다양한 계층과 연령대, 성별 등과 관련한 고용형평성을 확대하기 위해 노력해야 하며 각종 지역사회 공헌활동은 사업내용과 연계를 가지면서 진행되어야 한다.

(3) 지역성관련 요건

마을기업은 지역사회가 보유한 다양한 자원을 활용하고 마을을 기반으로 거주하고 있는 주민들이 참여해야 한다. 이를 위해 마을기업은 지역사회 내 소재하고 있는 사업장을 기반으로 설립하고 운영되어야 하며 지역사회가 보유한 유무형의 인적, 물적자원을 활용한 사업을 수행해야 한다. 또한 마을기업은 지역사회 문제와 지역주민 욕구관련 사업계획을 수립하고 추진해야 하며 이 과정에서 지역주민이 주도해야 한다.

마을기업 설립 후에는 지역사회 내에서 생산 · 소비 · 교환 · 분배가 이루어지는 지역순환 경제를 구축하기 위해 노력하고 지역사회공동헌활동은 마을기업이 소재한 지역을 우선적 대상으로 고려해야 하며 지역주민을 우선적으로 고용해야 한다. 이러한 지역성과 관련한 지역사회의 범위로는 거주지 또는 직장주소를 기준으로 농촌지역은 읍 · 면, 도시지역은 구를 기본으로 하고 있다.

(4) 기업성관련 요건

마을기업은 정부보조금이 종료된 이후에도 자립하여 운영할 수 있도록 안정적인 매출과 수익을 올릴 수 있어야 한다. 이를 위해 마을기업은 각종 사업을 통해 수익을 창출하는 경제조직이 되어야 하고 각종 수행사업은 시장경쟁력이 있어야 한다.

마을기업 설립 후에는 지속가능한 기업이 되어야 하지만 각종 사업이 마을기업 회원들의 개인적인 영리활동과는 분리되어 충분한 수익창출이 있어야 한다.

4) 마을기업의 유형

마을기업의 유형은 성장단계에 따른 유형과 사업 성격에 따른 유형, 그리고 청년마을기업으로 구분할 수 있다(행정안전부, 2023). 우선 성장단계에 따른 유형으로는 마을기업 정체성과 사업성을 갖춘 경쟁력 있고 준비된 마을기업을 발굴하고 육성하기 위한 예비 단계의 마을기업을 '예비마을기업'과 마을기업으로 존속하고 자립할 수 있는 사업기반 구성 및 역량 제고를 위해 마을기업을 지정된 후 처음 사업비를 지원받는 1회차(신규) 마을기업이 있다. 또한 마을기업 가치실현을 위해 노력하는 기업으로 건실한 기반을 마련하기 위해 2회차 사업비를 지원받는 2회차(재지정) 마을기업과 운영성과가 뛰어나고 마을기업의 가치를 실현하는 우수한 기업이 대표 마을기업으로 성장할 수 있도록 3회차 사업비를 지원받는 3회차(고도화) 마을기업이 있다. 그 외 운영 실적이 저조하지만 회생의지가 있고 마을기업 정체성을 유지하여 재도약이 가능한 재도약 마을기업과 지역 자원을 활용하여 일자리 창출 및 지역문제 해결 등에 기여한 기업인 우수마을기업, 마지막으로 높은 매출과 브랜드 가치를 보유하고 기업성 및 지속가능성을 입증하고 있는 모두애(愛)마을기업으로 구분된다.

사업성격에 따른 마을기업 유형으로는 우선 지역자원을 활용하여 재화나 서비스를 생산판매하는 기업으로 지역특산물을 가공하거나 관광체험, 지역먹거리 유통 등의 지역자원 활용형 마을기업이 있다. 두 번째로 지역주민을 대상으로 교육과 복지 등을 제공하는 기업으로 노인돌봄이나 서로돌봄, 공동육아, 방과후학교, 주거복지 등의 사회서비스 제공형 마을기업이 있으며, 마지막으로 마을자산 운영이나 지역재생 등 마을 공동의 이익이나 마을 발전을 위한 사업을 수행하는 기업, 그 외 다른 마을기업을 지원하는 마을관리형 마을기업 유형이 있다.

청년마을기업은 마을기업에 젊고 유능한 청년들이 참여함으로써 생산성을 높이고 청년 일자리 창출에 기여하기 위해 발굴, 육성된 기업으로 청년들이 주도하여 설립하고 운영하는 경우를 말한다.

표 13-3 ● 마을기업의 유형

구분	유형	내용
성장단계에 따른 유형	예비마을기업	마을기업 정체성과 사업성을 갖춘 경쟁력 있고 준비된 마을기업을 발굴육성하기 위한 예비단계의 마을기업
	1회차(신규)마을기업	마을기업으로서 존속하고 자립할 수 있는 사업기반구성 및 역량제고를 위해 마을기업으로 지정되어 처음 사업비를 지원받는 기업
	2회차(재지정)마을기업	마을기업 가치 실현을 위해 노력하는 기업으로서 건실한 기반 마련을 위해 2회차 사업비를 지원받는 기업
	3회차(고도화)마을기업	운영성과가 뛰어나고 마을기업 가치를 실현하는 우수한 기업이 대표 마을기업으로 성장할 수 있도록 3회차 사업비를 지원받는 기업
	재도약 마을기업	운영실적이 저조하나 회생의지가 있고 마을기업 정체성을 유지하여 재도약이 가능한 기업
	우수마을기업	지역 자원을 활용하여 일자리 창출 및 지역문제 해결 등에 기여한 기업으로서 특히 공동체적 가치를 실현한 기업
	모두애(愛)마을기업	높은 매출과 브랜드 가치를 보유하고 기업성 및 지속가능성을 입증하고 있는 간판 마을기업

사업성격에 따른 유형	지역자원활용형	지역자원을 활용하여 재화서비스를 생산판매하는 기업
	사회서비스제공형	지역주민을 대상으로 교육복지 등을 제공하는 기업
	마을관리형	마을자산운영, 지역재생 등 마을 공동의 이익이나 마을 발전을 위한 사업을 수행하는 기업, 그 외 다른 마을기업을 지원하는 기업
청년마을기업		마을기업에 젊고 유능한 청년들이 참여하여 생산성을 높이고 청년 일자리 창출에 기여하기 위해 청년마을기업 발굴, 육성

5. 협동조합

1) 협동조합의 개념

2012년부터 시행된 협동조합 기본법에서는 협동조합을 재화나 용역의 구매, 생산, 판매, 제공 등의 행위를 협동의 방식으로 영위하여 조합원의 권익을 향상하고 지역사회에 공헌하는 사업조직으로 명시하고 있다. 국제협동조합연맹(2015)에서도 이와 유사한 개념으로 협동조합을 정의하고 있는데, 공동의 소유방식과 민주적으로 운영되는 사업체를 통해 공통의 경제, 사회, 문화적 필요와 욕구를 충족시키고자 하는 사람들이 자발적으로 만든 자율적 조직으로 보고 있다. 2023년 기준 25,444개의 협동조합이 설립되어 있다(협동조합, 2023).

2) 협동조합의 원칙

협동조합의 방식으로 조직이 운영되기 위해서는 다음의 7가지 원칙이 지켜져야 한다(협동조합, 2023).

(1) 자발적이고 개방적 조합원제도

협동조합은 조합원들이 자발적으로 참여해야 하고, 참여의 과정에서 성적, 사회적, 인종적, 정치적, 종교적 차별을 받아서는 안 되는 개방적인 조직이어야 한다. 이는 협동조합의 가장 본질적인 내용이라 할 수 있는 협동이 지켜질 수 있는 기본적인 전제조건이다.

(2) 조합원에 의한 민주적 관리

협동조합 내의 의사결정과정에 조합원들은 적극적으로 참여해야 하고, 선출된 임원들은 조합원을 대상으로 책임감을 가지고 봉사해야 한다. 아울러 조합원마다 1인 1 투표권을 지니게 된다.

(3) 조합원의 경제적 참여

협동조합의 자본은 공정하게 마련되어야 하고 조합원들에 의해 민주적으로 통제되어야 한다. 또한 출자배당이 있는 경우 조합원에게는 출자액에 따라 제한된 배당금을 지급해야 한다. 잉여금에 대해서는 협동조합 발전을 위해 배당하지 않고 조합 내 유보금으로 적립되어야 한다.

(4) 자율과 독립

협동조합이 다른 조직과 약정을 맺거나 외부에서 자본을 조달하는 경우 조합원에 의한 민주적이고 개방적인 관리가 보장되어야 하고, 무엇보다 협동조합 조직 내 자율성이 유지되어야만 한다. 즉, 외부의 자원제공자에 의해 협동조합의 주요 가치나 운영방식이 침해받아서는 안 된다.

(5) 교육, 훈련 및 정보제공

조합원과 선출된 임원, 경영자와 직원들은 협동조합으로부터 정기적으로 교육과 훈련을 제공받아야 한다. 특히 교육과 훈련의 내용은 협동의 본질과 장점에 대한 다양한 정보가 포함되어야 한다.

(6) 협동조합 간의 협동

국내외에서 공동으로 다른 협동조합과 협력 사업을 수행함으로써 협동조합운동의 힘을 강화시켜야 한다.

(7) 지역사회에 대한 기여

조합원의 동의를 바탕으로 조합이 속한 지역사회의 지속가능한 발전을 위해 노력해야 한다. 이는 협동조합이 조직 내의 협동뿐만 아니라 지역사회주민들과의 연대적 측면을 강조하는 것이다.

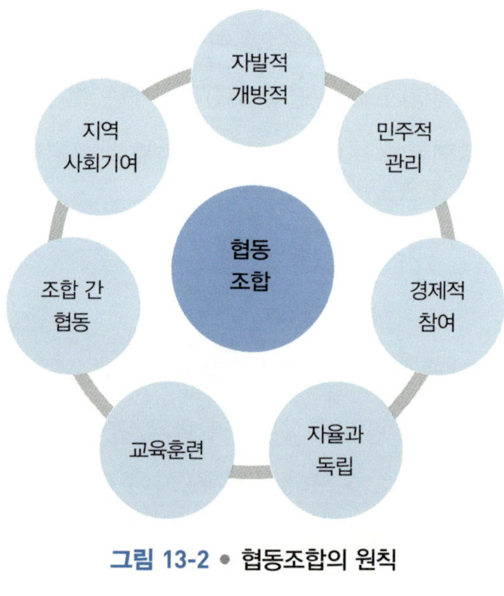

그림 13-2 • 협동조합의 원칙

3) 협동조합의 형태

협동조합은 대체로 다섯 가지 형태로 구분된다(김용한 · 하재은, 2013).

(1) 소비자협동조합

소비자협동조합은 신뢰할 수 있으며 좋은 품질의 상품을 최선의 가격으로 조합원들에게 공급함으로써 편익과 함께 실질적인 소득을 증대시킬 수 있는 효과를 제공하는 조합이다. 가장 대표적이며 전통적인 소비자협동조합으로는 앞서 언급한 영국의 로치데일 선구자 조합을 예를 들 수 있으며 최근 들어 우리 지역사회에서도 활발한 각종 생활협동조합의 사례가 여기에 해당된다.

(2) 생산자협동조합

영세자영업자나 가족 생산자들이 공동으로 대형 영리기업에 대응하기 위해 만든 협동조합이다. 농업협동조합이나 우유협동조합과 같은 경우가 대표적이며 이들은 각종 재료구매과정에서 공동구매의 방식으로 원가를 인하하고 공동의 마케팅 접근을 통해 생산비용에서 경쟁력을 가지게 된다. 우리가 쉽게 접하고 있는 국내 농축산품들과 외국으로부터 수입한 키위나 오렌지 등이 생산자협동조합의 생산품인 경우가 많다.

(3) 신용협동조합

조합원이 출자하고, 조합원 중심으로 신용대출과정을 통해 수익을 창출하는 조합이다. 최초의 신용협동조합은 19세기 독일 농촌의 고리사채 문제해결을 위해 시작한 라이파이젠 협동조합이며 우리나라의 신용협동조합이 여기에 속한다.

(4) 노동자협동조합

동일업종에 종사하는 노동자가 협동조합을 구성하고 보다 나은 일자리를 만들기 위해 조직한 경우이다. 노동자협동조합에서는 주로 노동자의 근로조건을 개선하고 급여향상 등의 복지후생 증진을 목표로 한다.

(5) 사회적 협동조합

사회적 협동조합은 취약계층이나 소외 계층에게 다양한 사회서비스 제공과 고용 창출을 목적으로 설립한 것이다. 시장에서 자생력을 위한 경제활동과 사회적 목적 실현을 병행하는 협동조합을 말한다.

생각해봅시다

01 우리 지역사회에 위치한 사회적 경제조직은 어떠한 곳이 있는지 살펴봅시다.

02 사회적 경제조직과 관련한 각종 언론매체를 참고하여 현재 가장 중요한 이슈가 되고 있는 것이 무엇인지 살펴봅시다.

참 / 고 / 문 / 헌

고용노동부 (2023). 2023년도 사회적 기업 인증 업무지침.

김성기 · 김정원 · 변재관 · 신명호 · 이견직 (2014). 사회적 경제의 이해와 전망. 서울: 아르케.

김용한 · 하재은 (2013). 협동조합 설립과 운영실무. 서울: 지식공감.

양세훈 (2012). 마을기업과 사회적기업의 거버넌스. 서울: 이담북스.

행정안전부 (2023). 2023년 마을기업 육성사업 시행지침.

국제협동조합연맹 (2015). http://ica.coop/en/whats-co-op/co-operative-identityvalues-principles

한국사회적기업진흥원 (2023). http://socialenterprise.or.kr

협동조합 (2023). http://www.coop.go.kr/COOP

SEE (2015). http://www.socialeconomy.eu.org

Index

찾아보기

[인명]

[내용]

저/ 자/ 소/ 개/

엄태영(嚴泰映)

연세대학교 사회복지학과 졸업
연세대학교 사회복지전문대학원 졸업(사회복지학 석사)
연세대학교 사회복지전문대학원 졸업(사회복지학 박사)
현) 경일대학교 사회복지실무전공 교수

전) 연세대학교 가양4종합사회복지관 지역복지과장
전) 연세대학교 강서지역자활센터 실장
전) 삼성복지재단 연구자문교수
전) 대구광역시 사회복지공동모금회 배분분과 실행위원
현) 한국사회복지행정학회 감사
현) 대구광역시 사회적경제지원센터 운영위원장
현) 대구광역시 사회복지사협회 부회장
현) 경상북도 인권보장 및 증진위원회 위원
현) 지역사회공헌인정제 인정심사위원
현) 보건복지부 사회보장특별지원구역사업 자문교수 외

지역사회복지론(3판)

초판발행 2016년 6월 15일 1판 1쇄 발행 | 2017년 3월 10일 1판 2쇄 발행
2018년 3월 10일 1판 3쇄 발행 | 2018년 9월 10일 1판 4쇄 발행
2019년 3월 10일 1판 5쇄 발행
2판발행 2020년 3월 10일 2판 1쇄 발행 | 2020년 9월 10일 2판 2쇄 발행
2021년 3월 10일 2판 3쇄 발행 | 2021년 9월 10일 2판 4쇄 발행
2022년 3월 10일 2판 5쇄 발행 | 2023년 3월 10일 2판 6쇄 발행
3판발행 2024년 3월 10일 3판 1쇄 발행 | 2024년 9월 10일 3판 2쇄 발행
2025년 3월 10일 3판 3쇄 발행

지은이 엄태영
펴낸이 최용구 | 펴낸곳 도서출판 **신정**
주소 (04316) 서울시 용산구 원효로 89길 19 (원효로1가)
전화 02)3211-4782, 0266(영업부), 3211-4783(편집부), 3211-4784(팩스)
이메일 shinjeong72@naver.com | **홈페이지** www.sjbook.co.kr
등록 2001년 5월 11일 제13-702호
기획마케팅 최용구 장만동 최충구 송대용 | **책임편집** 석기은 황가연 | **표지** SDY

ISBN 978-89-5912-892-1 93330
정가 22,000원